本书为广东省哲学社会科学规划后期资助项目"远程教育国别研究"（项目批准号：GD20HJY02）之成果

国际视野中的远程教育

Distance Education in an International Perspective

张秀梅　著

武汉大学出版社
WUHAN UNIVERSITY PRESS

图书在版编目(CIP)数据

国际视野中的远程教育/张秀梅著.—武汉:武汉大学出版社,
2022.12

ISBN 978-7-307-23159-7

Ⅰ.国… Ⅱ.张… Ⅲ.远程教育—教育研究 Ⅳ.G43

中国版本图书馆 CIP 数据核字(2022)第 120278 号

责任编辑:聂勇军 责任校对:李孟潇 版式设计:马 佳

出版发行:**武汉大学出版社** (430072 武昌 珞珈山)
(电子邮箱:cbs22@ whu.edu.cn 网址:www.wdp.com.cn)
印刷:武汉中科兴业印务有限公司
开本:720×1000 1/16 印张:18.75 字数:313 千字 插页:2
版次:2022 年 12 月第 1 版 2022 年 12 月第 1 次印刷
ISBN 978-7-307-23159-7 定价:62.00 元

序

  《国际视野中的远程教育》是华南师范大学张秀梅教授力作，我有幸先睹为快并遵嘱写下读后感。张秀梅教授是我国较早从事远程教育研究的学者之一，二十年来研究成果发表于国内本领域多本 CSSCI 学术期刊，其中不少成果聚焦国际远程开放教育的新理论、新方法、新实践，对我国远程教育理论研究和实践探索有较多的启示，因此广受学界好评。

  纵观张秀梅教授的研究脉络，"国际视野"非常鲜明。本书体现了张教授对中国、韩国、印度、印度尼西亚、日本、英国、法国、美国、加拿大、澳大利亚十国远程教育的系统研究成果。虽然学界不乏对这些国家远程教育的研究，包括学位论文、期刊论文和专著，但是本书有自身鲜明的特色。第一，本书集中呈现社会体制、人口规模、地理概貌、经济发展水平、教育制度等方面各异的十个国家的远程教育发展历程，从某种程度上讲是世界远程教育发展历程的缩影。第二，本书把各国远程教育发展置于各自经济社会，尤其是大教育环境下进行考察和剖析，分析远程教育与普通高等教育、高等职业教育乃至专业发展/职业培训等的关系，以及远程教育在各个国家教育生态系统中的位置（比如中小学远程教育、终身学习、资历框架等），不囿于远程教育的"小天地"，更有助于我们理解不同国家远程教育发展的历史条件和背景因素，更好地学习借鉴他国经验。第三，本书收集大量一手资料，虽然各国远程教育一直处于发展变化之中，尤其是新冠肺炎疫情大流行以来更是经历了"巨变"抑或"剧变"，但是其中很多的"历史素材"依然不失其价值。美国远程教育学者迈克尔·穆尔（Michael Moore）很早就指出要重视历史研究，"在今天如果对远程教育历史缺乏了解，那么我们所付出的代价要远远高于历史的任何时期"（见《中国远程教育》2014 年第 1 期《从无线电广播到虚拟大学：美国远程教育历史亲历者的反思》一文）。从这个角度讲，张秀梅教授

《国际视野中的远程教育》的"历史"价值不容忽视。

新冠肺炎疫情大流行加速了远程教育大发展。远程教育已经进入教育主流，在这个背景下很多原来缺乏远程教育实践经验的机构和个人以及有志于远程教育研究的同行更需要了解远程教育的发展历程，包括经验与教训，以既避免重蹈覆辙又能站在更高的起点上起步。我相信《国际视野中的远程教育》能在这个方面发挥积极作用，有助于达成"汲取别国远程教育优秀经验，充分内化和借鉴，进而发展和完善具有中国特色的远程教育理论和实践体系"这个愿望。

掩卷之际，收获先睹为快之得，更为张秀梅教授对远程教育研究的执着而感动，借用"前言"里的一句话："愿与广大同仁一道，为远程教育的学术繁荣献出自己的一份努力"，并与之共勉。

肖俊洪

2022 年 9 月 13 日

{作者系 SSCI 期刊 *Distance Education* 副主编(2014—2022)}

前　言

　　远程教育是指师生准永久性分离情况下教与学的行为借助媒体技术而再度整合的一种教育方式，按照借助的主要媒体技术不同，它大致经历了函授教育、广播电视教育和网络教育（或称在线教育）三个阶段。作为一个研究领域，远程教育也有着区别于教育技术学、高等教育学和成人教育学等学科特有的理论体系和逻辑起点。不论是作为一项实践还是一门学科，远程教育都有其独立存在的合理性。①

　　随着各国对高等教育需求的增加、终身学习理念的深入以及信息技术的快速发展，远程教育也得到蓬勃发展。得益于多媒体网络技术以及人工智能、大数据、云计算的支撑，在线教育已成为各级各类教育的新常态。随着全球慕课的建设和开放，人们对在线教育越来越认可，选择也越来越多样。2020年新冠肺炎疫情爆发以来，在国家"停课不停学"的号召下，以在线教育和卫星直播电视教学为代表的远程教育发挥了巨大作用，成为中小学校园面授教学的主要替代教育方式，远程教育一时间从高等教育向下延伸到基础教育和中等教育，其话语体系也从学校围墙内的研究和实践场域转到人们的日常生活和学习当中，人们对远程教育的应用价值有了全新的认识和重新审视，远程教育研究的学术价值也得到了充分的彰显。

　　前联合国教科文卫总干事、英国著名远程教育学者约翰·丹尼尔（John Daniel）在"第21届远程教育国际会议"所作的主题报告《开放和远程学习对普及教育的贡献》中提到，网络时代世界范围内远程教育发展的三个重要趋势是远程教育应用层次的多样化、远程教育办学主体的多元化、远程教育教与学方式的灵活

---

　　①　张秀梅. 多学科比较视野中的远程教育学［J］. 现代教育技术，2006（6）：5-9.

化。这三点预测都一一在我们身边得到应验。世界远程教育的总体实践离不开一个个国家各自远程教育系统的良性运作，质量—成本—效益这一"铁三角"的均衡发展，与大教育中其他类型的教育相融相适，是当前远程教育发展的主要任务。他山之石可以攻玉，系统了解其他国家的经验和做法就显得尤为必要。

本书主要采用系统法对中国、韩国、印度、印度尼西亚、日本、英国、法国、美国、加拿大、澳大利亚等十个国家的远程教育加以深入研究，如同剥洋葱般，通过层层剖析，把远程教育作为核心研究对象，从各国远程教育的外部制度入手，将其视为一个生态系统，置于各自的历史、文化、教育、社会系统之下，观照远程教育与系统内外部各要素间的关系，深入挖掘其自身的发展规律。纵横两条线交错见诸线性的文字，借以反映该国远程教育的立体全貌。

在国别的选取上，十个国家覆盖了亚洲、欧洲、美洲和澳洲。欧洲选取的国家是远程教育发展历史比较优久的英国和法国，亚洲有中国、日本、韩国、印度和印度尼西亚，美洲有美国和加拿大，澳洲有澳大利亚。综合来看，这些国家的远程教育都有比较鲜明的特点。

我国远程教育办学实践主要是国家开放大学（即 1978 年邓小平亲自批准成立的中央广播电视大学，2012 年更为现名）与 67 所 985 或 211 高校的网络教育学院（2022 年试点结束，共持续了 24 年），二者构成了我国远程教育办学主体的二元格局，在读学生规模相当。2019 年我国网络教育本专科生达 857.8 万人，而印度在 2014 年就超过了 1000 万人，远程学习者在这两个国家占总的高等教育学生的比例均大于 12%。这两个人口大国都十分重视利用远程教育来推进高等教育的大众化，单一模式大学和双重模式大学这两类办学主体教学模式基本一致，形成了二分天下的格局，不同的是印度各邦（省）的开放大学有自己的办学自主权，且其内部关系比较顺畅，改革也是系统整体地去推进。

韩国的终身教育体系在 20 世纪 90 年代中期金泳三政府的推动下得以全方位地构筑起来，通过实施学分银行制度、颁布终身教育法、兴办虚拟大学等多项新举措共同编织了一张严密的终身教育网络。国民重视教育的传统文化深深影响了远程教育的发展，不论是中等教育还是高等教育领域，远程教育（包括网络教育）都有很大的社会需求。虚拟大学的年度招生计划要得到教育部批准，此举保证了远程教育机构的良性发展。韩国的数字化教育统计信息与印度一样，比许多国家更为公开、透明、全面，这当中韩国教育科研信息服务院(KERIS)和全国教育信息服务系统(NEIS)起到了关键作用。

日本是一个非常有危机意识的民族，这也体现在其远程教育的发展走向上。随着人口老龄化加剧，日本的远程学习者占高等教育学生的比例逐年下滑，为此，日本开放大学早在21世纪初就开始调整办学定位，积极开拓老年人和女性等特定人群市场，这种强烈的危机意识和改革思路令人称道。

印度尼西亚是亚洲第三、世界第四的人口大国，远程教育需求旺盛。自2005年该国就依法要求所有大学设立质量保证处，其单一模式的远程大学——特布卡大学是全世界为数不多的同时接受AAOU、ICDE、ISO9001三个国际质量标准体系以及教育部下设认证机构等四重质量认证的高校，其全球化战略定位很早就开始谋划，对东盟其他各国的远程高等教育有着一定示范作用，其区域影响力不可忽视。以上是亚洲几个代表性国家的情况。

英国，不论是伦敦大学校外学习制度还是世界较早成立的单一模式远程大学——英国开放大学，抑或20世纪90年代末成立的高等教育质量保证署还是远程教育学术研究机构，对其他国家都有强大的引领、示范作用。英国开放大学一直与我国的国家开放大学有着良好的合作关系，对其早期实践特别是教学材料和资源开发、师资队伍建设以及质量规范和学术研究等方面有直接的带动作用。

法国不同于英国，是欧盟成员国，在欧洲高等教育一体化建立网络教育欧洲区(EHEA)的大趋势下，有着紧随欧洲统一标准步伐而前行的紧迫感。法国国家远程教育中心(CNED)的办学层次覆盖范围广，从学前教育到研究生教育都有，但无独立的学位授予权。

美国和加拿大虽然同处北美，但美国却没有公立的、全国的单一模式远程大学，加拿大则有阿萨巴斯卡大学，此前还有魁北克远程大学和卑诗省开放大学(OLA)，但2005年均作为独立的网络学院并入了其他双重模式大学。美国往往是有实力的私立赢利大学更热衷开办远程教育学校，此类学校学生占同类学生总数的比例高达77%。美、加两国是世界远程教育研究的典范，在远程教育学术研究和理论构建、① 专业建设和人才培养、期刊创办和协会发展等方面具有很强的实践原动力和创新性。这是北美洲远程教育的大致情况。

澳大利亚的一体化办学模式举世闻名,纯远程学习者同中国、印度、韩国、美国等国家一样都占高等教育学生总数的10%左右。澳大利亚远程教育学科的发展与美国、英国、加拿大、英国一样有着深厚的历史积淀,都处于世界先进行列。②

远程教育及与之相关的高等教育发展特色和新近情况也是各不相同。加拿大本土学者提出的虚拟社区探究学习理论和关联主义学习理论,韩国的学分银行制度和终身教育体系的构筑、网络大学的兴办以及对企业网络教育培训的法律和经费支持,澳大利亚政府对高校网络教育招生名额的放开,印度的国家开放学习院(NIOS)针对中等教育开展的远程教育,日本和印尼等第三方认证制度的确立,美国函授、广播、电视远程教学的历史以及最新的远程教育学院办学层次和监管体系的演变,法国高等教育的改革及对远程教育的影响,中国远程教育对高等教育大众化的贡献,等等,这些特色都值得我们去研究学习。

本书在结构体例上,按照每个国家独立成章的框架去呈现其远程教育全貌,各级标题尽量突出相应内容的要点,以给读者留下深刻的印象;在内容上,兼顾了远程教育发展的内在学术逻辑和外在办学实践,尽量做到从学术发展中观照深厚的实践,反过来从各国的实践土壤去体会其学术思想生成的逻辑。

本研究周期较长,从2010年主持的教育部人文社科课题"远程教育比较与研究"到2018年立项建设的广东省研究生教育创新计划项目(广东省研究生示范课程建设项目)再到2020年立项的广东省哲社后期资助项目"远程教育国别研究",前后长达12年,内容难免会出现错漏,敬请读者谅解。本书在审核校对过程中得到了前国际期刊 Distance Education(澳大利亚)副主编、汕头开放大学肖俊洪研究员的悉心帮助,在出版过程中得到武汉大学出版社聂勇军编辑的大力支持,在此一并表示最诚挚的感谢。

汲取别国远程教育优秀经验,充分内化和借鉴,进而发展和完善具有中国特

---

① 张秀梅. 远程教育名家思想的时代回响——远程教育名家系列研究侧记[J]. 广州广播电视大学学报,2008(5):1-5,107.

② 张秀梅. 澳大利亚远程教育研究30年里程——基于 Distance Education 杂志的视角[J]. 现代远距离教育,2010(1):77-81.

色的远程教育理论和实践体系是我们最大的心愿，本书仅仅起抛砖引玉作用，期待能与远程教育、成人教育、终身教育、职业教育、高等教育等相关领域的学者继续深入探讨，愿与广大同仁一道，为远程教育的学术繁荣献出自己的一份努力。

张秀梅

2022 年 9 月 10 日

目　　录

第一章　中国远程教育

中华人民共和国，简称中国，位于亚洲大陆东部，太平洋西岸。陆地面积有960 万平方公里，在亚洲，是面积最大的国家，在世界上，是仅次于俄罗斯和加拿大的第三大国家。中国包括 23 个省、5 个自治区和 4 个直辖市，另外还有 2 个特别行政区。

中国是世界上人口最多的国家。2022 年末，中国大陆总人口 14.11 亿，人均GDP8.1 万元人民币，我国手机网民规模已达到 10.51 亿人，占网民总数的99.6%。

中国公民识字率 96.4%（15 岁以上公民能读会写所占比例），中国人均寿命达到 78.3 岁，劳动年龄人口平均受教育年限达到 10.8 年，新增劳动力接受过高等教育的比例超过一半，平均受教育年限达到 13.8 年。

第一节　教育体制概况

一、教育基本情况

中国实行以政府办学为主体、社会各界共同办学的体制。在现阶段，基础教育实行以地方政府办学为主；高等教育以中央、省（自治区、直辖市）两级政府办学为主，社会各界广泛参与的办学体制；职业教育和成人教育实行在政府统筹管理下，主要依靠行业、企业、事业单位办学和社会各方面联合办学，对学生予以教育。

教育部是管理中国教育事业的最高行政机构，负责贯彻国家制定的有关法律、法规和方针、政策，制定教育工作的具体政策，统筹整个教育事业的发展，协调全国各部门有关教育方面的工作，统一部署和指导教育体制改革。

1978 年以来，我国先后制定了《中华人民共和国学位条例》《中华人民共和国义务教育法》《中华人民共和国教师法》《中华人民共和国未成年人保护法》《中华人民共和国教育法》《教师资格条例》及《中华人民共和国高等教育法》等法律和 10 多项教育行政法规。教育部在职权范围内发布了 200 多项教育行政规章，有力地促进了各级各类教育的发展。

在教育经费方面，实行以国家财政拨款为主、多渠道筹措教育经费的体制。目前，属中央直接管理的学校，所需经费在中央财政拨款中安排解决；属地方管理的学校，所需经费从地方财政中安排解决；农村乡村和企事业单位举办的学校，所需经费主要由主办单位安排解决，国家给予适当补助；社会团体和贤达人士举办的学校，所需经费由主办者自行筹措（包括向学生收费，向社会募捐等）。除上述经费来源外，国家提倡各级各类学校开展勤工俭学，通过向社会提供服务增加一些经费收入，以改善办学条件。

中国教育体系由四部分组成，即基础教育、中等职业技术教育、普通高等教育和成人教育。基础教育指学前教育和普通初等、中等教育。初等教育（小学）为六年制。中等教育分为初级中学和高级中学，通常各为三年。另外有少数把小学和初中合并在一起的九年一贯制学校。高中阶段包括普通高中、成人高中、中等职业学校；中等职业学校又包括普通中等专业学校、成人中等专业学校、职业高中和技工学校 4 类学校。普通高等教育包括专科、本科、研究生等高等学历层次的教育。高等教育中大学专科学制为 2~3 年，本科学制通常为 4 年，医科为 5 年，此外有少数工科院校实行 5 年制。硕士研究生学制为 2~3 年，博士研究生学制为 3 年。自 1981 年起我国实行学位制度，学位分为学士、硕士和博士三级。成人教育包括各级各类以成人为教学对象的学校教育、扫盲教育和其他形式的教育。我国基础教育和中等职业教育规模如表 1-1 所示。

此外，全国有成人小学 6241 所，在校生 42.2 万人；成人初中 480 所，在校生 10.3 万人。全国共扫除文盲 16.1 万人，另有 16.9 万人正在参加扫盲学习。扫盲教育教职工 1.2 万人，其中，专任教师 7298 人。

表 1-1　2019 年我国基础教育和中等职业教育规模

层次	学校数量（万所）	在读人数（万人）	教职工数（万人）	专任教师数（万人）	入学率	生师比
幼儿园	25.5	4600.14	419.29	243.21	83.4%	/
小学	16.64	10093.70	564.53	594.49	99.91%	16.98∶1
教学点	10.30	—	—	—	/	/
初中	5.29	4442.06	407.81	354.87	103.5%	12.52∶1
普通高中	1.39	2374.55	266.51	177.40	/	13.39∶1
中等职业技术教育	1.07	582.43	107.97	83.92	/	19.59∶1

二、高等教育概况

进入 21 世纪以来，我国高等教育规模迅速扩张，原计划于 2010 年将高等教育毛入学率提升至 15% 的目标提前在 2002 年就实现了。2021 年全国各类高等教育在学学生总规模 4430 万人，高等教育毛入学率达 57.8%（图 1-1），已经超过世界平均水平（2016 年全世界高等教育毛入学率为 36.8%）。

图 1-1　1998—2021 年我国高等教育毛入学率变化图

（根据教育部网站的统计数据绘制，http://www.moe.gov.cn/jyb_sjzl/moe_560/2020/）

2021 年全国共有高等学校 3012 所，其中普通本科院校 1238 所，高职(专科)院校 1486 所(近年来由于国家非常重视职业教育，其数量逐年增加)，成人高校 265 所(含国家开放大学和 44 所省级电大或开放大学)，研究生培养机构 800 多个，在学研究生 333.24 万人，其中，在学博士生 50.95 万人，在学硕士生 282.29 万人。

普通高校教师学历层次普遍提高，师资结构进一步优化。2019 年，全国普通高等学校专任教师为 174.0 万人；本科院校生师比为 17.4∶1，高职(专科)院校为 19.2∶1(表 1-2)。

表 1-2　2019 年我国高等教育系统有关数据

		研究生教育		普通高等教育			成人高等教育		
		普通高校	科研机构	本科院校	高职(专科)院校	其他机构(点)	成人高等院校	普通高校成人教育学院	普通高校网络教育学院
高校数量		593	235	1265	1423	21	268	322	67
招生数		916503		9149062(本科 4312880，专科 4836146)			3022088		2885458
							311493	2710595	
在校生数		2863712		30315262(本科 17508204，专科 12807058)			6685603		8578345
							609713	6075890	

(根据教育部网站"统计数据"整理)

2020 年全国成人高等院校有 265 所，其中含有国家开放大学和 44 所省级电大或开放大学。①

三、教育政策和法规

广义的教育法规指国家机关，包括立法机关和政府机关制定和发布的一切有关教育方面的规范性文件；狭义的教育法规是指由国家立法机关制定或认可，并

---

① 2020 年度全国成人高等学校名单，https://gaokao.chsi.com.cn/gkxx/zszcgd/dnzszc/202007/20200709/1944571931.html。

受到国家强制力保证执行的有关教育方面的规范性文件。

教育法规的表现形式有宪法中的教育条款、教育法律、教育行政法规、地方性教育法规和教育行政规章等，通常以条文的形式出现，在语言表达方式上一般都是直接陈述句，清晰明了。

表 1-3 为我国教育法规的层级、形式和制定机关情况。

表 1-3　我国教育法规的层级、形式和制定机关情况

层级	形式		制定机关
第一层级	宪法中的教育条款		全国人民代表大会
	教育基本法规		全国人民代表大会
第二层级	教育单行法规		全国人民代表大会常务委员会
第三层级	教育行政法规		国务院
第四层级	地方性教育法规		省级人大和有立法权的市级人大或其常委会
第五层级	教育行政规章	部门教育规章	教育部及国务院有关部委
		政府教育规章	省级人民政府

注：基本法规指的是具有宪法性质的法规，具体到教育领域是《中华人民共和国教育法》；单行法规的内容一般只涉及该领域的某一方面，我国目前的单行法规有《中华人民共和国学位条例》《中华人民共和国义务教育法》《中华人民共和国教师法》《中华人民共和国职业教育法》《中华人民共和国高等教育法》《民办教育促进法》等六部；行政法规是有关教育方面的规范性文件，如《扫盲工作条例》《教师资格条例》等。

各种类型的教育法规，在效力上的从属关系可以用图 1-2 来表示。图中箭头表示从属关系，即下一级的教育法规不得与本级以上的教育法规相抵触。

教育政策是党和国家为实现一定历史时期的教育发展目标和任务，依据党和国家在一定历史时期的基本方针而制定的教育的行动准则。一般认为，教育法规与教育政策是教育活动的两个重要方面，它们之间既有联系又存在区别，不同之处见表 1-4。

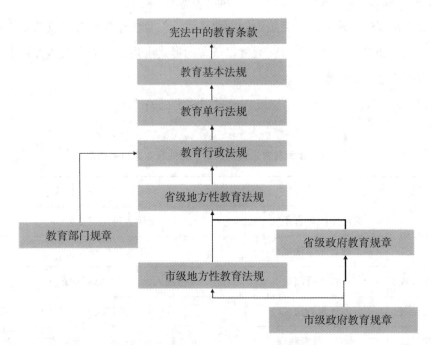

图 1-2　教育法律法规效力等级示意图

表 1-4　教育法规与教育政策的区别

	教育法规	教育政策
制定的机关	国家机关	政党也可制定
约束力	具有国家强制性，对社会成员都有约束力	不具有强制性，只对部分人有约束力
执行的机关	国家机关	除了国家机关还有其他组织
发挥的作用	强制性作用	指导性作用
表现的形式	宪法中的教育条款、教育法律、教育行政法规、地方性教育法规和教育行政法规	决定、指示、决议、纲要、通知、意见等
执行的方式	国家强制，必须遵照执行	靠组织与宣传，启发人们自觉遵守
稳定的程度	稳定性更高	灵活性更高
公布的范围	向社会公布	只在一定范围内公布

第二节 远程教育发展简史

我国远程教育发展史和学术发展史是互相缠绕发展的，实践需要理论指导，理论需要实践的积淀和升华。

一、实践与研究分离的发展历史

我国函授教育发生于 20 世纪初。1902 年，蔡元培等在上海成立中国教育会。该会创办之初以编教科书为己任，继仿通信教授法，刊行丛报，此即我国函授教育的始源。辛亥革命后，商务印书馆在 1914 年创设函授学社，为我国最早的函授学校。但此举在当时旧中国统治者并不支持，所以没获多大发展。新中国的函授教育始于 1951 年东北实验学校所设函授部和中华职业教育社（黄炎培主持）在北京创办的函授教育师范学校，均属函授中等师范教育。高校办函授教育是从中国人民大学（1952）和东北师范大学（1953）开始的，这标志着我国远程教育制度化的开始。该时期函授教育的土壤主要在高等学校，其教学模式是以有指导的业余自学为主，集中面授为辅，并有完整教学环节的一种远距离教育形式。它"函授"的特征主要体现在师生之间通过函件来传递学习内容和作业反馈结果。后来1959 年开办的哈尔滨电视师范大学是我国最早的电视远程教育，以后又有 1960年 2 月创办的北京广播电视大学，1960 年 4 月创办的上海广播电视大学。"文革"期间函授教育和电视教育都被迫中止。在 1970 年代初以前，我国远程教育处在实践摸索的阶段，没有现成的理论做指导，经验性研究占主导地位。

1978 年 2 月，邓小平同志亲自批准了教育部、中央广播事业局《关于筹办电视大学的请求报告》。1979 年 2 月，中央广播电视大学和全国 28 所省、自治区、直辖市广播电视大学同时开学。1983 年 1 月 24 日，教育部发布《关于公布普通高等学校举办的函授部和夜大学名单的通知》，函授教育开始在高校复兴。至此，函授教育和广播电视教育两股力量再次汇集，共同发展。广播电视媒体突出的成本优势和规模效益使得以广播电视为主要媒介但同时也不放弃函授手段的我国第二代远程教育规模迅速扩大，逐渐成为 20 世纪 80 年代直至 90 年代中期我国远程教育的主流，而以普通高校和成人高校为基地的函授教育因其特殊的教学模式符合一部分学生的学习习惯和偏好而保持下来，继续为国家成人教育事业作贡献。在 80 年代这段时期，函授教育战线的实践者们及时总结经验，出版了《函授教育学》(1988)等著作，一些探讨也多散见于成人教育论著中。对于国家开放大学系统，自 70 年代末 80 年代初大多数省级电大开始成立远研室，最早成立专门研究机构的是黑龙江广播电视大学(1979 年)，尔后 1985 年中央电大成立远距离教育研究室[现名为国家开放大学终身教育研究院。历经五次更名，1992 年更名为"远距离教育科学研究所"，2002 年更名为"现代远程教育研究所(科研处)"，2014 年更名为"教育研究院(科研管理处)"，2018 年定为"教育研究院"，2020 年更为现名]。这些研究所成为远程教育研究的重要阵地。自 1980 年代末我国一方面陆续翻译出版了国际上远程教育学科基础方面的著作，如丁兴富教授等人撰写的《远距离高等教育学导论》(1987)，丁新教授翻译的《远距离教育基础》(1996)、《远距离教育原理》(1999)等；另一方面国家开放大学积极开展国际学术研讨会，邀请国际知名专家来华讲学，比如 1989 年国家开放大学在北京举办了第一届国际远程教育研讨会，1998 年上海电大举办了远距离开放教育国际研讨会。可以看出整个 80 年代，远程教育实践和研究都呈现出迅速发展和良性互动的势头。

1998 年在全国政协大会上，全国政协委员、湖北函授大学(现更名为湖北开放职业学院)校长游清泉提出的《面向 21 世纪构建我国现代远程教育的开放体系》的提案，受到了党中央、国务院高层领导的高度重视，国务院副总理李岚清将此提案批转原国家教委研阅，此后教委多次召开了专门会议进行研究，从而使我国"现代远程教育工程"正式启动起来。步入 21 世纪初，特别是自 2002 年以来，远程教育研究空前繁荣起来，主要表现为专业期刊文章的研究水平提升很快，以学科建设为主题的元研究、基础理论研究开始增多；省级以上科研课题开始增多，国家教育科学规划"十五"课题开辟专项课题研究远程教育的理论体系、课程设置与专门人才培养、试点实践模式等全局性及发展性的课题；远程教育专门人才培养体系不断完善，开始以教育技术学专业作为研究方向培养自己的实践与研究专门人才，专业特色日益明显。20 世纪 90 年代这段时期，我国远程教育实践和学术发展呈现出扩张、繁荣的景象。

改革开放以来我国远程教育总体的发展轨迹是波浪式前进的，遵循的路线是：实践(潜入深水，进行国家开放大学系统建设，1978—1985)→理论提升，理性思考，政策引导，找出路(浮出水面，理论总结和引进，政协提案，1985—1998)→再实践(现代远程教育试点工程，1999—2002)→再反思(一系列学科反思的文章和课题出现，2002—2012)→又实践(2012年至今)。在实践发展过程中，远程教育研究这股潜流总会周期性地从实践底层浮出水面，显现了它的重要性。

综上，中国远程教育学术研究自1980年代中期开始走上了事业发展推动学术研究的外源性发展道路(张秀梅，2004)。我国远程教育学科(或研究)发展大致经历了三个重要历史时期：第一阶段是前学科时期(又称萌芽期，20世纪初至20世纪70年代末)；第二阶段是学科独立期(又称形成期，70年代末至90年代末期)；第三阶段是学科转型期(90年代末至今)，学科和专业自主独立意识日益增强，开始转向全面发展阶段。

但对比国外远程教育学术发展轨迹，可以看出国内外走的路线是不同的，国外远程教育实践发展和学术研究是并进的，两者互动得非常紧密，学术研究是遵循其自身内在逻辑规律发展起来的，走的是内源性发展道路。而我国远程教育实践和研究的先后性比较明显，对研究的投入非常薄弱，学术研究是靠远程教育实践推动向前发展的，走的是外源性发展路线。这种发展路线明显影响了现今远程教育学科发展进程，这在将要论述的文献内容分析、学科发展水平等方面显现出来。

二、学科外部特征：学科地位正在确立

在事业发展的同时我国远程教育学科已经具备一些基本的外部特征，这从专业学术期刊、代表学者、学术团体、高校的专门人才培养(设置专业)等方面可以看出。

专业学术期刊为学术研究和交流提供了一个良好的平台，包括《中国远程教育》《开放教育研究》《现代远程教育研究》《远程教育》《现代远距离教育》，此外还有《广州广播电视大学学报》等19家省级电大学报。有些杂志已经打入教育界主流学术期刊阵容，成为CSSCI来源期刊，且有较高的转载率。

在研究成果方面，代表人物有谢新观、黄清云、丁兴富、丁兴、张伟远、陈

丽等，他们对远程教育的实践智慧的提炼做了开创或富有成效的研究工作。虽然有些研究也不可避免地停留在经验总结层次，却开创了指向问题和实践的远程教育研究范式。

在学术性的团体协会方面，除了 20 世纪 80 年代成立的一些各地远程教育研究会之外，2000 年又成立了一个较大的专业协会——全国高校现代远程教育协作组，由于其基础较好，是目前国内唯一一家成员院校最多的远程教育协会，其在远程教育方面的作为令人期待。

在专业建设方面，国内远程教育自 2000 年开始依靠教育技术学专业培养硕士和博士研究生。2005 年 12 月，北京师范大学正式批准一级学科教育学增设"远程教育"硕士学位授权学科，是我国第一个独立设置的"远程教育"硕士学位学科。

远程教育研究过程中所取得的一系列学科发展成就表明：远程教育研究正从边缘走向中心，学科地位正在确立。

第三节 实践模式与现状

一、单一模式的国家开放大学

(一)概况

国家开放大学前身是中央广播电视大学，是邓小平同志借鉴英国开放大学的经验，亲自倡导并批示创办的，于 1979 年 2 月 6 日正式开学，2012 年 6 月 21 日正式更名为国家开放大学，获得了期盼多年的本科学位授予权。2012 年 7 月 31 日，国家开放大学在中央广播电视大学的基础上揭牌，刘延东同志出席会议并发表重要讲话。2014 年，云南、广东、上海、江苏、北京等五家省级电大挂牌成立了开放大学。近年来，国家开放大学各年度工作要点都将依规申请硕士学位授予权作为重要战略任务来推进，在积极争取进一步提升科研水平和办学层次，推进学科学位点建设以及与国内外高校合作等方面有切实的进展。

国家开放大学是以中央广播电视大学和地方广播电视大学为基础组建的一个

完整的教学和管理体系。目前，国家开放大学的办学组织体系由总部、分部、地方学院、学习中心和行业、企业学院共同组成，是国家开放大学充分发挥系统优势和现代信息技术优势，实现办学网络立体覆盖全国城乡，为我国社会成员提供多样化继续教育服务和学习机会的重要保障。办学40多年来，学校累计招收各类学生2050余万，培养毕业生1512余万。2020年秋季本专科招生专业有172个。

目前高等学历教育在校生431万人，70%的学生来自基层，55%的学生分部在中西部地区。学校已经构建了由总部和45个省级分部（含5所开放大学）、14个行业学院（如八一学院、总参学院、残疾人教育学院）、4000多个学习中心组成，覆盖全国城乡、服务全民终身学习的"办学共同体"。

（二）发展历程

在1999年试点工程实施以前的20年里，中央广播电视大学基本上就是中国远程教育的代名词。到目前为止，它的发展可以分为四个阶段：

（1）1978年建校至80年代末。主要特征以学历补偿教育为主，为错过适时接受高等教育的人提供学习机会。

（2）第二阶段是从80年代末至1998年，办学定位开始向多形式多途径拓展，包括成人高等专科、普通专科、注册视听生、中专教育、电视师范教育以及岗位培训等，实现高等教育的便利学习。

（3）从1999年至2012年，进行人才培养模式改革和开放教育试点，办学规模实现历史性跨越。

（4）从2012年至今，建立国家开放大学，获得各类学位授予权，负责建设全国性的终身学分银行体系。

（三）试点以来的在线课程建设

课程子系统是远程教育系统的重要组成部分，在师生准永久性分离情况下，学习者通过独立学习优质的在线课程，接受办学机构和学习中心提供的学习支持服务，可以获得和全日制普通高校学生相当的学习体验和学习成果。在《教育部关于启动高等学校教学质量与教学改革工程精品课程建设工作的通知》（教高

〔2003〕1 号）发布之后，普通高校也加入到在线课程建设和开放的运动中。

我国普通高等教育的网络课程包括 6 种：视频公开课、网络核心课、名师经典课、五分钟课程（http://www.5minutes.com.cn/）、国内精品课、国外公开课。最值得一提的是五分钟课程，其资源丰富，短小精悍，免费开放，内容包括饮食、生活、保健、文艺、绘画、音乐、书法、棋牌、运动、外语、汉语、思政、科学、工程、教育、经济、管理、农林、牧渔、历史、社科、法律、传媒等（图 1-3）。

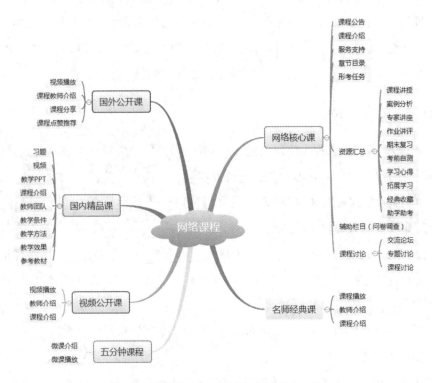

图 1-3　国家开放大学网络课程分类与功能

二、现代远程教育试点探索

1999 年 3 月，教育部下发《关于启动现代远程教育第一批普通高校试点工作的几点意见》，对试点的目的、任务、条件、政策、审批，以及试点工作的检查评估做出一系列的要求。提出试点的目的是：利用普通大学自身优势和现代信息技术培养高素质专门人才；探索现代远程教育的模式；探索适合我国国情的发展现代远程教育的新路子。

2000 年 7 月，教育部《关于支持若干所高等学校建设网络教育学院开展现代远程教育试点工作的几点意见》(教高厅〔2000〕10 号)提出试点工作的主要任务：开展学历教育；开展非学历教育；探索网络教学模式；探索网络教学工作的管理机制；网上资源建设。规定了试点学校的 6 个基本条件：具有较强的综合实力；能够归口管理；指导思想正确，实施方案可行；软硬件条件符合要求；经费和师资队伍；社会需求旺盛。

一般来说，申报高校应在声誉、综合实力、整合资源、工作基础、经费投入、网络条件、师资队伍以及人才需求等方面优良，通过教育部组织的实地考察和专家评审并发文批准后才有资质开展网络高等学历教育和非学历教育。1999 年至 2003 年，教育部分期分批批准了 67 所普通高校开展试点，为理顺管理体制，2006 年和 2008 年中国石油大学(华东、北京)、中国地质大学(武汉、北京)分别独立开展试点工作，另有上海第二医科大学与上海交通大学合并。68 所试点普通高校中，教育部直属高校 55 所，其他部委所属高校 5 所，地方高校 8 所，分布在 19 个省区(西部地区共 13 所)；其中 40 所高校属于 985 工程学校；8 所①师范类试点高校都是全国教师教育网络联盟成员单位。

以上由网院和电大系统构成的二元格局自 1999 年试点以来招生规模持续扩大，这一阶段高等教育毛入学率从 9.8% 升至 2020 年的 54.6%，远程教育在一定程度上推进了我国高等教育大众化和普及化进程。

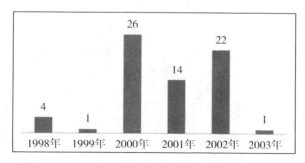

图 1-4　我国 1998—2003 年开办网络教育的不同批次的试点高校数量图

---

① 8 所师范类院校中的西南师范大学因院校合并，改名为西南大学，属于综合类，故目前师范类试点高校应为 7 所。

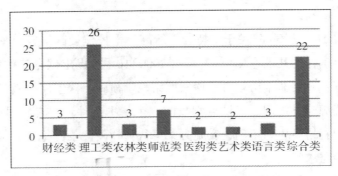

图 1-5　我国试点高校学科类型统计图

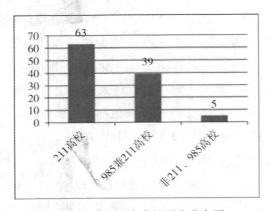

图 1-6　我国试点高校层次分布图

注：五所既不是 211 也不是 985 的学校是：北京语言（文化）大学、西南科技大学、中国医科大学、东北财经大学、福建师范大学。

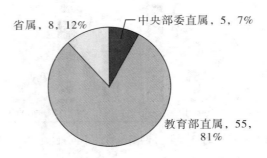

图 1-7　我国试点高校所属关系分类图

注：8 所省属大学分别是：西南科技大学、四川农业大学、中国医科大学、东北财经大学、华南师范大学、东北农业大学、福建师范大学和郑州大学。

　　网络高等学历教育开设 11 个学科门类，299 种专业，1560 个专业点。2019 年网络教育本专科招生人数 288.55 万（比 2018 年有下降趋势），在读学生人数 858 万人（图 1-8、图 1-9）。

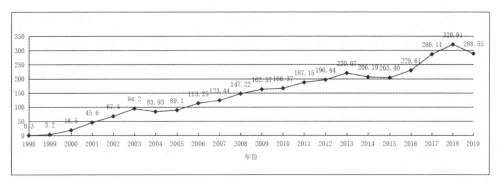

图 1-8　1998—2019 年我国网络本专科招生数（单位：万人）

（根据教育部网站"统计数据"整理）

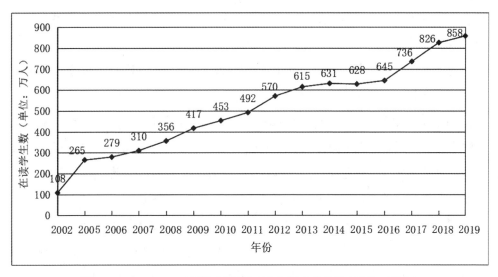

图 1-9　2002—2019 年我国网络教育本专科在校生数（单位：万人）

三、学习中心的建立与运作

(一)学习中心的成立

校外的学习中心是与试点高校合作开展现代远程教育学习支持服务的机构,是远程教育系统网络实施的服务终端,是面向学习者提供最直接的服务窗口。根据试点高校统一要求和安排,学习中心协助试点高校进行招生宣传、生源组织、提供学习场地、学生学习支持服务、日常管理等工作。教育部明确规定,校外学习中心(点)属于现代远程教育服务机构,不具备现代远程教育招生、教学、颁发学业证书的资格。按 2012 年秋统计,高校在全国各地的校外学习中心达12315 个。

学习中心由省教育厅负责管理其审批准入和年报年检的工作。学习中心的设立曾经实行备案制。2003 年,教育部会同省级教育行政部门对学习中心进行了全面的清理整顿。此后申请设立学习中心转为由省级教育行政部门受理,由其负责考察和审批,并报教育部备案和向社会公布。学习中心(点)包括自建自用、共建共享、社会化公共服务等三种类型,其中社会化公共服务主要有奥鹏、弘成和知金三家。

北京奥鹏远程教育中心有限公司(简称奥鹏教育)是由教育部高等教育司于2001 年 12 月批准立项试点,2005 年 4 月正式批准运营的远程教育公共服务体系,2005 年根据《教育部办公厅关于建设中央广播电视大学现代远程教育公共服务体系的通知》(教高厅〔2005〕2 号)和《中央广播电视大学现代远程教育公共服务体系建设与管理实施意见(试行)》(电校办〔2005〕27 号)而建,也是教育部门批准成立的远程教育内容服务运营机构。目前,北京奥鹏远程教育中心已接受全国 30 多所试点高校的委托,通过在全国建立的 1800 多家奥鹏远程教育学习中心为 300 余万名学员提供高中起点专科、高中起点本科、专科起点本科和本科二学历等 9 大类 400 多个专业的学历教育支持服务。奥鹏教育在全国 1800 余家学习中心设置了近 4000 个咨询坐席、300 余名学业顾问坐席,以千门课程的 10 大门类学科为单位设置了 200 余位学术性专家坐席,以及在教材、教学、学籍、学务、考试、技术等方面的 100 余位二线支持运营部门节点经理,为学生提供实时、非实时师生交互以及学科专业指导。

弘成远程教育公共服务体系试点建设项目于 2007 年通过教育部批准，其在全国建设了 62 家学习中心，帮助 30 余万网络大学生提升学历。

知金教育咨询有限公司成立于 2006 年，是一家致力于学历教育、职业教育两大领域的"教育+互联网"公司。作为教育部批准的现代远程教育公共服务体系试点运营机构，知金教育与全国 20 余所 985、211 重点院校建立了合作关系，已覆盖北京、上海、山东、广东等 20 多个重要省市，共建立 30 多家数字化学习服务中心，为合作高校提供招生、教学教务、学生管理等一站式支持与服务，全国累积服务学生达几十万人。

以上的远程教育学习支持服务体系经过 20 年的建设和完善，为高校网络教育办学提供了重要的支撑。

(二)学习中心的管理

教育部对学习中心的管理相继出台了多个文件，如《关于现代远程教育校外学习中心(点)建设和管理的原则意见》(试行)(教高厅〔2002〕1 号)、《教育部办公厅关于印发〈现代远程教育校外学习中心(点)暂行管理办法〉的通知》(教高厅〔2003〕2 号)、《关于规范现有现代远程教育校外学习中心(点)管理工作的通知》(教高司函〔2003〕173 号)、《教育部办公厅关于建设中央广播电视大学现代远程教育公共服务体系的通知》(教高厅〔2005〕2 号)、《中央广播电视大学现代远程教育公共服务体系建设与管理实施意见(试行)》(电校办〔2005〕27 号)等。

相关文件对学习中心的基本构成和基本建设条件作了规定，还对监管方作了说明："各省、自治区、直辖市教育行政部门每年要对本地区的校外学习中心(点)进行年度检查，并在每年 11 月底以前将本地区校外学习中心(点)的基本情况和年度检查结果向教育部报告。""校外学习中心(点)在行政上隶属建设单位，在业务上接受签订协议的试点高校领导。"

(三)学习中心的准入和评估

教高厅〔2002〕1 号文对学习中心准入条件的要求包括管理人员、辅导教师、教学模式、管理方式、质量保证体系和信息安全保障措施；学习场地、配套设施、网络环境以及其他必要的条件与设施情况；校外学习中心(点)的运行机制，可持续发展性。在五点基本条件要求中，有两条是专门针对人员队伍的，即专职管理队伍和专业辅导队伍("拥有一支熟悉现代远程教育教学支持服务工作，能力较强、经验丰富、符合现代远程教育需要的管理和技术队伍。具有必须在当地完成教学任务所需的实验或实习条件，以及相应的管理与指导队伍")。

2010年及2011年年报年检要求学习中心就三类工作人员(辅导教师、管理人员、技术人员)的数量上报。省教育厅报送教育部校外学习中心的检查评估结果分为：合格；不合格(如：停招整顿一年；停招整顿几年；停招整顿，学生不转移；停招整顿，学生转移；撤销，学生转移)；自行撤销。最后由省教育厅负责向社会公布检查评估的结果。

2005—2006年教育部组建专家组赴各地对各个网院以及它的学习中心进行评估。评估范围大约是4000个学习中心。评估具体方法是专家评估与系统功能相结合；定性与定量相结合；远程考察与现场考察相结合。评估提到了对学习中心配备计算机的要求："每6名学员配备一台计算机。"学习中心评估的步骤分三阶段：自评自建、专家考察、单位整改。省级教育行政部门接到学习中心的评估申请以后开始评估，整个过程分为远程(网上)考察和现场考察两个阶段。前者为时不少于30天，通过信息化评估系统来进行，还包括对该机构的全体员工进行网上调查和学生抽调查。之后专家组在省教育厅的领导下，根据远程考察的初步印象，制定现场考察方案。考察结束后给予评估结果反馈，结论包括合格、暂缓通过、不合格。评估的指标体系包括：5项一级指标、13项二级指标(其中5项为核心指标)、30个主要观测点。

学习中心的评估指标体系和年报年检还存在诸多问题，比如观测点重硬件、轻软件；重条件、轻服务。辅导教师的要求虽然有，但没有标准，比如师生比、辅导次数、辅导记录、辅导教师的资格要求等不够具体，形同虚设。

由于省教育厅既是监管部门，又是评估部门，专家的意见只是参考，权限过于集中，最终监管力量还得诉诸教育部，因而学习中心的监管体系还有待于完善。

四、我国远程教育对高等教育大众化的贡献

2019年普通高校本专科生为3031.5万人，而网络教育本专科生数达858万

人，主要由试点高校网络教育学院负责办学。成人教育本专科生数 668.56 万人，其中国家开放大学这一成人高等院校的在读本专科生为 431 万。以上三类本专科生总数为 4558.06 万人（折算后为 4002 万人），其中的试点高校网络教育院校和国家开放大学本专科在读学生共计约为 1289 万人，占全国所有在读本专科生的 28.28%。这个数字充分说明了远程教育对于我国高等教育普及化的重要贡献和作用。

第四节　远程教育监管体系

据笔者不完全统计，1999 年至 2019 年 4 月中央规范远程教育发展的政策文件有近 150 个，涵盖远程教育十大方面［"宏观政策(20)、规范管理(15)、招生文件(13)、证书与电子注册(12)、学习中心与服务体系(11)、统考(21)、年报年检(9)、评估(6)、资源建设及项目研究(25)、试点学校的批复(18)]。这些政策是伴随着远程教育试点实践发展而逐步出台和完善的。

我国现代远程教育的监管制度主要依靠年报年检、评估和统考三大质量监管措施来保证质量。

一、年报年检

年报年检已成为加强网络教育质量监管的重要措施。试点伊始，个别网院定位不明确，疏于管理，出现了引起学生、社会和教育行政部门严重关注的问题，这就是年报年检制度出台的背景。2001 年 12 月，教育部印发了《关于对现代远程教育试点院校网络教育学院开展年报年检工作的通知》，决定从 2001 年开始对试点院校的网络教育学院实行年报年检制度，要求试点高校对年度办学情况、取得的成绩和存在问题进行报告，由高教司组织专家组对年报材料进行检查，并针对存在的问题进行现场调查，加大了对校外学习中心的管理力度，及时纠正了不规范的办学行为，督促试点高校加强教学过程管理和服务，为制定评价标准积累了许多有益的经验，取得了长足进展。这一制度一直坚持了下来。教育部通过"高校网络教育质量监管系统"（网址：http://wljy.moe.edu.cn/，以下简称监管系统)实现了年报年检的网上报送、自动统计分析和网上年检，并以年报数据为基础建立网络教育基本状态数据库和网络教育日常工作的信息化管理服务平台。

年报年检对象为普通高校网院、中央电大开放教育试点项目及公共服务体系。年报年检包括自检、年报、抽查和年检四个工作步骤。年检是对有关单位的年度综合审查。各省级教育行政部门负责对试点高校现代远程教育校外学习中心（点）和中央电大公共服务体系所设的校外学习中心（点）进行检查评估。年报包括自检报告和数据报表。

2007年8月，教育部办公厅要求试点高校加强年度自查和自检工作，并进行了专项检查，该专项检查主要检查试点高校现代远程教育的办学机构、合作办学、招生工作、校外学习中心管理、教学质量保障等情况。教育部先后查处了几所试点高校的网络教育违规办学行为，分别给予全国停招或区域停招的处理。

2018年，教育部对远程开放教育等不同形式的继续教育年报内容、报告要求进行了安排，要求采取切实有效措施，健全年报年检制度，保证网络教育学院的教学质量，同时将检查结果通过适当的形式向社会公布。教育部另将各省级教育行政部门对外公布的校外学习中心检查评估结果公布在"中国远程与继续教育网"（网址：http://www.cdce.cn）上。

二、评估

我国于1999年正式启动了现代远程教育的试点工作，从一开始就关注远程教育的质量问题。教育部《关于支持若干所高等学校建设网络教育学院开展远程教育试点工作的几点意见》（教高厅〔2000〕10号）明确指出将对试点工作进行中期评估和全面评估。

1999年，"国家开放大学人才培养模式改革和开放教育试点"项目启动时，中央电大就对试点学校和教学点进行了诊断性评估；2001年8月至2002年12月，教育部组织了"国家开放大学人才培养模式改革和开放教育试点"项目中期评估；2004年春至2007年春，教育部又对"国家开放大学人才培养模式改革和开放教育试点"项目进行总结性评估，从而完成了对整个试点项目的评估工作。这一贯穿试点全过程的远程教育评估，是我国开展远程教育以来的第一次全过程评估，它建立在国家开放大学以往评估工作积累的经验基础之上，并对试点普通高等学校网络教育学院的评估提供了可资借鉴的经验。

三次评估中，2007年4月完成的总结性评估检查范围覆盖最广，目标结论明确，最具代表性，集中反映了政府主导国家开放大学评估的目的、方式和特点。通过本次评估，专家组最终建议中央电大试点项目总结性评估予以通过，并建议教育部将中央电大试点项目转化为中央电大办学的一种常规形式，从立法层面上，适时制定相关法规条例，明确中央电大定位，赋予其相应的办学权利、责任和义务，以推进中央电大远程教育持续、健康和稳定发展。总结性评估后，中央电大开始进入新的发展起点。2008年2月，教育部办公厅转发了《国家开放大学"十一五"发展规划纲要》，规划中央电大建设成为现代远程教育开放大学和国家远程教育中心，省级电大建设成为当地的远程教育中心，地县级电大建设成为当地的远程教育基地和社区教育中心，并实施六项工程和推展六项计划。①

网络学院评估方案中规定"评估结论为'不合格'的试点高校，将取消其试点资格，终止招生，责令其妥善处理遗留问题，自处理之日起满三年后方能重新申请"。

2014年9月24日，北京教育评估院到国家开放大学调研考察，围绕四个方面对国家开放大学进行了调研：一是国家开放大学的管理体制、运行机制等制度建设；二是国家开放大学的机构设置与管理；三是国家开放大学本科教育的资源建设、教师队伍与教学管理队伍建设、实践教学条件建设、教学质量保障体系建设等，为制定学位审核标准与审核办法打好基础；四是独立授予学士学位的准备工作情况，包括学位工作机构的设立、学位审核制度的建设、学位授予等。

2018年9月25日至30日，国家开放大学举办质量监控与评估工作人员高级研修专班。研修班旨在聚焦质量，促进国家开放大学质量管理人员及师资队伍建设，实现质量监控与评估工作人员专业化发展。

三、统考

2004年1月，教育部《关于对现代远程教育试点高校网络教育学生部分公共课实行全国统一考试的通知》(教高厅〔2004〕2号)决定从2005年开始对2004年3月1日之后入学注册的所有学生的部分公共课实行全国统一考试。

教育部《关于开展现代远程教育试点高校网络教育部分公共基础课全国统一

---

① http://dianda.china.com.cn/2010-01/08/content_3336860.htm。

考试试点工作的实施意见》（教高〔2004〕5 号）规定统考科目按不同学历起点和不同专业类别确定。考试对象为现代远程教育试点普通高校的本科层次网络学历教育的学生和国家开放大学"人才培养模式改革与开放教育试点"项目的本科层次学历教育的学生。

教育部从 2005 年开始实施了大学语文、高等数学、大学英语、计算机应用基础等网络教育部分公共基础课全国统一考试。统考实行全国统一大纲、统一试题、统一标准；对象为本科层次（高起本、专升本）学历教育学生。考试整个环节包括网上报名、网上交费、网上机考、网上预约考试、混编考场机考以及考场实时网络视频监控等。

四、办学主体的自律

在教育部法律法规的规范和指引下，远程教育院校主要依靠自律来保证教学服务质量。远程教育是一个系统，要想保证远程教育的高质量，不能单单关注一个方面，比如说教师的教，或学生的学，或者媒体技术、环境等，而应该从系统的角度出发，同时在课程子系统、学生子系统、管理子系统和后勤子系统各个方面保证远程教育的质量。做法比较规范的内部质量保证措施是获得 ISO9000 认证和 ICDE 国际标准的认证。由于我国远程教育还没有形成相应的第三方认证机构，追求 ISO9000 认证和 ICDE 国际标准认证是可行的。北京大学医学网络教育学院于 2003 年、华南师大网络教育学院于 2004 年、东北财经大学网络教育学院于 2005 年通过了 ISO9001：2000 国际质量管理认证体系标准的认证和再认证审核。①

奥鹏教育于 2008 年、弘成教育于 2009 年先后通过了 ISO9001 的认证。这些先行者积极探索标准规范与自身远程教育实践的有效结合，进一步提高管理水平和工作效率，提升机构整体绩效，实现管理的科学化、标准化，促进了远程教育质量的持续提升。

上海电大是首家通过国际远程教育理事会（ICDE）质量评审的单位（2008年）。

---

① http://www.edufe.com.cn/2011/1209/1320.html。

五、监管效果

对于试点过程中出现的问题，教育部非常重视并安排一系列督查和整改工作。

2002 年 4 月，教育部高教司在北京召开了"高等学校网络教育质量管理研讨会"。

2003 年 9 月，教育部紧急召开全国高校现代远程教育试点工作研讨会，研究出台新的质量监控政策和管理办法。

2003 年底到 2004 年初，教育部高教司召开了多次全国试点高校网络教育学院院长会议，就网络远程教育当前面临的关键问题进行了开诚布公的交流和讨论，特别就试点高校网络教育部分公共课实行全国统一考试、建设教育部对试点高校网络教育监控管理平台等重大问题统一思想、达成共识。

2004 年，教育部发布了《关于做好 2004 年现代远程教育试点高校网络教育招生工作的通知》。该《通知》正式宣布"湖南大学、江南大学、西南师范大学、上海第二医科大学、四川大学等 5 所现代远程教育试点学校 2004 年停止网络教育招生"。该《通知》同时进一步明确："试点学校网络教育学院要以在职人员的继续教育为主，从 2004 年 7 月开始不得以网络教育的名义招收各层次全日制高等学历教育学生。"该《通知》还对试点高校网络远程教育的招生录取、招生管理、招生章程和宣传广告等一一作了规定。

自现代远程教育试点工作开展以来，教育部出台了有关审批、招生、证书、电子注册、统考、年报年检和评估等政策措施，并正在研究制定网络教育课程与教学规范。这些措施都是逐步完善行政监管体系的有力保证(曾海军，2009)。

2013 年，在《教育部办公厅关于做好 2013 年现代远程教育试点高校网络高等学历教育招生工作的通知》中，教育部明确指出要加强对校外学习中心的监管，公布了包括国家开放大学、北京大学、清华大学在内的 63 所可以开展网络高等学历教育招生的高校。

六、最新政策

现代远程教育试点多年之后，2022 年秋季开始高校网络教育停止招生，后续将作为高校的继续教育大类继续发展。在这 24 年间，网络教育试点的政策随着实践的需要进行了不断的调整。2004—2009 年，在经过初期的盲目扩招后进行规范调整，出台了一系列"宽进严出"统考的政策，再到 2014—2017 年，国务院实施行政审批制度改革，下放网络教育的审批权到地方，以及最终在 2022 年停止"试点"，这期间政策从放到收经历了几个迭代。

2004 年《国务院对确需保留的行政审批项目设定行政许可的决定》第 22 条规定："利用互联网实施远程学历教育的教育网校审批"由教育部把关试点高校的准入，各级人民政府教育行政主管部门把关学习中心的准入和备案。

2014 年 1 月 8 日，国务院总理李克强主持召开国务院常务会议，决定推出进一步深化行政审批制度改革三项措施，将取消和下放"利用网络实施远程高等学历教育的网校审批"。2014 年 1 月 28 日，国务院办公厅发布《国务院关于取消和下放一批行政审批项目的决定》(国发〔2014〕5 号)，取消利用互联网实施远程高等学历教育的教育网校审批，高等教育自学考试专科专业审批，下放至省级人民政府教育行政部门。

2015 年 10 月 14 日，国务院发布《国务院关于第一批取消 62 项中央指定地方实施行政审批事项的决定》(国发〔2015〕57 号)，取消高等学校境外办学实施专科教育或者非学历高等教育审批、校外学习中心(点)审批。

2016 年 3 月 8 日，教育部办公厅印发《关于落实国务院决定取消中央指定地方实施行政审批事项的通知》，取消七项中央指定地方实施的教育行政审批权，其中包括教育网站和网校审批。

2017 年 3 月 13 日，《教育部关于教育网站网校审批取消后加强事中事后监管工作的通知》印发，进一步加强教育网站网校监管，要求贯彻落实《国务院关于第二批取消 152 项中央指定地方实施行政审批事项的决定》精神，并提出了 4 点工作要求。

2022 年教育部职成司发布通知，要求各试点高校暂停 2022 年秋季招生简章制定和招生宣传工作，暂停新增校外学习中心备案工作。高校网络教育学院面临调整规范和转型发展时期。

第五节　我国学分银行建设与综合性资历框架体系的构建

建设全国性的学分银行系统以及综合性的高等教育学历资格框架体系，对高等教育系统的理顺至关重要，其意义在于：首先各类型高等教育得以统筹，不同类型的高等教育之间可以互通；其次，学历与非学历教育、不同等级不同层次教育可以沟通和衔接；最后，各类型高等教育体制可以理顺，高等职业教育院校、成人教育院校和普通高等教育院校各自将回归到自己的办学特色上。

我国成人高等教育类型繁多，分类标准多样，按照办学形式来分，大致包括高等职业教育、独立设置的成人高等学校、普通高校的成人教育学院、68 所高校的网络教育学院等；按照学习方式又分函授、网络、电大、夜大、成人业余、成人脱产等多种形式。自学考试作为全国性的统一考试有时既被划到办学形式里又被划到学习方式里。不同办学形式的成人高等教育机构可以同时提供多种学习方式的教育。通常我们所说的成人高等教育系统包括成人高等学校教育、网络远程高等教育(开放教育)和自学考试等类型。

《国家中长期教育改革和发展规划纲要(2010—2020 年)》提出了终身教育改革的目标，即要构建灵活开放的终身教育体系。……大力发展现代远程教育，建设以卫星、电视和互联网等为载体的远程开放继续教育及公共服务平台，为学习者提供方便、灵活、个性化的学习条件。搭建终身学习"立交桥"。促进各级各类教育纵向衔接、横向沟通，提供多次选择机会，满足个人多样化的学习和发展需要。健全宽进严出的学习制度，办好开放大学，改革和完善高等教育自学考试制度。建立继续教育学分积累与转换制度，实现不同类型学习成果的互认和衔接。这一根本性的纲领为成人高等教育的改革指明了方向。

一、成人高等教育系统的主要问题

《中华人民共和国教育法》(1995 年 3 月 18 日第八届全国人民代表大会第三次会议通过)第 19 条明确指出："国家实行职业教育制度和成人教育制度。"可见，职业教育与成人教育是并行并重的两种教育制度。1996 年 9 月 1 日实施的《中华人民共和国职业教育法》第二章"职业教育体系"第 13 条明确规定："职业学校教育分为初等、中等、高等职业学校教育。""高等职业学校教育根据需要和条件由高等职业学校实施，或者由普通高等学校实施。"这就明确指出了高等职业教育的办学主体主要有两种学校：一是高等职业学校，二是普通高等学校。

对于成人教育的办学主体，我国并没有专门的成人教育法或终身教育法来进行规定，但1998年颁布的《中华人民共和国高等教育法》第68条规定："本法所称高等学校是指大学、独立设置的学院和高等专科学校，其中包括高等职业学校和成人高等学校。"具体来说成人高等学校包括国家开放大学及其44所省级电大以及名字中含"职工大学""教育学院""管理干部学院""业余大学""成人高等专科学校""函授学院"等字样、独立设置的大学或学院，2020年总数为268所，逐年减少。除此以外，一些普通高校（职业技术学院除外）还自办成人教育学院或继续教育学院以及网络教育学院，这部分高校的成人教育机构是成人高等教育的另外一类办学主体。

1988年国务院发布的《高等教育自学考试暂行条例》明确了高等教育自学考试（简称"自考"）"是对自学者进行以学历考试为主的高等教育国家考试，是个人自学、社会助学和国家考试结合的高等教育形式"。自考的办学主体一般为个人或民间机构，也有一些是由各大学办的。由于自考严格，许多成人高校和高职院校的学生都会通过自学考试获得第二张文凭。可见，自考既是一种考试制度，也是一种学习形式。相比之下，成人高考只是一种考试制度，但是由于它开设"专升本"考试，在我国学分转移制度尚不建立的情况下，成人高考和"专升本"考试就部分承担了学分转移和提升学历的功能，成为许多成人在校生从专科层次转入本科层次学习的渠道。

以上这四种成人教育系统（高等职业教育、成人高等学校教育、网络远程高等教育和高等教育自学考试）是我国成人教育体系的主体，但是这四个系统各自都存在一定的问题。

(一)高等职业教育：人才类型失衡，职业资格证书体系不健全

1980年全国建立了第一个高等职业教育院校——金陵职业大学，翻开了我国高等职业教育首页。原国家教委于1995年10月6日正式下文《关于推动职业大学改革与建设的几点意见》（教职〔1995〕12号），正式明确了高等职业教育的

地位："职业大学是我国高等教育的一种办学形式，是高等职业教育的重要组成部分。"

1996 年 9 月 1 日颁布实施的《中华人民共和国职业教育法》对我国职业教育的学校体制和证书制度都作了基本的规定。"职业学校教育分为初等、中等、高等职业学校教育"，可以看出国家是非常重视职业教育的，并把它从成人教育中单列出来，还作了等级划分。《中华人民共和国职业教育法》第一章"总则"第八条指出："实施职业教育应当根据实际需要，同国家制定的职业分类和职业等级标准相适应，实行学历证书、培训证书和职业资格证书制度。"该法律只是把职业教育进行了初等、中等、高等这种笼统粗糙的等级分类，没有一体化的从职业资格证书角度进行分类和等级划分，不能为职业教育体系内部各层次的对接提供依据，也进一步阻碍了职业教育与体系外的其他成人教育体系以及普通高等教育体系对接。早在 1989 年当时国家教委就有课题专门研究互通的问题，1999 年《中共中央国务院关于深化教育改革全面推进素质教育的决定》又指出，要构建与社会主义市场经济体制和教育内在规律相适应、不同类型教育相互沟通相互衔接的教育体制，大力发展高等职业教育。2014 年国务院发布《国务院关于加快发展现代职业教育的决定》，提出创新发展高等职业教育，发挥高等职业教育在优化高等教育结构中的重要作用。① 2014 年教育部等六部门共同印发《现代职业教育体系建设规划（2014—2020 年）》，提出了优化高等职业教育结构，加快高等职业学校改革步伐。②

十三五期间，教育部依据《国务院关于加快发展现代职业教育的决定》《国家中长期教育改革和发展规划纲要（2010—2020 年）》，坚持把职业教育作为教育综合改革的突破口，扎实推进各项工作，在健全办学体制、完善育人机制、提升内涵质量、增强服务能力、建设"双师型"教师队伍、建成世界规模最大的职业教育体系等方面取得了可喜成绩。目前，全国共有职业学校 1.15 万所，在校生 2857.18 万人；中职招生 600.37 万人，占高中阶段教育的 41.7%；高职（专科）招生 483.61 万人，占普通本专科的 52.9%。累计培养高等学历继续教育本专科

---

① http://www.moe.gov.cn/jyb_xxgk/moe_1777/moe_1778/201406/t20140622_170691.html。

② http://www.moe.gov.cn/srcsite/A03/moe_1892/moe_630/201406/t20140623_170737.html。

毕业生 5452 万人，开展社区教育培训约 3.2 亿人次。全国职业学校开设 1200 余个专业和 10 余万个专业点，基本覆盖了国民经济各领域，每年培养 1000 万左右高素质技术技能人才。在现代制造业、战略性新兴产业等领域，一线新增从业人员 70% 以上来自职业院校毕业生。在促进教育公平方面，3 年时间扩招 300 万人，服务"六稳""六保"，踢出了中国高等教育普及化的"临门一脚"。"'十三五'期间，我们建立健全以职业教育和普通教育'双轨'运行为标志，以纵向贯通、横向融通为核心，同经济社会发展和深化教育改革相适应的新时代的中国特色职业教育体系，把职业教育改革发展的工作重心转到提高质量上来，实现职业教育的提质培优和增值赋能。"（陈子季，2020）"十三五"期间，高职与普高以及其他成人教育形式的互通开始出现了转机。

2019 年 2 月 13 日，国务院印发《国家职业教育改革实施方案》（简称《方案》），提出了进一步办好新时代职业教育的具体措施，推进高等职业教育高质量发展。① 《方案》指出："职业教育与普通教育是两种不同教育类型，具有同等重要地位"，提出要建立"职教高考"制度，完善"文化素质+职业技能"的考试招生办法，提高生源质量，为学生接受高等职业教育提供多种入学方式和学习方式。"这一重要定位明确了职业教育是一个教育类型，而不是教育层次，对于摆正职业教育的地位，推进职业教育治理体系和治理能力现代化，具有重要的战略意义。"（陈子季，2020）我国以类型教育为基点，牢固确立起职业教育在国家人才培养体系中的重要位置，围绕建设现代职业教育体系，强化类型特色，坚定服务发展，促进就业办学方向，不断深化产教融合、校企合作，工学结合、知行合一，走出了一条中国特色的职业教育发展道路。2019 年 4 月 17 日，教育部职成司发布《关于做好首批 1+×证书制度试点工作的通知》，正式启动职教"1+×"制度，可一手拿学历证书，一手拿各类职业技能等级证书。②

十四五期间，我国将围绕基于"双轨"的双通制，推动职业教育高质量发展。在制度保障方面，建立职教高考制度，把中等职业教育和职业专科教育、职业本科教育在内容上、培养上衔接起来，任何职业院校的学生都可以通过职教高考制

---

① http://www.moe.gov.cn/jyb_xxgk/moe_1777/moe_1778/201904/t20190404_376701.html.

② http://www.moe.gov.cn/jyb_xwfb/s5147/201904/t20190417_378393.html. http://www.moe.gov.cn/s78/A07/A07_gggs/A07_sjhj/201904/t20190418_378683.html.

度进入任何一个职业院校的任何专业学习。健全普职融通制度，在课程共享与学生流动两个层面，促进职业教育与普通教育资源共享和理念相互借鉴。同时，健全国家资历框架制度，规定职业教育学生和普通教育学生学习成果等级互换关系，进而规定在特定领域两个教育系列学生享有同等权利制度。

十四五期间，我国职业教育工作内容包括：在促进体系有效运行、支撑条件方面加以完善，包括搭建产业人才数据平台，及时准确发布人才需求报告，科学引导职业院校专业设置、招生规模和人才培养目标定位；完善专业教学标准，深度开发以职业能力清单和学习水平为核心内容的专业教学标准，为教学质量整体提升和建设提供制度保障；支持产教融合型企业，探索建立基于产权制度和利益共享机制的校企合作治理结构与运行机制；建立大学培养和在职教师教育齐头并进的双轨制职业教育教师专业化培训体系；完善教育教学质量监控体系等。

2022 年 5 月国家修订施行了最新的《中华人民共和国职业教育法》(2022 年 4 月 20 日第十三届全国人民代表大会常务委员会第三十四次会议修订)，这是该法自 1996 年颁布 26 年以来的首次大修。新修订的《中华人民共和国职业教育法》不仅篇幅由原来的 3000 多字增加到 10000 多字，内容大大拓展丰富，体系结构更加完备，针对性和可操作性也更强。教育部有关人士表示，可以用十个关键词来描述新修订的《中华人民共和国职业教育法》主要内容和突出亮点。这十个关键词是党的领导、同等重要、统筹管理、体系贯通、企业主体、多元办学、产教融合、就业导向、德技并修、保障机制。特别是在"同等重要"方面，国家把职业教育与普通教育作为两种不同教育类型来定位，是构建职业教育法律制度的基础。新法规定职业教育是与普通教育具有同等重要地位的教育类型；规定国家统筹推进职业教育与普通教育协调发展；规定职业教育是为了培养高素质技术技能人才，使受教育者具备从事某种职业或者实现职业发展所需要的职业道德、科学文化与专业知识、技术技能等职业综合素质和行动能力而实施的教育；规定职业学校学生在升学、就业、职业发展等方面与同层次普通学校学生享有平等机会，禁止设置歧视政策。

(二)成人高等学校教育：学校数量萎缩，成人学业资格体系不健全

我国政府在 1985 年颁布的《中共中央关于教育体制改革的决定》和 1987 年颁

布的国务院转发国家教育委员会的《关于改革和发展成人教育的决定》中首次使用"成人教育"一词，把诸多种类的教育均列入这一范畴之内。1993 年颁布的《中国教育改革和发展纲要》明确提出"成人教育是传统学校教育向终身教育发展的一种新型教育制度，对不断提高全民素质，促进经济和社会发展具有重要作用"。由此，国家把成人教育正式纳入了终身教育体系之中。教育部职成司 2011 年发布关于印发《教育部职业教育与成人教育司 2011 年工作要点》的函，提出要积极发展成人继续教育。①

成人高等教育的学生以业余学习为主，比较符合成人的特点，成为众多成人考生的首选。成人高等教育有广义和狭义之分，狭义的成人高等教育仅指成人高等学校和普通高等学校开办的成人继续教育（函授、夜大为主）；广义的成人高等教育则包括三类办学主体，即成人高等学校（含中央电大）、普通高等学校开办的成人继续教育和 68 所高校开办的网络远程教育。这里我们只讨论狭义的成人高等教育，后面再专门讨论网络远程高等教育。2017 年我国成人本专科在校生共 544 万，其中成人高等学校本专科在校生为 34 万人，普通高等学校 510 万人。成人高等学校总数在不断萎缩，2000 年 772 所，2017 年 282 所。相应的，成人高等学校的本专科招生数在逐年下滑，2005 年为 29.5 万，2017 年为 13.8 万。与此相对比的是，普通高等学校的成人本专科生数在逐年上升，八成以上的成人新生流向普通高等学校的成人教育办学机构，因此，抓好成人高等教育的办学质量，落脚点最终还在普通高校的成人教育办学机构上。

教育部 2007 年 11 月 15 日发布的《教育部关于加强成人高等教育招生和办学秩序管理的通知》主要内容之一就是严格规范成人高等学历教育的招生，并决定从 2008 年起禁止普通高校招收成人脱产班。教育部下发的这个通知与长期以来成人高教普教化和办学条件不足有密切关系。"长期以来我国成人教育主要还是以学历教育为主，带有浓厚的文凭补偿性质"。成人教育市场需求并非不旺盛，学生的终身学习动力并非不强，而是所开设的专业和课程都模仿常规大学的做法，过于"学术化"，因此人们把它形象地称作"成人高教普教化"。

《中华人民共和国学位条例》只将学位分为三级：学士、硕士、博士，此种分类不符合时代发展的要求，没有与专科教育相对应的副学士学位。副学士学位

---

① http://www.moe.gov.cn/s78/A07/A07_gggs/A07_sjhj/201103/t20110318_116038.html。

在欧美主要是授予成人教育学习者，用来与本科层次的各种类型高校进行对接（学分转移）。这种学术化的学士、硕士和博士三级资格体系就像一把"短尺"，并不能够衡量庞大的多层次、多样化的人才资格，特别是不能作为成人高等教育学业资格等级的认定标准。针对学位结构存在学位等级结构失衡和学位类型失衡的问题，学术界一直都在呼吁，要求尽快以立法形式来保障正在修订的学位条例（拟改为学位法）。

（三）网络远程高等教育：内涵发展不足，体系外互通机制尚未确立

随着网络教育的普及，远程教育作为一种手段将对现有的成人教育体系进行全方位的改革，特别是教学模式的改革。1999年教育部批准清华大学、北京邮电大学、浙江大学和湖南大学等重点大学为首批网络远程教育试点高校。2000年7月颁布的教高厅〔2000〕10号文赋予试点学校充分的办学自主权，允许试点学校自主招生、自主开设课程和专业、自主发给学生文凭等权力。在这十年间68所普通高校和中央电大开展的网络远程教育为实现高等教育大众化及构筑全民学习、终身学习的学习型社会做出了功不可没的贡献。远程教育的天然使命就是开放教育，扩大入学机会，使各类社会人群都能享受到优质的教育资源，实现教育的民主化。十年来，现代远程教育设立了9000多个校外学习中心和教学点，其中四分之一设立在西部地区，使优质教育教学资源及支持服务延伸到了西部地区、农村乡镇、城市社区、各行业、企业和部队军营等。但远程教育需要注重内涵建设，加强对远程教育教学、支持服务、质量评估和认证、资源平台、政策法规、研究等方面的建设和发展。另外，网络远程高等教育还需充分利用网络管理平台与其他类型的成人教育进行合作和对接，实现体系互通，方便学习者在一定条件下可以自由流动并选择所需要的教育类型。

（四）高等教育自学考试：考试科目单一，与职业资格证书教育转换机制不够健全

"高等教育自学考试"简称"自考"，创建于1981年，一年考4次，考生每次最多考4科，通过所有规定的考试科目，学生就可以获得国家承认的毕业证。2011年7月28日，全国高等教育自学考试指导委员会发布关于印发《高等教育

自学考试专业和课程改革方案》的通知，充分发挥高等教育自学考试在建设终身教育体系和形成学习型社会的作用。① 高等教育自学考试是达标性考试，它是根据某种既定的统一标准，测量考生学业水平、技术水平和业务能力是否达到要求，以获取某种学历或学位证书。2017 年全国高等教育自学考试报考有 470.94 万人次，取得毕业证书 55.27 万人。

《中华人民共和国高等教育法》第 21 条规定："国家实行高等教育自学考试制度，经考试合格的，发给相应的学历证书或者其他学业证书。"这为自考和其他形式的高等教育（包括职业教育）进行对接提供了法律依据。国家鼓励自考与其他类型的教育联合起来培养人才并授予合适的资格证书，然而我国虽然强调要执行自考教育和职业资格证书并重的政策，但还没有建立起像德国、澳大利亚等国家那样的国家职业资格证书体系。自考还存在如何与高等职业教育对接的体制问题。

二、学分银行建设和综合性的高等教育学历资格框架体系的建立

尽管有成人高考或"专升本"，但人才流动仍受到阻滞，学历立交桥依旧不畅。职业教育、成人高等教育、网络远程高等教育之间需要打破屏障相互对接，各自又要与普通高等教育对接，完成这两个"对接"其根本出路就在于实施完全的学分制和建立综合性的高等教育学历资格框架体系。

（一）学分制改革

1. 实施学分制的意义：学分互认，它是学生流动的前提

学分互认体现的是一种以学生为本的思想，学分制的建立是有现实需求的，比如：

①职业中学的学生继续攻读普通大学的需要；

②在读大学生选学其他大学的课程；或者由于学生居住地变化转校，或者想获得学位；

③在职学生基于工作的实践经验和非学历培训经历希望得到学分认定和积累；

---

① http://www.moe.gov.cn/s78/A07/A07_gggs/A07_sjhj/201507/t20150724_195535.html。

④学生希望缩短学习年限，积累足够的学分达到标准即可毕业，获得学位；

⑤学生希望进行更有弹性更自由的终身学习，而不必一次性把所有的学位全部读完，那么先前获得的学分就应该积累和换算到后面较高层次的学习中。

欧盟、英国、美国、加拿大在学分制的建立方面有非常先进的经验，学分制为这些国家和地区中等后教育领域与普通高等教育体系的对接进行了卓有成效的探索，它是人才流通的基础，是建立大范围的学分转移机制的基础。学生若能够在不同层次的学校之间进行转学，那么就要对其先前的学习进行评价，而发达国家评价的主要手段就是采用学分制及相应的转换框架，这样可以尊重学生先前的学习，既避免了重复学习，又采用"转"而非考试的形式可以顺利进入更高层次的学习。实施学分制有利于量化学生的学习成果，有利于学生在不同教育系统之间流动。实施"学分制改革"能够顺畅非学历教育与学历教育的衔接；能够使中等教育的学习积累得到非校园培训机构的认可；能够在中等教育学校、普通高等院校、高等职业学校和成人高等学校之间相互进行学生转移；能够鼓励二年制职业高校和专科教育以社会需求为导向办学。

2. 实施学分制改革的操作性建议

要打通各类高校系统，为学生的流动提供最大的方便，就要实施学分制改革，而实施学分制改革关键要靠国家宏观政策的指引和扶持。具体的实施步骤如下：

第一，以省或区域为单位，进行试点。在全国性的学历互通框架下，修改和完善省内各高校学历框架体系以及质量标准体系并进行示范。建立区域性的课程比对—学分互认委员会，成员主要由区域内的大学任课教师组成。

第二，要建立一套完善的学分转移机制：

(1)建立一套课程标准，也就是学习成就的标准和等级的规定。主要包括课程的评价方式、负荷量、学习目标和任务、学分等方面的规定。

(2)建立一套针对学生个人的文件系统。可以借鉴欧洲学分转换系统(ETCS)的做法，文件系统主要内容包括：

①信息包裹：提供学校的地理位置、住宿情况、注册所必需的程序、课程的内容、要求、评估模式、时间单位、课程类型、教学方法，以及分配的学分和对开课院系的描述。

②学习协议：学生在进行外校学习之前，与有关机构双方签订的，标明了将要在外校学习的课程(三方签署：一方是学生，一方是正式向对方学校提交同意书的行政部门，一方是接收学校的行政部门)。

③成绩档案：用于出示学生校外学习之前和之后的学习成果。成绩档案主要记录学生转校前后课程的学习情况。

第三，各区域的普通高等学校、成人高等学校和高等职业学校要组织专门人员重新理清各类教育类型的定位；逐级落实人才培养目标和培养计划的修订，施行完全学分制；各高校教务处要成立专门的"学生转学"部门，负责校内和校外学生转学以及学分认定的具体事务。

三、建立综合性的高等教育学历资格框架体系：国际比较成熟的学分互认经验

普通高等教育、成人高等教育以及职业高等教育这三大高等教育办学体系的人才培养目标应该具有显著的差异，颁发的学历证书应该各具特色，在此前提下学生在不同系统之间进行学分转移或转学才有意义。国家层面需要组织各方力量组建专门工作小组，制定全国性的学历互通框架和一揽子辅助性的纲领性文件，必要时还要修订现行的教育大法和政策法规。

根据广泛的文献调研和数据整理，笔者将欧盟、英国、澳大利亚和美国这些国际上学分互认实践开展得富有特色的国家(地区)予以列表比较(见本书附录一)，在借鉴国际成熟经验的同时还结合对不同国家政治体制的差异进行综合分析。

学分互认上，美国是各州立法委统管，联邦不管；澳大利亚虽然各州管自己的，但有一个全国性的统一规范的资历框架体系和相应的技能与继续教育(TAFE)与普通大学之间转换的规定，于1995年就开始了；加拿大不列颠哥伦比亚(BC)省自1990年就有地区性的规定，到2003年已经相当规范和成熟；欧盟更早，规模更广，且不是单一的国家，而是几个国家之间互认，学生可以带着学分自由通行各国各类大学，前提是要符合规定，1955年提出学分互认，1987年孕育形成规范报告，之后逐步完善。英国最早开始实行学分认可的是1972年英国开放大学，1985年各区域开始建立自己的专门机构，为学分互认铺平了道路。1964年国家学位委员会成立，1992年国家学位委员会下设中等后教育机构，

1997 年高等教育质量保证署（QAA）成立，进一步规范学分互认制度。

在全国性的学历互通框架方面，澳大利亚的学历资格框架（Australia Qualification Framework，AQF）堪称典范，如图 1-10 所示，AQF 涵盖 13 种由中学、职业教育与培训学校、高等教育机构（以大学为主）三类教育机构核发的全国性学历资格。在这个综合性的学历框架体系中，职业教育系列的资格体系被单列出来，与大学和高等教育系列并列，形成了一套层次分明，包括初等、中等、高等和研究型的职业教育资格体系。该体系不但向下可与中学教育系统对接，还可以平行地与相应层次的大学和高等教育体系对接。总之，AQF 是一个可以贯通中等教育和高等教育、职业教育和普通大学教育的综合性学历资格框架体系。由于我国存在专门的成人教育高校，这点不同于澳大利亚的办学体系，因此，要建立这样综合性的高等教育学历资格框架，应囊括成人高等教育（主要包括成人高等学校、普通高校的成人教育学院和普通高等学校的网络教育学院三类办学主体）、职业高等教育和普通高等教育三大类型办学主体的教育，也就是要有专门的成人高等教育学历证书系列、高等职业教育学历证书系列和普通高等教育学位证书系列，

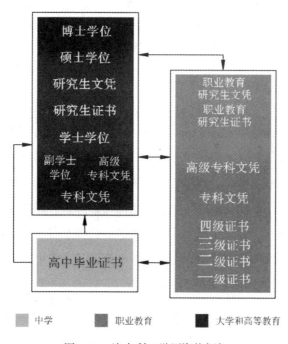

图 1-10　澳大利亚学历资格框架

此三大系列应能够借助学分转移机制实现相互贯通，有机联系。

四、出路

采用学分制及学分银行贯通各类成人高等教育系统，同时应用综合性高等教育学历资格框架衡量人才培养规格和层次的高等教育系统如图 1-11 所示：

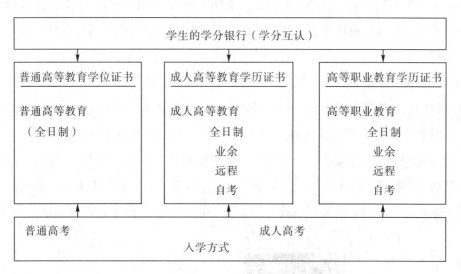

图 1-11　通过学分银行互通的我国各类高等教育系统

将高等职业教育学历证书从传统的成人高等教育学历证书体系中单列出来，是因为高等职业教育具有鲜明的人才培养特色，特别是"职教高考"的实施会加快体系内外的衔接与互通。实行学分制和单列的高等职业教育学历证书体系、成人高等教育学历证书体系后，高等教育系统体制将会得到彻底理顺，最终各类型高等教育得以统筹，不同类型的高等教育之间可以互通；学历与非学历教育、不同等级不同层次的教育可以得到沟通和衔接；各类型高等教育体制可以理顺，高等职业教育院校、成人教育院校和普通高等教育院校各自回归到自己的办学特色上，从事其擅长的教育领域。

五、我国学分银行建设进展情况

教育部在关于建立国家开放大学的批文中明确指出，国家开放大学是一所新型大学，承担着发展学历与非学历继续教育双重任务。在过去 30 多年历程中，学校工作重点一直放在学历继续教育上，尽管也开展了一些非学历继续教育，但很不够。在国家开放大学建设中，必须根据教育规划纲要的要求，大力发展非学历继续教育，构建灵活开放的终身教育体系，搭建终身学习的"立交桥"，建立继续教育学分积累与转换制度，实现不同类型学习成果的互认和衔接，促进各级各类教育纵向衔接、横向沟通，提供多次选择机会，满足个人多样化的学习和发展需要，在稳步发展学历继续教育的同时，要把非学历继续教育作为重要任务来抓。而其重要抓手，就是国家开放大学"学分银行"建设（杨志坚，2013）。

自 2012 年国家开放大学获批开展国家"学分银行"制度实践以来，学校积极推进学分银行制度理论研究，形成以学习成果框架为核心的制度体系，提出了"框架+标准"的技术路径，开发具有自主知识产权的一系列认证工具（手册）。此外还大力推动实践应用，与相关高校和行业协会成立学习成果互认联盟，在全国 31 个省市自治区、20 个行业设立了 70 个学习成果认证分中心；研发了可以支撑亿万级学习者开户、存储、积累与转换的信息服务平台，为 480 万学习者建立了学分银行账户，组织了 60 多家不同类型机构开展标准制定、标准应用、资源共享与学分互认等项目，探索不同类型学习成果之间的横向沟通和纵向衔接；为配合推进国务院职业教育各项重大制度实施，在教育部直接领导下，承担"职业教育国家学分银行"建设任务。[①]

（一）框架通用指标

学习成果框架中各个等级学习成果的成效特性，由一套学习成果等级指标加以描述。等级指标描述指明该等级对应的每个学习成果所承载的知识、技能以及能达到的能力（对知识和技能的运用能力，简称"能力"）水平。学习成果参照等级指标描述，以确定其在学习成果框架中的等级。

学习成果框架等级描述指标包括知识、技能和能力三个维度，其中，知识

---

① 国家开放大学门户，http://www.ouchn.edu.cn/Portal/Category/CategoryList.aspx？CategoryId=924df1f7-0cbb-414f-9abb-257ba7c97f50。

维度描述学习成果所获得的事实性、技术性和理论性知识；技能维度描述学习成果所能达到的认知、技术、沟通和表达等各类技能；能力维度则描述学习成果在知识、技能应用方面表现出的自主性、判断力和责任感，具体的等级描述见表1-5：

表 1-5　学习成果框架等级描述表

等级	知识	技能	能力
1	具有日常生活、进一步学习和初始工作所具备的基础知识。	具有最基本的认知、技术和沟通技能，能够从事明确的常规活动，鉴别或发现简单问题。	在高度结构化的环境中和有限的范围内应用知识和技能，展示自主性。
2	具有某一特定工作或学习领域事实性的、技术性的或程序性的知识。	具有最基本的认知、技术和沟通技能，能应用适当的方法和工具，从事简单、确定的活动。	在高度结构化的环境中和有限的范围内应用知识和技能，展示自主性，具有有限的判断力。
3	具有某一特定的工作或学习领域事实性的、技术性的及一些相关的理论性知识。	具有最基本的认知、技术和沟通技能，能应用适当的方法、工具和材料，完成常规活动。	在已知的、稳定的环境中和有限的范围内应用知识和技能，展示自主性，具有有限的判断力。
4	具有某一专业领域或宽泛的工作或学习领域广泛的、事实性的、技术性的及一些相关的理论性知识。	具有基本的、认知的、技术的和沟通技能，并能应用适当的方法、工具、材料及现成的信息，完成常规或非常规活动，为一些可预见的问题提供解决方案。	在已知的、变化的环境中和有限的范围内应用知识和技能，展示自主性和判断力，并承担有限责任。

续表

等级	知识	技能	能力
5	具有在一个专业领域或宽泛的工作和学习领域的技术性的或理论性的知识。	具有一系列认知、技术和表达技能，能选择和运用各种专业化方法、工具、材料和信息完成一系列的活动，能对可预测的、偶尔为复杂的一些问题提出和传达解决方案。	能在不断变化的环境中和宽泛的范围内应用知识和技能，展示自主性和判断力，承担明确的责任。
6	具有在一个专业领域或宽泛的工作和学习领域广泛的、技术性的、理论性的知识。	具有广泛认知、技术和表达技能，能选择和运用各种专业化方法、工具、材料和信息完成一系列的活动，能对可预测的和有时是不可预测的及偶尔为复杂的问题提出和传达解决方案。	能在不断变化的环境中并在宽泛的范围内应用知识和技能，展示自主性、判断力和责任感。
7	具有在一个或多个学习或实践领域的广泛和系统的，有着深度的理论和技术知识。	具有良好的认知、技术和表达技能，能选择和运用各种方法和技术分析和评价信息，完成各种活动，能对不可预测的和有时是复杂的问题，分析、产生和传达解决方案，向他人传授知识、技能和思想。	在需要自主学习和工作的环境中应用知识和技能，展示自主性、良好的判断力和责任感，在广泛的范围内提供专业咨询，发挥专业作用。
8	具有在一个或多个学习或实践领域的系统和高级的，有着深度的理论和技术知识。	具有高级的认知、技术和表达技能，能选择和运用各种方法和技术批判性地分析和评价信息，完成一系列的活动，能对不可预测的和有时是复杂的问题，分析、产生和传达解决方案，向他人传授知识、技能和思想。	在需要自主学习和工作的环境中应用知识和技能，展示自主性、良好的判断力、适应性和责任感，在广泛的范围内提供专业咨询，发挥专业作用。

续表

等级	知识	技能	能力
9	具有在一个或多个学科或专业领域具备高级的理论或技术性知识。	具备某一知识和实践领域熟练的、专业的认知及技术和沟通技巧，并能选择和应用各种方法和技术，批判性分析、反思、处理复杂信息，在某一知识或实践领域研究和应用已确立的理论，向专业或非专业人员传送知识、技巧和观点。	作为一个实习者或初学者，可以应用知识和技能，证明其自主性，具有良好的判断力、适应性和责任感。
10	具有在某一前沿学科或专业领域，对某一实质的、复杂的知识体系具有系统的、完善的理解。	具备在某一学科领域熟练的、专业的认知和技术和研究技巧，以独立地、系统地进行批判性反思、合成及评价，开发、应用和实施研究方法来扩展和重新定义现有的知识或专业实践。在同辈或团体中宣传或提升新的知识点。	作为一个专家或领导的实践者和学者，可以应用知识和技能，证明其自主性，具有权威的判断力、适应性和责任感。

(二)学习成果框架

学习成果框架是目前我国继续教育领域各类学习成果实现认证、积累与转换的共同参照系。它具有国际上通行的资格框架的功能，通过相关标准和规范，能够有效提高学习成果的透明性、可比性和转换性。

现阶段学习成果框架共分 10 个等级(图 1-12)，从第一至第十级，第一级为最低级，第十级为最高级。各个等级的成效特性，由一套学习成果等级指标加以描述。根据我国国民经济行业分类标准，框架中的学习成果分属于 20 个行业领域。同时，根据学习成果的不同呈现形式，可将其分为学历教育学习成果、非学历教育学习成果和无一定形式学习成果三种类型。

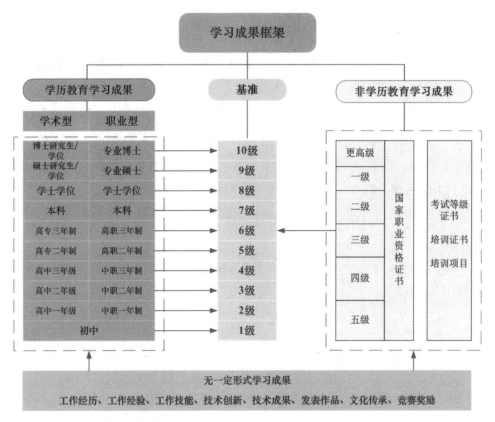

图 1-12　我国学分银行学习成果框架图

《国家开放大学 2021 年工作要点》的一项内容就是以实践应用为导向加强学分银行建设。运用学分银行机制，推进开放大学学历教育与社会培训、老年教育、社区教育等有机衔接。做好职业教育国家学分银行运营工作，拓展应用范围，使用户增加到 2000 余万个，提高学分认定的权威性和公信力。完成教育部"国家学分银行建设研究"课题，对架构、机制、地方关系等关键问题提出解决方案。承接好国家职业教育指导咨询委员会相关服务工作。

目前我国学分银行建设进展较为顺利，在打造终身教育体系方面将发挥更大的作用。①

本章参考文献

[1]高辉.国家开放大学网络课程应用效果研究[J].天津电大学报,2019,23(1).

[2]李淑,曹雷,邵运达."引领式"学习模型在国家开放大学网络课程中的应用——以《建筑施工技术》课程为例[J].广西广播电视大学学报,2018,29(2).

[3]李玥,王磊.基于个性化教学的电大系统建设改革与创新——以赣州广播电视大学系统为例[J].河南广播电视大学学报,2017(30).

[4]刘红梅,于艳春.探究式与授受式教学模式在开放大学全网络课程中的融合[J].高教学刊,2016(8).

[5]刘建平,汪跃平,张竹英.开放大学教学模式探索[J].湖北函授大学学报,2012,25(2).

[6]刘立华.国家开放大学英语自主学习模式的研究与构建[J].现代交际,

---

① 本章参考的网站还有:

http://www.moe.gov.cn/srcsite/A05/s3040/202011/t20201103_497961.html。

http://www.stats.gov.cn/tjsj/zxfb/202002/t20200228_1728913.html。

http://www.cnnic.net.cn/gywm/xwzx/rdxw/20172017_7047/201808/t20180820_70486.htm。

http://wenku.baidu.com/link?url=rfmjLNpEAfETNUBX17xI4p8D_ZHSx3n_ByCLq1NW4ISi_60MUDF9U3X9L2luoO_W2sRYDjJ8nqrnz94ycHqetOASqGhtPUMC3o WfztV-Svhq&qq-pf-to=pcqq.c2c。

http://www.moe.gov.cn/s78/A03/moe_560/jytjsj_2017/qg/201808/t201808 08_344698.html。

http://dianda.china.com.cn/2010-01/08/content_3336860.htm。

http://www.shmec.gov.cn/web/wsbs/onlineservices/xzsp13.php?id=A10。

http://www.fjedu.gov.cn/html/2014/03/03/266620_140970.html?uni=07 38aa19-880b-4432-9a1f-b0d4c40738bd。

http://dianda.china.com.cn/news/2014-01/10/content_6603939.htm。

http://www.gov.cn/zwgk/2014-02/15/content_2602146.htm。

http://www.gov.cn/zhengce/content/2015-10/14/content_10222.htm。

http://www.ouchn.edu.cn/News/ArticleDetail.aspx?ArticleId=7c433552-22 ea-4146-b55e-f11412c6cbbd&ArticleType=2。

http://www.moe.gov.cn/s78/A16/s5886/s6381/201704/t20170420_3029 47.html。

http://cbouc.ouchn.edu.cn/kj/xxcgkj/index.shtml。

http://www.gov.cn/zhengce/content/2019-02/13/content_5365341.htm。

2016(20).

[7]石磊,程罡,刘志敏,冯立国.大规模私有型在线课程建设模式及其质量保障机制——以国家开放大学网络课程建设过程为例[J].中国远程教育,2018(8).

[8]魏顺平,张少刚.电大高等教育学生数量变化特点与预测研究[J].现代远程教育研究,2000(2).

[9]徐乃庄.校外学习中心评估概述[J].中国远程教育,2006(11).

[10]曾海军,范新民,马国刚.论高校网络教育管理的政策与监管[J].开放教育研究,2009(3).

[11]张秀梅.论我国成人高等教育系统互通机制的构建[J].现代远距离教育,2011(4).

[12]张秀梅.远程教育学研究导论[M].中山大学出版社,2011.

第二章 韩国远程教育

韩国,全称为大韩民国,位于东北亚①朝鲜半岛南部,东、南、西三面环海,韩国南北长约 1000 公里,东西宽约 300 公里,国土面积为 9.96 万平方公里,占朝鲜半岛总面积的 4/9,相当于我国浙江省面积(10.2 万平方公里)。朝鲜半岛则和英国一样大。

韩国的一级行政区称为"广域自治团体",包含 1 个特别市(首尔)、6 个广域市、9 个道、1 个特别自治道等 17 个广域自治团体,二级行政区称为"基础自治团体",全国共有 73 个自治市、86 个郡、69 个自治区等 228 个基础自治团体。第二次世界大战后,朝韩正式脱离日本长达 35 年(1910—1945 年)的殖民统治,1948 年 8 月 15 日,朝韩分治,韩国正式成立,实行总统制。前期实行军政府体制,1993 年之后才逐渐确立三权分立的体制。总统任期 5 年,不得连任。

2021 年韩国人均国民总收入约为 3.54 万美元,属于高收入国家。② 韩国是 20 国集团、OECD(经济合作与发展组织)、ASEAN(东南亚国家联盟)、APEC(Asia-Pacific Economic Cooperation,亚太合作发展组织)等国际经济组织的重要成员之一。

目前,韩国是世界第 12 大经济体,亚洲第四大经济体。首都首尔市居民

---

① "东亚"通常指的是包括现今东北亚和东南亚在内的地理区域,共有 16 个国家,即东北亚的中国、日本、韩国、朝鲜、蒙古国(5 个国家)以及东南亚的越南、老挝、柬埔寨、泰国、缅甸、印度尼西亚、马来西亚、新加坡、菲律宾、文莱、东帝汶(11 个国家)。

② 在国际社会上,人均收入 2 万美元是衡量一个国家是否进入发达国家行列的收入标准。韩国成为全球第 25 个人口总数超过 5000 万的国家,是世界仅有的七个(日美德法英意韩)人口 5000 万人以上且人均 GDP2 万美元以上的发达国家之一。韩国是世界第七大出口国,韩国造船业世界第二,汽车产量世界第五,钢铁产量世界第六,韩国拥有完善的产业体系与强大的影视以及音乐产业。

1000万人，其 GDP 仅次于东京、纽约和洛杉矶。韩国也是高科技发达的国家，网络覆盖率极高。

二战后的韩国积极发展教育，赢得了亚洲四小龙的美誉。20 世纪 60 年代，韩国经济开始起步。70 年代以来，人均国民生产总值从 1962 年的 87 美元增至 1996 年的 10548 美元，创造了"汉江奇迹"。1997 年，亚洲金融危机后，韩国经济进入中速增长期。与此同时，从 1966 年到 1995 年，韩国用两个 15 年实现了高等教育毛入学率从 5% 到 15% 再到 50% 的飞跃，使高等教育从精英化迈过大众化，走向普及化，成为世界上高等教育发展速度最快的国家。

韩国是世界上受教育程度最好的国家之一。在 PISA（国际学生评估项目）测验中，韩国学生的表现在 OECD 诸多国家中也是最好的。韩国的大学教育质量也有较高的声誉，在 2018 年 Universitas 21 研究型大学联盟的"各国高等教育体系排行 2018"中，在 50 个国家中位列第 22 位。

韩国总人口 5130 万人，世界排名居第 28 位。韩国为单一民族，通用韩国语，50% 左右的人口信奉基督教、佛教等宗教。1945 年，韩国的成人识字率为 22%，高等教育入学率为 2%；2018 年则分别达到 99% 和 96%。根据 OECD 的统计，24~35 岁的人口中有 70% 具有高等教育学历，高出美国 20 个百分点。2020 年，韩国互联网用户为 4921 万，占人口的比例为 95.9%。①

韩国老龄化人口日趋严重，2020 年，韩国 65 岁以上的老龄人口达到 813 万人，占总人口的 15.8%，2025 年，这一数字将上升至 20.3%，届时将迈入"超高龄社会"，而到 2060 年，这一数据可能翻倍到 43.9%。2015 年至 2020 年韩国年均人口增长率为 0.2%，远低于 1.1% 的世界平均水平。据联合国人口基金会发布的《2021 年世界人口情况报告》，韩国总和生育率为 1.1，在 198 个国家中排名第 198 位，连续两年和日本并列倒数第一名。韩国受老龄化加快和低生育率影响，合格的劳动力供给面临挑战。据估计，到 2050 年，韩国人口将减少到 4230 万，许多学校将因生源减少而被迫关闭。

---

① http://www.worldbank.org/en/country/korea。

第一节 韩国的教育概况

一、韩国的文化教育情况

韩国有 17 个行政区域，相应的，教育管理体系方面，也有 17 个省级办公室，176 个区域办公室。但教育的管辖权主要在教育部，地方权力较小。

韩国总理内阁设有教育部（Ministry of Education，MOE），科学、ICT（信息和通信技术）与未来规划部，雇佣劳动部，女性平等与家庭部等 17 个部。①

韩国 1949 年颁布了《教育法》，政府对教育非常重视，推进全国人民的终身教育。

韩国的基础教育包括小学 6 年，初中 3 年，高中 3 年共 12 年；高等教育专科 2~3 年；本科一般 4 年，医科 6 年；研究生教育中硕士一般为 2 年，博士一般为 3 年。实行四级学位制：专门学士学位、学士学位、硕士学位、博士学位。自 1953 年起韩国实行小学六年制义务教育，60 年代初实现小学义务教育的普及，1993 年实现初中三年义务教育的普及。

学校教学方面，韩国儿童的在校学时天数每年为 220 天，远远高于美国的 175~180 天。韩国学校从小学三年级开始开设英语课。

受美国占领影响，韩国的教育体制与美国一样。人口的城镇化，也导致了农村学校的大规模减少。韩国的男女同校是从 20 世纪 80 年代开始出现的，但至今在首尔市高中男女同校的学校比例只有 1/3。

国家课程每十年更新一次，最近一次是 2015 年更新的。②

1970 年代实施的学校"平等化政策"减少了中考竞争，学生就近电脑派位入学。2015 年，私立初中和私立高中的学生占所有学生的比例分别是 18% 和 43%。高中阶段，2016 年的数据显示，攻读普通高中的学生占比为 71.7%，而攻读自治学校和专门技校的学生比例只有 11.5% 和 16.6%。地方政府在高中平等化政策

---

① 2013 年 3 月 23 日，原来的教育科技部一分为二，教育部独立出来专门为一个部，另一个就是科学、ICT 与未来规划部。

② https://wenr.wes.org/2018/10/education-in-south-korea。

实施方面的力度不及初中，只有 60% 的高中属于平等化区域，抽签入学。高中学生的毕业学分数要求不低于 204 分。

大学招生选拔方面，建国之初，韩国高校实行大学单考招生。各大学自主出题选拔新生，政府不参与招生制度的管理。为防止招生腐败，1962 年，韩国开始实行大学入学资格国家招生考试制度。因两种招生方式各有利弊，致使韩国高校招生制度在历史上出现反复和重叠。2002 年以后，韩国高校采取的是大学能力考试、学校生活记录簿、论述、推荐信、面试并行的招生方式。目前所有高中生都要参加大学考试"CSAT"（大学学业能力考试），由韩国课程与评价研究所（KICE）组织，每年 11 月举行。考试科目 9 门，历史是必考科目。此外，在每年的 9 月，许多高校也可以自主招生，依据学生的高中成绩表现、论文、推荐信、实际测验、校外活动或访谈等择优录取。依据高考分数录取的学生比例只有 22%，韩国计划到 2022 年将其提高至 30%。[①]

二、韩国教育发展的内外驱动力与概况

（一）宏观政策外在驱动下的教育发展

在政策制定方面，韩国教育部主要的智库是"教育政策咨询委员会"。大学质量保证和认证主要由"韩国大学教育理事会"（Korean Council for University Education，KCUE）负责开展，其是一个独立的非政府大学协会。

韩国教育发展改革的主线是 1960 年代关注基础教育发展，70 年代关注中等教育发展，80 年代和 90 年代是高等教育发展阶段。

从 20 世纪 50 年代开始，韩国政府着力普及小学教育，到了 60 年代末，小学教育已经实现了全部免费向所有学龄儿童开放。

1961 年开始实施五年"经济规划"，成立了"经济规划委员会"，由副总理负责。在 1962—1986 年，该委员会在战略规划和资源分配方面起到了主导的作用。

1968 年以前，学生父母都想让学生报考重点中学以确保可以考入大学，这些重点中学一班都是公立中学，而私人办的中学家长们都信不过。1968 年韩国政府取消中考，采用就近入读的原则而非考试分数来分流学生。如此一来，私立

---

① https://wenr.wes.org/2018/10/education-in-south-korea。

中学才被家长们重视起来，初中学生和学校都迅速增加。

初中入学制度改革之后，韩国政府在 1974 年又对高中入学制度进行了改革，即"高中平等化政策"（High School Equalization Policy），取消各个高中自己独立考试招生的入学政策，而采用地方统一标准化学业测试，经国家会考合格的学生可以按区域通过抽签办法决定自己就读的高中。私立高中此时迅速行动，大力改进教学设施和资源，以接收更多的学生，导致初中毕业后升入私立高中学习的学生比率也随之增加。这一趋势和 60 年代末的初中考试改革一样，满足了巨大的教育需求。但因为实施统一考试，也压制了高中课程设置的多样性，学校特色发展的自主性受到了遏制。

第五个国民经济发展规划（1982—1986）强调经济与社会之间的和谐发展，一项重要内容是落实 1980 年提出的教育改革目标——要遏制社会上对课外辅导投资巨大的不良风气，切实减轻家长的负担。到第六个国民经济发展规划期间，韩国政府不再启动长期宏观经济政策。对于教育领域而言，这意味着从量的发展转向质的提升，开始注重教育的质量、实用和优质，学校课程强调以学生为中心，关注学习者的差异。

到了 80 年代，大学的入学制度也经历了激烈的变革（从 1981 年开始）。1993 年采用了新的制度，对考生高中的学业成绩及国家会考的分数进行通盘考虑后才确定其入学资格。目前，约有 30 所高等院校仍然举行附加的入学考试。①

韩国虽然是个民主体制的国家，但教育改革权限主要在教育部，这种权力的集中化有利有弊，批评人士认为它遏制了学校发展的创新性。在这种背景下，1995 年，在金泳三执政期间（1993—1998 年）颁布了《教育改革法》，韩国教育开始了市场化导向的改革，旨在革除应试教育和不合理的课外辅导；开始为建设知识型社会进行教育改革。具体改革措施更加强调对大学进行基于绩效的考核和拨款、运用 ICT 开展终身教育。

（二）社会文化内在驱动下的教育发展

除了以上这些教育政策方面的改革和宏观发展战略的引导外，韩国教育发展的另外一个重要推力是社会文化因素。

---

① http://kr.eu.com.cn/information/00129400.html。

　　韩国学者 Gwang-Jo Kim 认为韩国教育发展的文化根基有两个：一个是平等思想，一个是民众崇尚教育。一个世纪以前韩国有了第一所现代学校，从一开始政府就非常注重教育机会的平等。后者则表现在韩国社会长期以来都非常重视教育，这也是为什么高考竞争非常激烈、复读生很多、各种私人课外辅导投入很大的原因。这种对教育的渴求在日本殖民统治和朝韩战争之后又进一步促使韩国人更加重视人力资本而不是物质资本。

　　尽管当前韩国教育部提倡愉悦学习（Joy Learning）、幸福学校（Happy School），① 但韩国基础教育和中等教育也是和儒家文化圈影响下的许多国家一样，应试教育现象比较严重。直到现在，韩国依然没有改变学生私人辅导费用超高的现象。韩国各个家庭花在私人辅导（近一半是为升学考试参加的备考辅导）上的费用是全世界最高的。这从 2007 年韩国私立辅导机构的一些统计数据可以得到验证。2007 年韩国共有 67649 所私立辅导机构，参加人数 458.6 万人。机构总数按类型来分数量最多的是"入学考试、辅导课和证书考试"辅导机构，人数 227 万，占总参加人数的一半（49.5%）。②

　　韩国教育开发院的《教育统计年报》显示，2014 年韩国私人教育机构数达到了近 7 万家，授课学生人数超过 700 万人，讲师人数达到近 28 万人，这些数据达到了此前的历史最高水平，而且私人教育机构还在持续膨胀之中。2019 年，韩国课外辅导市场达到 21 万亿韩元，平均每个学生每个月在私人辅导方面的开销为 32.1 万韩元（相当于 1875 元人民币）。

（三）韩国教育目前存在的问题

1. 应试教育高压导致学生心理生理健康不良

　　韩国的顶尖大学招生录取竞争异常激烈，韩国的教育体系被认为是最无情的教育体系。OECD 国家中，韩国的学生是学习时间最多的，韩国学生的家长在私人课外辅导方面投资也是最多的，韩国的私立辅导产业也是世界最大的，家长的教育投资被称为"教育军备竞赛"。多数韩国的学生每天在校时间达 16 小时以上，

---

　　① http://english.moe.go.kr/web/40724/en/board/enview.do? bbsId = 276&boardSeq = 20684&mode=view。

　　② http://english.moe.go.kr/web/1740/site/contents/en/en_0233.jsp。

2014 年"韩国国家青年政策"调查发现，将近 53% 的高中生睡眠不足；除了周末每天的休闲时间不足 2 小时。这样的体制让学生成了考试狂人，家长则患上了辅导依赖症。学习压力大导致韩国青少年自杀和酗酒是 OECD 国家中最高的。除此之外，就业市场压力大导致"就业美容"产业兴起，为了获得一份好工作，好颜值是获得成功的一个保证。因此，美容又成了继教育、课外辅导之外的第三大家庭支出活动。

2. 学生在应试教育方面过度训练，职业技能发展不足

受儒家传统的影响，教育体制过多强调记忆背诵，而忽视了学生的创造性和独立思考能力的培养。2017 年文在寅总统上任后，致力于弱化高考竞争，让经济不佳的家庭孩子也能不用请私人辅导就可以读大学。在人才招聘上也尝试使用"盲审"，应聘者的简历上不出现大学名称、年龄、体重、家庭背景等，或者不用上传身份照片，但取得的效果并不佳。

3. 国内生源受老龄化和低生育率影响，出国留学人数相应减少

韩国受老龄化加快和低生育率影响，韩国学生人数持续下滑，也影响了出国留学人数。留学目的国也发生了一些变化，比如美国特朗普执政时期实施的留学生收缩政策导致韩国留学生减少，去加拿大留学的韩国学生则有所增加。

第二节　韩国高等教育制度和终身教育体系

一、韩国高等教育制度

(一)高等院校概况

20 世纪 80 年代韩国政府开始对人力资本开发、研究、技术创新等领域进行战略性投资，韩国家庭民众的教育投资也随之显著增加。20 世纪 80 年代到 2005 年，韩国的高等教育毛入学率提升了 5 倍，大学生从 1980 年的 53.9 万人增加到 2015 年的 3300 万人。目前韩国的高等教育毛入学率达到 98%，位于世界前列。

在大学学位方面，和多数国家一样，拥有从副学士到博士的完整体系。

韩国《高等教育法》将高等教育机构分为七种类型：学院和大学、工业大学

（1998 年以前叫开放大学）、师范大学、专科学院、① 广播函授大学、技术大学和其他类型的大学。

韩国的高等教育机构按财政经费来源又可分为国立（或公立，国立一般是省属或国家直属高校，公立是县市所属高校）和私立两种，其中私立大学占了 85% 以上，78% 的大学生是私立大学的。私立大学经费来源主要依靠学生学费。在 21 世纪头 10 年里，韩国大学的各项费用增加了一倍。与 34 个经合组织国家（除冰岛之外）相比，韩国花在教育上的费用所占比例是最高的（周岳峰，2012）。在大学收入当中，政府资助比例只占 23%，远低于 OECD 国家的平均水平 78%。

韩国历史最为悠久的大学是成均馆大学，其历史可以追溯到 1398 年成立的朝鲜王朝最高学府成均馆。首尔国立大学、高丽大学和延世大学统称为"SKY 大学"，被称为是韩国大学的一片天。

韩国的高等教育起步虽然很晚，但发展速度很快。20 世纪 40 年代中叶时，韩国只有 10 多所高等院校。1977 年，韩国 18 岁至 22 岁的人口中上大学的比例还不到 5%。② 到了 2021 年，高等教育院校有 426 所，在读学生规模达 320 万人。③

（二）高等教育管理和质量认证

韩国《教育法》规定，所有高校，无论国立、公立还是私立都由韩国教育部统一领导和监督。教育部对高校招生计划、教师资格审定、课程设置及学位要求进行控制。由高校校长组成的大学教育协会协助教育部对大学的管理进行协调。④

20 世纪 90 年代中期，随着政治民主化改革、大学强烈要求自治权的呼声下，教育部将大学评估和大学招生考试的监管职能移交给"韩国大学教育理事会"。1994 年 KCUE 开始对大学进行全面的评估，包括系层面和大学层面的评估。2012 年 12 月，大学招生考试监管彻底不再由教育部负责。目前 KCUE 同"韩国大学学

---

① 专科学院也叫初级学院，绝大多数是私立学校，提供 2~3 年的职业教育，与地方的职业高中对接，培养实用型人才。

② 中国的高等教育毛入学率 1993 年才达到 5%。

③ http://english.moe.go.kr/sub/infoRenewal.do? m = 050104&page = 050104&s = english。

④ http://kr.eu.com.cn/information/00129400.html。

院教育理事会"（the Korea Council for University College Education，KCCE）共同对高校进行评估和认证。

2010 年，韩国大学认证研究所（Korean University Accreditation Institute，KUAI）作为"韩国大学教育理事会"的下属机构，对所有大学开展了强制的独立认证，认证有效期 4~6 年。截至 2018 年，有 170 所大学通过了认证。经过认证的所有学校都要削减规模，认证等级为 A 级优秀的可以自愿削减招生，B、C、D、E 等级的必须减招；此外 25 所大学要关闭。"韩国工程教育认证委员会""韩国医学教育与评估研究所""韩国建筑认证委员会"则是对职业教育有关专业进行认证的机构。

二、韩国的终身教育体系及其学分银行制度

韩国是亚洲终身教育比较发达的国家之一，远程教育作为终身教育实现的一种方式和手段，在韩国备受重视。

（一）韩国的终身教育体系

韩国的终身教育产生于国家成立伊始，在 1949 年正式公布的第一部教育方面的法律《教育法》中，有部分条文关注终身教育。1960 年代到 1970 年代，韩国政府深受联合国教科文组织终身教育观念的影响，加强了对公民继续教育的重视。1982 年，韩国教育部制定《社会教育促进法》。1999 年，《社会教育促进法》更名为《终身教育法》，2000 年教育部颁布其执行条例，终身教育的概念正式被转换为终身教育制度。2007 年《终身教育法》完全确立。

按照《终身教育法》的规定，教育部和地方政府每五年要制定一次终身教育发展基本规划。韩国终身教育学院由学分银行系统和韩国教育开发院①（Korean Educational Development Institute，KEDI）下辖的国家终身教育中心（National Center for Lifelong Education，2000 年成立）组合而成，具体任务有：研究终身教育政策，为终身教育办学提供支持，对教师开展培训和持续培训，与其他终身教育院校合作，建立和实施一体化的终身教育信息系统。为配合该项工作，16 个省建立了

---

① KEDI1972 年成立，为教育部工作，是韩国最为重要的教育政策研究机构，是许多重要的教育机构的孵化地。

自己的终身教育促进分院(Lifelong Education Promotion Institutes)，各市、县和区成立了相应的终身学习中心(Lifelong Learning Center)。这样就形成了由教育部、教育开发院、各省终身教育促进分院以及市县区终身学习中心构成的完整的韩国终身教育系统。

韩国教育部专门设有终身教育与职业教育局(Bureau)，下面又设有终身教育政策处(Division)具体负责终身教育的执行。

韩国终身教育的实施主体主要包含广播函授教育、自学考试系统、远程大学系统。

(1)广播函授教育：1972年建立了韩国空中和函授专科学院，通过卫星电视、教育广播系统(EBS)①等传播教育内容。1974年成立广播函授高中，对象是不能参加普通高考的学生，学习3年之后只要通过认证考试就可以获得高中毕业证。

(2)学士学位自学考试制度：1990年韩国开始实施学士学位自学考试制度，学生可以通过自学参加四门课程的考试而获得教育部颁发的学士学位。1998年"国家学士学位自学考试"移交给韩国国立开放大学(以下简称"韩国开放大学")来实施运作。2008年根据《终身教育法》的修订，又移交给韩国教育开发院。只要具有高中毕业文凭都可以参加，经过资格考试的学生可获得教育部授予的本科学位。

截至2019年，2.06万人最终获得了学位。2019年以后，每年申请人数都在3万以上，但获得学位的只有500~1000人。目前设有11个专业，10种学位。

(3)远程大学教育：这里主要是指网络(也称虚拟大学)大学，主要包括庆熙网络(虚拟)大学、釜山数字化大学、首尔网络(虚拟)大学、开放网络(虚拟)大学、韩国网络(虚拟)大学等。

(二)韩国的学分银行体系

韩国的学分银行体系是构建终身教育型社会的基础，作为在终身教育理念之

---

①　教育广播系统(EBS)建于1990年，隶属于韩国教育开发院，1997年3月独立出来。EBS包括1个电视台、1个FM广播台、2个卫星电视台，播放的节目有社会教育类、学校教育类和广播函授教育类。

下的教育改革举措，这种学分累积制度成为教育从封闭走向开放的转折点。

1. 学分银行的由来

1995年金泳三政府宣布将韩国建立为开放学习的社会，即教育乌托邦，让每个人都能在任何时间、任何地点想学就学。为了实现此目标，政府出台一系列重要的措施，如：个人通过业余学习申请加入高等教育入学及学分银行系统；提供妇女及老人训练的机会；通过技术媒体实施远程教育。同年的教育改革中，学分银行制度（ACBS）提议为总统委员会所采纳，1998年3月正式实施。

2016年9月韩国教育部开始对学分银行等相关法律实施令和学士学位自学考试相关法律实施令进行改革，主要内容是：加强教育机构信息公开化程度，定期公示法律规定的相关内容，建立对不良教育机构的处罚机制，保障学习者的合法权益。此次改革主要的目的是通过法律促使终身教育供给机构的信息公开，使其更加开放化和透明化，通过法律扩大接受终身教育机会，使其更加法制化和公平化（凌磊，2018）。

2. 学分银行的内涵

教育学分银行系统（the Academic Credit Bank System，简称为学分银行系统、学分银行制度、学分银行，简写为 CBS 或 ACBS）将会识别学员正规学校范围之外所获得的学习经历，在这种制度之下，只要累积到学分银行系统认可的学分数，就会获得教育部或某大学颁发的相应学位。学位是每年颁发两次，分别是2月和8月，学生累计140学分可获得4年制的学士学位，120学分获得3年制的副学士学位，80学分获得2年制的副学士学位。

学分银行制度广纳各种不同的学习结果，包括所有为社会认可的校内外学习。当学分积累到特定的层级，则授予学位。所有拿到高中毕业证书或者有同等学习背景的人都可以申请学分银行，学分银行认可的学分主要来源于三个途径：第一是通过正规教育学习修得的学分；第二是通过非正规教育学习修得的学分，如政府承认的各类职业资格证书，通过相应的级别折算为学分；第三是通过非正式教育学习获得的学分，即在被学分银行认定的教育机构中学习获得的学分、因涉及重要无形文化资产而得到的学分转化、通过自学考试获得的学分（孔令军，2013）。当学习者的学分存储到一定数量时，可向教育开发院或有关大学申请相应学位。

3. 学分银行的管理

学分银行的管理运行由教育部、教育开发院、省级教育办公室以及被认定具有资格的教育院校或机构等共同实施。教育部负责相关政策法规的制定、课程标准的制定、学位证书的颁发等。教育开发院负责学生注册、学分审查、审核批准学位授予条件、学位授予等事项。各省级教育办公室作为学分银行的信息中心，负责收集和传递教育开发院制定的注册表格和申请表格，为学生提供信息和建议等。

韩国教育部及其相关部门通过以下几种方式来保证学分银行的质量：第一，对非正式教育机构进行正式评估。如教师资质与数量、教师周工作量、办学面积、教学实施设备、开设课程等指标都必须符合韩国教育开发院的规定要求，政府每两年对其进行一次评估，只有通过评估并确认合格的非正式教育机构才能成为学分银行承认的可提供教学计划和课程的学校(孔令军，2013)。第二，课程需要通过教育、培训机构的认证，确保和大学课程有相同的质量。国家终身教育相关部门提供评估的标准和指导，评估报告提交给教育部，获得学分认证审议委员会的批准之后，将会发出认证证书。学分银行的课程每 4 年进行评估一次。第三，出台明确的课程标准。教育开发院与教育部合作出台课程标准，明确规定课程的教学目标、主修课程和选修课程、学科专业、学士学位毕业要求、各类课程的学分要求、评估和质量控制等，参与学分银行体系的教育机构需按照课程标准进行课程设置。第一个标准化的课程于 1998 年颁布。第四，对非正规教育学习获取的学分进行约束。政府对能转换为学分的各种职业资格证书数量进行限制，规定证书转换的最大上限为：本科最多能转换 3 个证书，专科最多转换 2 个证书。

按照《终身教育法》规定，学习者可以设立自己的"终身学习账户"(The Lifelong Learning Account System，LLAS)，通过"终身学习账户学习历史管理系统"管理自己的正式学习与非正式学习累积的终身教育成果。

到 2013 年 10 月，共有 37.8 万人通过学分银行获得了学位，仅 2013 年度就有 4.47 万人获得了专科副学士学位，2.06 万人获得了本科学士学位(KERIS，2013)。2015 年，2.85 万学生获终身教育机构认证。2019 年，根据韩国教育部网站统计，已有 8.6 万所学校通过终身教育注册，经认证可以开设学分银行相关课程的机构已经达到了 580 多家。

学分银行制度将正规教育、非正规教育、非正式教育等不同教育方式进行了有效的衔接，搭建了自学考试制度、普通高等教育、中等教育、终身教育（含远程教育）等不同类型的教育之间的"立交桥"，促进了韩国终身教育的发展。韩国教育部正建立"终身学习综合信息服务网"，将其作为一个全国性的终身学习门户网站，整合相关机构的资源和内容，提供来自各个方面的网络学习和线下学习的信息和内容，提供一站式的服务（KERIS，2013）。

韩国学分银行的成功经验，大致概括为四方面：

首先是法律保证。韩国是世界上为数不多的颁布了《终身教育法》的国家之一，此外《学分认证法》至今也已修订十多次。《终身教育法》明确规定政府应对学习者通过不同途径获得的学习成果予以承认。《学分认证法》规定了学分银行的实施细则，明确了课程评估认证的过程及各个环节的责任人，明确了学分认证的对象、基准、程序以及特殊情况的处理办法。

其次是信息保障。韩国虽然只有不到五千万的人口，但其信息网络覆盖面非常广，建立了非常完善的信息服务系统。

再次是经费保障。经费来源主要是报名费、非正规教育机构的认证费以及国家拨款。

最后是行政管理体系。在韩国教育部的领导下，教育开发院负责具体的计划运营工作，省级教育办公室受理学生的申请及其他相关工作。

韩国学分银行也存在一定的问题。第一，社会认可度低。第二，生源减少。韩国近些年面临老龄化、少子化等社会问题，学分银行在招生问题上很难竞争过普通高等院校。第三，有些院校，尤其是培训机构仅看重学分银行认证机构的头衔，在开设的课程质量方面有待提高。第四，很多学生把学分银行看做升迁或者满足工作需要的一种捷径，这与韩国政府一开始推行学分银行的初衷相违背。

除了以上介绍的终身教育形式，韩国近年来又出现了新的几种形式，如：

（1）终身学习券：低收入人群每人每年有 35 万韩元，如果是活跃学习者每年就有 70 万韩元，目前有 1700 家机构接受这种券的使用；

（2）K-MOOC：学员免费在线学习，于 2015 年成立，10 所大学组成的联盟，目前有 1000 多门课程，注册学习者达 89 万；

（3）短期职业证书：目前有 36 门在线课程，覆盖 9 个领域，包括新能源汽车、智慧农场、区块链、智慧城市、大数据等，依照 2019 年修订的《学分认可实施法令》，学习者获得学分可以累积转移；

（4）学院终身学习体系支持：2017 年，在"大学终身学习系统支持项目"下，有 30 个学院获得资助，用于改善学习场所条件，提供实用性课程；

（5）区域终身学习中心：2001 年开始，评选出了 180 个终身学习型城市，有配套经费，学生可以在家门口学习；

（6）扫盲教育：每年 9 月份是扫盲月。

韩国在教育方面向来是向 OECD 国家看齐的。2010 年 25～64 岁的劳动人口中每年学习至少一门以上的正式或非正式课程（接受终身教育）的比例为 28%，在 25 个 OECD 国家当中排名第 20 位，多数西欧国家都在 80% 以上。得益于良好的终身教育制度，到 2020 年韩国终身学习机构达 4541 个。

第三节　韩国的远程教育历史和政策

一、韩国远程教育发展简史

韩国的终身教育体系相对完善，这也得益于函授教育、电视广播教育、网络教育为主要发展形式的远程教育所做出的卓越贡献。韩国的远程教育发展有四个阶段：

（1）起步阶段：1972—1983 年，以韩国开放大学的成立为主要标志，以邮政和广播为主。

（2）扩张阶段：1984—1994 年，以广播电视手段为主，这一阶段"远程教育"一词出现，1990 年"韩国远程教育协会"成立，随后 1991 年创办了第一本刊物，远程教育研究开始了。

（3）快速发展阶段：1995—2009 年，以通信技术的迅猛发展和应用为主，17 所网络大学获准成立（具有学士学位授予权），韩国开放大学的招生人数也大幅增加。自 1996 年开始，韩国启动了每五年一次的教育信息化发展规划。1997 年成立了"韩国多媒体教育中心"，教育部和"韩国教育科研信息服务"网快速推进教育信息化和远程教育，传统教育开始介入网络教育。

(4)全球化阶段：2009年至今，以K-MOOC(2015年建立)和KOCW为代表。K-MOOC是教育部准许的10所高校组成的联盟，面向全球开展网络教育；KOCW是高校的开放课程运动。

韩国开展远程教育的高等教育机构主要有三类主体：韩国开放大学、网络大学、传统高校的网络教育。网络大学类似我国的网络教育学院，但都是完全独立的远程教育高校，1998年开始试点，试点之后教育部陆续批准成立了19所私立大学，其中17所是四年制本科大学(也可以颁发硕士学位)，2所是二年制专科学院。网络大学每年的招生名额由韩国教育部确定，主要面向在职人员开设职业类教育。韩国开放大学招生自2009年开始逐年下滑，到2015年减少了5万人，在读学生从18.3万人降至13.3万，而网络大学则逐年上升。从学费方面来看，韩国开放大学的学费每学期约300美元，网络大学每学年2000~3000美元，是传统大学的四分之一(Cheolil Lim etc，2019)。

2021年，韩国在线初中1所，学生4782人；在线高中1所，学生10151人；远程学院(distance college)1所，学生2400人；网络学院(cyber college)17所，本专科学生14.4万；开放学院(open college)1所(本科层次)，学生数14.3万人。

二、20世纪七八十年代的韩国远程教育

(一)韩国空中和函授初级学院建校的背景

20世纪60年代末韩国经济发展需要大量有素质的人才，这是函授广播电视教育兴起的主要社会背景。而这一时期促使远程教育正式发展起来的最直接原因还是1969年韩国教育部为控制高等教育质量引入的全国高考，每年都有大批高考落榜生，规模有10多万人，占报考生的一半以上。许多落榜生坚持继续参加每年的高考就为了能够读大学，面对这样强烈的读书愿望和需求，按照《教育法》11号文和《总统令》6106号令，韩国教育部在首尔国立大学(当时叫汉城国立大学)下设了"韩国空中和函授初级学院"，经过3年的筹备时间，1972年开始招生。

韩国空中和函授初级学院的性质是国立的、教育部认可的二年制专科学院，

2 年毕业，年限 5 年。在建校的头 10 年中，报考选拔率为 5：1，年均招生 1.6 万人，毕业率为 20%~30%，学生毕业后可以升读传统的四年制本科大学。当时开设的专业有家政学、农学、小学教育、公共管理、企业管理等。学生平时的学习方式主要依靠教材和广播节目。文字教材是由首尔国立大学教师编制的。每门课还配有 3 段 15 分钟的广播节目（由"韩国广播电台"播放）。每年学生都要在当地的学习中心参加两次面授，通常安排在暑假和寒假，每次面授两周左右。

1982 年韩国空中和函授初级学院发展为一所独立的五年制大学，从专科层次升为本科层次（In Jae Im，1992），1994 年正式更名为韩国国立开放大学（Korea National Open University，KNOU）。韩国国立开放大学自成立以来，已进入全球一流开放大学行列，并从成立之时的 5 个院系，发展至 22 个院系，其中有 18 个院系能够提供研究生教育。

在 KNOU 建校头 20 年里，学生大多是为了获得大学学位前来学习的，即我们所说的学历补偿教育，所以生源数量较多。

（二）"韩国函授高中"的成立①

韩国空中和函授初级学院的成功直接促成了第二个函授学校的成立。1974 年 4 月"韩国函授高中"（Korean Correspondence High School，KCHS）成立，又陆续从首尔和釜山两个城市选出 11 所普通高中来办函授教育。从此函授高中快速发展起来，到 1979 年在 17 个城镇开设了 40 家函授高中。所有函授高中都是联盟性质的，依托已有的普通高中而建。函授高中的监管主体有四个：教育部、省级教委、合作成员高中和韩国教育开发院。教育部主要负责法律、财政和行政方面的事务、课程和教材的管理等。省级教委负责审核本省内的申请学校、生源分配、教学监管。每个附属于普通高中的函授高中负责开展教学、考试、记录学生档案、批改学生作业、提供指导和咨询等。教育开发院则负责技术方面，比如编制教材、开发广播教学节目、期末考试工作和函授教育研究等。在入学条件方面，凡是具有初中文凭均可报名。学制 3 年，年限 7 年，在最后一个学期学生要参加毕业资格考试，通过方可拿到高中文凭。由于招生名额宽裕，报读学生全部

---

① 目前韩国有 37 所广播函授高中，学生人数为 13412 人。

都会被录取。因为学生被要求参加每两周周日的面授，很多学生因工作无法参加，所以在 70 年代末函授高中的辍学率高达 90%（In Jae Im，1992）。

（三）韩国函授教育发展遇到的问题

虽然韩国开放大学在这一阶段取得了不同寻常的发展，但主要应归功于它所挂靠的韩国最好的大学——首尔国立大学。在创建初期韩国开放大学遇到了一些问题，比如高中文凭造假问题和课程资源开发和传递问题。韩国空中和函授初级学院录取学生的根本依据就是要看学生的高中文凭，所以很多人为了能够入学而提供假文凭，这个比例多达 10%，因而后来学校引入入学水平测试。在资源建设和传输方面也遇到一些问题，教材经常会出现一些错误而需要及时修改再版，广播教学时间也设得太早（早上 5 点）或太晚（晚上 11 点）等。另外，当时韩国空中和函授初级学院的毕业文凭含金量民众还是不太认同。这一时期是边实践边探索的阶段，但为后来韩国远程教育办学机构不断改善实践积累了丰富的经验（In Jae Im，1992）。

三、20 世纪 90 年代以后的韩国远程教育

（一）网络大学的兴办

在 1995 年，韩国政府发起网络教育项目"瞄准 2000"，目的是建立为任何人在任何时间、任何地点提供学习资源的民主、开放的教育体制。

1996 年 8 月，韩国教育委员会提出将网络大学作为一种新的高等教育模式进行实施和操作，其中 30% 的大学参加了教育部为检查网络教育对高等教育的适应性而启动的试验性网络大学项目。1998 年底教育部审核了关于网络教育的议案，议案所包含的问题有：正式名称（网络大学、虚拟大学、开放大学或远距离教育学院）；可建立这些组织的机构（学校、公立以及私立的学院）；保证教育质量的策略；所包括的研究生项目；所提供学位的类别和名称；所包括的教学活动及比例；授予学分和学位的要求；对学生数的限制等。

1996—2000 年，韩国教育部颁布的第一个教育应用五年规划取得了很大成效，学校入网、基础设施建设、教师 ICT 培训、学校信息管理系统开发、统一的

资源库建设等全面铺开。

2001年，韩国首批9所网络大学批准建立，之后每年有所增加，2002年为15所，2003年为16所，2004—2008年为17所，2009年为18所，2010年为19所，2011年为20所，2013年为21所。在这些网络大学中，19所受《高等教育法》监管，另外2所大学则受《终身教育法》监管，属于终身教育机构，是远程教育大学。21所大学中，18所是本科学位大学（其中9所设有16个专门的研究生院），3所是二年制的专科学院。在2010—2013年，这些大学年均招生人数共计为25903人。2013年21所网络大学的学生总数为34340人（KERIS，2013）

2009年教育部允许虚拟大学开设专门的研究生课程。2010年汉阳网络大学成为第一个招收研究生的虚拟大学，2013年第一学期招生名额为350人，录取比例为2.07∶1。截至2015年，汉阳网络大学5个研究生院的10个专业中共有700名研究生在读，获得学士学位的毕业生中有10%以上进入国内外的研究生院。

（二）KERIS的成立

1999年韩国教育科研信息服务院（Korea Education and Research Information Service，KERIS）成立，负责ICT方面的政策制定，是韩国教育部的下设单位。它还提供针对中小学教育资源的服务。自2000年起，KERIS每年都发布韩国教育信息技术发展白皮书。

韩国学术研究信息共享系统（Research Information Service System，RISS）于1998年开通，主要为大学图书馆提供整合检索，在大学图书馆之间通过馆际互借以共享信息，推动全国范围内学术文献信息资源共享，建设收集海外学术信息的整合系统等。

在推动RISS发展的同时，韩国政府努力推进信息通信技术在高等教育中的应用，加强高等教育的发展和信息共享。首先在学术研究中运用ICT的，是成立于1962年的韩国科学技术信息中心，现已更名为韩国科学技术信息研究院。

（三）90年代韩国开放大学面临的困难

20世纪70—80年代由于生源质量很好，韩国开放大学为当时人才紧缺的劳动力市场输出了大量优秀人才。90年代韩国开放大学面临的主要困难概括来说就是扩招带来的生源质量下滑以及随之而来的生源下滑，因而开始关注质量而非数量（Duck-Jay Park，Sung-Soo Kim，2004）。

韩国开放大学的建立主要是解决高考多次仍不能升入大学的人群的教育需求，但仍无法完全满足报考者的需求，到了80年代初，仍有许多屡次高考失败而不能接受大学教育的学生。为此，政府压力一直很大。90年代初韩国政府开始实施高等教育大众化的政策，加大高校招生的额度配给。所以尽管此时韩国人口开始老龄化，高中毕业生大量减少，但专科学院和大学的招生都在稳步增加。这样一来，报读韩国开放大学的生源自然就少了，加之其录取名额也开始减少以及新生辍学率较高等，尽管其学费低于传统高校，但招生人数在90年代末不像其他普通高校那样总体呈稳步增加，反而显现出了波段性的升降现象，而且始终无法回到90年代初的水平。另外，在高等教育机会供给充足的情况下，韩国学生的关注点从能不能上大学转向能不能读一所声誉好的大学，因此，从这一时期开始韩国开放大学一直关注的是控制规模、提高质量。

四、远程教育的监管体制

韩国所有的四年制大学，包括韩国开放大学每两年要进行自我评估，并向KCUE这一政府唯一认定的四年制大学认证机构提交报告；网络大学同样每两年要进行一次自评，但监管的机构是KERIS，专业质量分析报告要对照《网络大学评估质量框架》标准进行撰写（Lim，2019）。

韩国远程教育（目前是e-Learning）的应用主要包括四大领域：高等教育、教师培训、① 职业培训和政府职员培训。这四大领域分别对应不同的政府监管部门，教育部和16个地方教育行政部门以及KERIS主要负责高等教育领域远程教育应用以及教师培训，劳动部负责职业培训，MOPAS（公共事务与安全部）和各政府公务员培训学院负责政府职员培训。韩国ICT教育的实施主要靠三大部门的合作：教育部、KERIS和各省教育行政部门。另外，知识经济部和韩国领先的网

---

① 2008年3月韩国教育部允许使用ICT和广播技术开展教师培训，此后采用远程教育开展教师培训开始流行起来。韩国教师培训机构分为两类，一类是受到教育行政部门官方认可的，一类是授权给其他大学经营的。74家教师教育与培训机构中，23家是通过地方教育行政部门或国家教育部认可的，51家则是由私立或公立大学运营的。被KERIS认证的教师教育与培训资源有726个。

络教育企业平台"韩国 IMS 标准化论坛"（IMS Korea Standardization Forum）负责研制网络教育的产业标准（包括教学内容/元数据、教学服务和教学平台三方面），这就构成了韩国的网络教育质量保证系统（E-Learning Quality Assurance System, EQAS）（Dae Joon Hwang, Hye-Kyung Yang, Hyeonjin Kim, 2010）。

为配合这些政府有关部门推进和实施远程教育，韩国还出台了相关的政策法规，主要如下：

1.《国家信息框架》

1996 年颁布，主要内容是为韩国信息技术的发展设计一个总的发展规划，促进全体国民对信息技术的普遍参与。

2.《"网络大学"建设规划》

1996 年颁布，主要内容是有关网络大学建立、运行的规定。

3.《就业保险偿还计划》

主要内容是向员工提供远程教育的企业提供可观的财政补贴。

这三个法规起到了至关重要的作用。《国家信息框架》为韩国信息技术的发展设计了一个总的发展规划，促进全体国民对信息技术的普遍参与。《"网络大学"建设规划》促进了大学层面网络教育的发展，在此之后，不仅有专门提供远程教育的网络大学出现，并且很多传统大学也开设网络课程供校内外的需求者选择。《就业保险偿还计划》为在职工作的人打开一扇接受远程教育的大门，这项计划由劳动部负责管理，它规定凡是为员工提供远程教育的企业都将获得一笔可观的财政补贴。这些措施极大地提高了企业为员工提供远程教育的积极性（葛喜艳，2011）。

政府还在资金上对网络远程教育给予大力支持，从 2003 年至 2017 年，韩国政府已投入 1000 多亿韩元用于对虚拟大学的鼓励与教学内容资源的开发。韩国政府还于 2011 年推出"智慧教育战略"，动用 20 亿美元开发非纸质教科书、建立云端网络服务系统、培训网络教育的专家人才，至 2015 年所有韩国中小学及高等学校都用电子教材取代传统教材（严秀英，朴银姬，2017）。

五、韩国的教育信息化规划

韩国远程教育的发展得益于韩国国家信息化社会建设这一大框架。早在 1986

年，韩国就颁布了《信息技术网络法案》，准备分三阶段建设"数字政府"（e-Government）。

第一阶段（1987—1995 年）"IT 网络教育发展委员会"发挥了重要作用，通过建立全国性的数据库收集公民的基本信息、房产和车辆等信息。1991 年韩国教育网（Korean Education Network，KREN）开始建设。

第二阶段（1996—2000）主要是发展阶段，1995 年实施的宽带网建设工程起到了重要促进作用。

第三阶段（2001—2007 年）是成熟阶段。这一阶段由总统特设了"数字政府建设特别委员会"，让公众意识到基于网络的政府行政服务的重要性。2001 年 5 月数字化韩国建设项目正式启动，包括 11 个关键任务，其中之一就是建立"全国教育信息系统"（National Education Information System，NEIS）。这一系统又由 16 个省和地级市的分系统构成，利用互联网收集所有有关教育行政方面的数据，比如中小学的学校情况、学生记录、人力资源情况、预算和审核等。2003 年 NEIS 正式启用，大大减少了韩国政府教育行政部门行政管理的成本和时间，减少了重复劳动，提高了行政效率。在这一阶段，在教育部与知识经济部的合作推动下开展的 NEIS 项目，让数字政府建设延伸到韩国中小学教育行政管理的方方面面（Dae Joon Hwang，Hye-Kyung Yang，Hyeonjin Kim，2010）。2013 年该系统又实现了全国教育系统工作者年末无纸化报税工作，每年可节省大笔韩元支出。

第四节　韩国开放大学办学实践

一、学校概况

韩国国立开放大学（Korea National Open University，KNOU）于 1972 年 3 月建校，是一所能够提供本科教育、硕士研究生教育、非学历教育以及终身教育的远程开放大学，是韩国远程开放教育的基石，已经为韩国输送了近 73 万名人才。建校时 KNOU 是附属于汉城国立大学的一所分校，提供两年制的专科课程，当时设有 5 个系；1982 年 2 月从汉城国立大学独立出来，从两年制的专科教育升格为五年制的本科教育；1991 年 12 月改回四年制本科教育；2001 年开始开展研究生层次的学历教育。

韩国开放大学曾用名有 3 个，建校时名字是"韩国空中和函授初级学院"（Korea Air & Correspondence College，KACC），1993 年 2 月改名为"韩国空中和函授大学"（Korea Air & Correspondence University，KACU），1994 年 11 月，由"韩国空中和函授大学"更名为现名"韩国国立开放大学（Korea National Open University，KNOU）"。

KNOU 和其他国家的远程开放大学一样有自己的办学系统，包括 13 个省级分校和 34 个学习中心。KNOU 目前拥有四个本科层次的学院和两个研究生院，其中一个研究生院于 2001 年 9 月成立，下设 18 个系，另一个是工商管理学研究生学院，2012 年 9 月成立，设有 8 个专业。非学历教育开展的部门主要是终身教育中心（1997 年 5 月成立）和综合教育与培训学院，开设了一些非学历教育课程；还有一个自学考试中心，负责自考学生的学士学位授予。学校还设有远程教育研究所（Institute of Distance Education）这一研究机构，有自己的研究队伍等。

截至 2020 年，韩国开放大学拥有 26 个学士学位专业，20 个硕士专业，90~100 个非学历专业。教职员工约 1000 人，在读本科生 10.6 万人，业余制占 87.5%；研究生 2100 余人，商学研究生院 207 人，高级学院（prime college）学生 1700 人。教师队伍中教授 233 人，助教 187 人，研究员 15 人，职工 633 人。学费只占普通大学的 1/10。

二、教学组织

（一）课程子系统

20 世纪 90 年代末的时候，KNOU 一门三学分的课程通常包括这样几个教学环节：基本教材学习，20 个 30 分钟的电视、广播或 CD 录像带教学节目，8 个小时的面授或教学视频直播，① 一次作业和期末考试（Insung Jung，2000）。KNOU 也设有一些不需要参加面授的课程，学生主要学习老师发放的阅读材料。

进入 21 世纪，多媒体网络的推广，韩国国立开放大学也走进了网络教育时

---

① 1995 年秋视频会议系统开始启用，学生开始不必亲临学习中心接受面授而可以远程听课。1998 年，在 KNOU288 门课程里，有 74 门要求学生面授或参加视频直播教学。

代。1998—2000 年韩国国立开放大学参加教育部的虚拟大学试点项目，开设了近百门网络课程，吸引了成员高校 2000 多名学生的学习，1999 年还开设了面向社会成人的非学历项目。KNOU 是韩国最早采用远程教育形式开设硕士专业的大学，早在 2001 年 9 月就成立了研究生院和虚拟教育支持中心。当时共设了 6 个网络教育硕士专业。申请者需提供本科课程成绩单 GPA、申请表，通过面试即可入学。每个专业开设 16 门课程，每门课程教学时间为 15 周，每周要有三小时的网上学习时间(Tin May Htun，2009)。自 2005 年秋季开始，纸介课本课程逐步替换成网络课程。主要课程一般每学期发放 4 次学习材料，人文类课程则发放6 次。一些课程还会聘请本领域专家来 KNOU 开设讲座，或视频直播讲座。期中考核一般包括期中考试、作业、随堂考试、替补考试(错过面授教学的必须参加)。KNOU 的一些人文学科和主要课程还配有"导学系统"(Tin May Htun，2009)。

随着网络课程的开发，KNOU 最常用的课程形式就是网络课程，共有 683 门，占总课程的 83%，其次是电视课程和音频课程(KRIS，2013)。

(二)技术平台

KNOU 拥有韩国最大的教育媒体传输网络，是网络教育的领头羊。学校除了提供校园面授讲座外，还借助"大学电视台"(1996 年 9 月开播)、视频会议系统和学习点播系统等先进媒体手段为学生提供方便的教学服务。KNOU 的大学出版社主要负责出版文字和音像教材。

KNOU 具有自己的链接数据服务平台。这种服务可以使所有形式的讲座(电视、多媒体、视频和基于网络的学习)都能够通过网络来获取。只要有网络接入，学习者就可以在任何时间任何地点听讲座，而且，所有的讲座都可以以视频或音频形式的文件下载。

除此之外，还有移动学习。移动学习是继无线电广播、电视、网络后出现的第四代学习媒体。U-KNOU 服务是开放大学提供的学习服务，学习者可以用移动电话在任何时间和地点听所有的讲座。

2020 年，学校建成了"题库"和"在线考试中心"，更方便对学习者进行自我评价。

(三)学习支持服务

省级分校(地区学习中心)设有辅导教师,为学生提供学习指导、咨询服务和作业批改、学位论文指导等服务。地区学习中心还设有教室、研讨室和文化中心、计算机室、多媒体图书馆等配套设施,一般与当地图书馆合作,共同将省级分校打造成为当地居民服务的终身教育中心(Tin May Htun,2009)。

除了13个省级分校(包括首尔市),KNOU系统的35个县市级学习中心还为当地学生提供学习场所,供学生会面或开展小组学习。

2021年,新冠肺炎疫情促使韩国政府拨款85亿韩元实施"残疾学生远程学习基础设施建设项目",教育部也暂时取消了对大学远程学习课程学时数不得超过20%的限制。

(四)对外合作

开放大学与普通大学学分可以互换,学分10年有效,学生修满140分,并且通过毕业论文后准予毕业,授予学士学位(黄丹青,2000),韩国开放大学已与30多所教育机构和大学建立了以上的合作关系。此外,韩国开放大学参与了两所网络大学的联合办学活动,即"韩国网络校园"(CCK)和"IT网络大学"(ITCU),这些网络校园的联合体给学生提供了更多的选课机会。到2014年,KNOU已与来自13个国家18所院校签署了合作备忘录,开放了20门左右的开放教育资源课程。

韩国开放大学是一所国际化的大学,在与世界各主要远程教育大学的交流中,它积极参与举办世界各主要远程教育大学的学术交流活动。2002年韩国开放大学主办了第16届亚洲开放大学协会年会(AAOU),2002—2005年为AAOU轮值主席学校。2009年中国、韩国和日本三个国家的国家开放大学一起设立了"中日韩国际研讨班",韩国是成员之一。2019年6月韩国国立开放大学主办了"第九届中日韩国际研讨会"。

目前学校的相关国际合作网络覆盖了亚洲、欧洲、非洲和美洲,仅中国就有五所大学与其合作。

三、面临的挑战

自 1990 年代开始，韩国开放大学发展就已经出现了一些困境，如注册学生数的减少、学生人口的女性化和老龄化（Sung-Soon Kim，2005），特别是从 2009 年开始，韩国开放大学学生数量迅速下滑，2021 年在读学生仅 10 万。文凭的价值社会认可度不高。教学方面，KNOU 的支持服务也没有能够很好地促进学习者的学习。管理方面，自上而下的、官僚型的教学体制与学习者的期望和需求存在冲突。

这些挑战伴随着常规大学的扩招、学士学位自学考试体系、学分银行系统以及网络（虚拟）大学的竞争而变得更加严峻起来（Moonhee Kim，2003）。2004 年，韩国教育部在扩大规模之后又开始收缩招生额来提高大学质量，要求大学在 2009 年以前将生师比从 2003 年的 31：1 降到 21：1（Duck-Jay Park，Sung-Soo Kim，2004），这又迫使韩国开放大学必须将发展重点放在质量提升上。

第五节 韩国虚拟大学的试点和推广

韩国网络基础设施的建设从 1980 年代就开始了。到了 1995 年，韩国政府开始推进一体化的教育信息化战略规划。1999 年推出"网络韩国 21"运动，开展信息基础设施建设（Lee Insook，2003）。1999 年开始投资 12 亿美元开展为期七年的"BK21"运动，鼓励大学在 IT、BT 领域进行研发培训（Gwang-Jo Kim，2001）。2002 年政府发布"e 韩国 2006 愿景"，目标是到 2006 年实现韩国国家全面的信息化，让所有家庭都连上至少 1Mbps 的宽带网络（Lee Insook，2003）。2015 年，韩国宽带网络超过 100Mbps 的中小学占 69.2%。2019 年 4 月，韩国大学教育委员会设立韩国国家信息中心，旨在提升全球高等教育的流动性，提供权威的高等教育学术认证信息，进一步提升韩国高等教育在国际社会的声誉。

在 e-Learning 教育的推广应用方面，韩国教育部从 2007 年开始选取一些实验学校开展电子书应用方面的实验。另外教育部在 2004 年还按照《通过教育标准化降低私人教育成本的政策措施》这一法规建立了一个全国性的"网络家庭学习系统"（the Cyber Home Learning System，CHLS），由全国 16 个省教育厅联合 KERIS

共同运作，通过提供网络服务帮助学生开展课外自主学习，属于课后私立辅导性的服务。2014 年用户达到 263.3 万人，每天上网学习人数 7 万左右。

一、教育部虚拟大学试点项目(1998—2000)

韩国网络大学的建立源于 1998—2000 年韩国教育部实施的"虚拟大学试点工程"(Virtual University Trial Project)，该项目的试点时间为 2 年，当时共有 65 所韩国大学及 5 家公司参加了这个项目，参与的方式包括独立试点方式和联盟试点方式。独立试点方式是指参加试点项目的大学独自进行试点，不与其他大学或公司结成联盟；联盟试点方式是指若干所大学与公司结成一个联盟，共同进行试点。以独立试点方式进行试点的共有 8 所大学(例如汉阳大学、世宗大学)；其余的 57 所大学及 5 家公司共组成了 7 个联盟，以联盟试点方式进行试点。2000 年试点项目结束之后在已有大学的基础上陆续成立了多所虚拟大学。

二、网络大学的成立

网络大学试点项目结束之后，独立的试点学校开始创建虚拟大学，主要是在原学校的名称中加"Cyber"("网络")一词，例如汉阳虚拟大学(Hanyang Cyber University)的名称就是在汉阳大学(Hanyang University)的基础上添加了 Cyber 一词，与原先的大学是并列关系，而非从属关系，但是学生可以选修传统课程，且学分是互认的。虽然名称上与原大学仅仅相差一个词，但这些新创建的虚拟大学是完全独立运行的。原先联盟试点的大学建立的网络大学一般是重新命名，其名称中包含有"Cyber"或者是"Digital"，例如 Korea Cyber University(韩国虚拟大学)、Seoul Digital University(首尔数字大学)。基于联盟机制的虚拟大学与联盟内所有传统大学的学分是互认的(刘春艳，刘义光，2011)。

1999 年韩国教育部修改了《终身教育法》，新的网络大学需依照此法成立，而不是标准更加严格的《高等教育法》。2000 年 3 月建成了第一批 9 所网络大学，2002 年又新增 6 所；到 2003 年 3 月共有 16 所，其中 6 所大学开展网络研究生学历教育；到 2011 年韩国共有 19 所网络大学(其中四年制 17 所，两年制 2 所)。这些网络大学都是依照《终身教育法》成立的终身教育学院，在统一的"国家学分银行"下开设学分课程，学生可以获得等值的文凭(Josie Misko，2005)。截至

2018 年，韩国共有 21 所网络大学(其中四年制的 18 所，两年制 3 所)，在学学生人数为 125118 人，其中四年制的网络大学的在学人数为 117745 人，两年制的在学人数为 7373 人；按照遵循的法律不同又可以分为两种，遵循《高等教育法》的和遵循《终身教育法》的(表 2-1、表 2-2)。

表 2-1　韩国网络大学列表

网络大学	学生限额	开设专业数	创办年份
庆熙网络大学	2800	18	2001
国际数字网络大学	750	9	2003
大邱虚拟大学	1500	11	2002
釜山网络大学	1000	10	2002
网络外国语言大学	1600	6	2004
首尔网络大学	2500	14	2001
世宗网络大学	1300	19	2001
圆光数字大学	1500	12	2002
韩国数字大学	2500	13	2001
韩国网络大学	1650	14	2001
汉阳网络大学	2800	13	2001
Hwasin 网络大学	360	4	2009
总计	20260	143	

来源：Hwang(2009)。

以上 12 所网络大学是依据《高等教育法》创建的。

表 2-2　韩国部分网络大学发展情况

网络大学	类型	学生限额	创建年份
数字首尔文化艺术大学	A	1000	2002
开放数字大学	A	1000	2001
首尔数字大学	A	3000	2001

网络大学	类型	学生限额	创建年份
岭南数字大学	A	600	2001
世界数字大学	B	1300	2001
Youngjin 网络大学	B	800	2001
总计	6(4A、2B)	7700	

来源：Hwang(2009)。

这6所大学是依据《终身教育法》创建的，属于终身教育学院类型。

三、韩国虚拟大学——个案介绍

(一)高丽虚拟大学(Cyber University of Korea，CUK)[1]

办学紧贴社会需要，顺应人口老龄化趋势，培养专门的护理人才，CUK 与美国乔治亚西南州立大学罗莎琳·卡特护理学院合作开设了韩国第一个在线的"护理培训和咨询"专业，该专业由美国第 39 任总统卡特的夫人罗莎琳·卡特负责，还开设了健康护理管理系。在开放教育资源方面，提供免费的韩语网络资源和材料。2013 年，该大学推出一个免费的在线教育计划，为人们提供学习韩语的机会，2017 年提供一个特别的参与式讲座计划("CUK 在线")，向所有人开放。学校与企业合作，聘请有丰富经验的一线工作者任教。2021 年在校生 1.04 万人。

(二)大邱虚拟大学(Daegu Cyber University，DCU)[2]

2001 年，韩国教育部批准大邱大学成立大邱虚拟大学来开展四年制的网络学历教育。在教育部对所有网络大学的评估中，其获得了"卓越大学"称号，被UNN(大学新闻网络)选为"被推荐终身教育学院"之一。学校拥有很完善的特殊教育设施和合作网络，开设的 12 个专业中特殊教育、艺术疗法、语言矫正、行

---

[1]　http://eng.cuk.edu/index.do。

[2]　http://english.dcu.ac.kr/。

为矫正、咨询心理学等是比较有特色的专业。

(三)韩国崇实网络大学(Korea Soongsil Cyber University, KCU)①

1997 年,首尔的崇实大学与《韩国日报》共同合作成立了韩国大学网络教育联盟(CUCEK),2000 年 11 月,经教育部、科学和技术部批准,"韩国网络大学"(Korea Cyber University, KCU)正式成立,开展网络学历教育,并开始提供自己的学位课程。2004 年 8 月获得 ISO9001 认证证书(网络教育系统的开发和管理以及网络服务等方面)。2012 年 6 月 KCU 更名为"韩国崇实网络大学"。该大学目前有 10 个学院和 30 个系,平均每年招收 1.2 万名学生。

学校致力于将线上学习与崇实大学的线下学习融合起来打造成为一所融合型大学,学生可以使用崇实大学的校园设施,如图书馆和教室等,可以听大学里开设的讲座,以线下结合线上的形式开展混合式学习,教学资源一般都是经过有关协会认证的,学生网上学习获得的学分可以获得 70 所常规大学的认可,包括崇实大学和延世大学。崇实网络大学获得了许多荣誉,2007 年在教育部对所有网络大学的评估中,获得了"最佳网络大学"(管理、行政和学习材料与资源方面)称号。2012 年所获荣誉就有四项,其中有知识经济部授予的"韩国优异服务质量院校"称号,"韩国品牌管理协会"颁发的"韩国消费者信赖奖"之教学内容大奖等。

(四)圆光数字大学(Wonkwang Digital University, WDU)②

圆光大学成立于 1946 年,圆光数字大学在圆光大学基础上于 2002 年建校,并迅速发展成为倡导最佳网络教育服务的韩国最具代表性的网络大学。作为一所远程大学,其设有 15 个系/专业。2008 年 10 月圆光数字大学比其他网络大学领先一步获准转为网络大学,变成高等教育机构。因此,圆光数字大学根据《高等教育法》成为授予与普通大学相同的学位的教育机构,圆光数字大学的毕业生也与普通大学的毕业生一样享受同等的学士地位。圆光数字大学自行制作 100% 的内容,每年通过参加电子教育内容论坛与有关电子教育的人士开展讨论,把最新

---

① http://www.kcu.ac/eng/aboutKCU/overview.asp。

② http://www.wdu.ac.kr/chn/about/history1.jsp。

内容运用到课程中。圆光数字大学在首尔和益山拥有先进的制作工作室，开发优质内容。在韩国的网络大学中，圆光数字大学在校学生的再注册率最高（92.9%，2013 年），据此，该校在教育部所实施的"2013 年数字大学能力评估"中全领域都获得"最高等级"。在 2007 年教育部远程大学综合评估中被评为"优秀大学"，与加拿大的多伦多大学、不列颠哥伦比亚大学等知名学府签有友好交流协议。

圆光数字大学常开设的专业有：不动产、企业管理、咨询心理学、计算机与信息技术、旅游英语/汉语、法学、税务与财会、社会工作、美容等，还设有专门培养终身教育工作者的终身教育系/继续教育系，以满足一些企业和终身教育机构对这一类专门人才的需求。

第六节　韩国企业 e-Learning 培训实践

自 1997 年以来，政府允许韩国企业自行成立大学，开设一些学士学位专业，学员仅限于本企业的员工。[①] 从韩国教育部公布的数据来看，2018 年公司大学（College in the Company）有 8 所，其中 3 所开展本科学历教育，5 所开展专科学历教育。共有学生 504 人，其中本科 258 人，专科 246 人。

2000 年以后网络大学的建立和 1999 年劳动部实施企业 e-Learning 网络培训项目给韩国教育体系带来了更多的变革（Lim，2007）。

一、经费保障

20 世纪 90 年代中期为顺应建设知识信息社会，韩国劳动部于 1999 年颁布了新的法律《职业培训与教育促进法》，并将网络培训作为一种新的培训方式写入，这意味着对企业的 e-Learning 培训项目政府将提供财政支持。法律颁布后开展 e-Learning 培训的企业和员工数量在 5~6 年里迅速增加。企业借助 e-Learning 能够为员工提供相对较低成本的教育机会。大型企业迅速启动 e-Learning 培训项目，为课程开发进行投资。除了财政资金推动企业 e-Learning 的发展外，在学术研究方面也带动了企业 e-Learning 的应用。1998 年《企业教育》杂志创办，且大约有

---

① http://www.foreignconsultants.com/korearepublic-educ.php。

33%的论文与企业e-Learning有直接关系(Lim，2007)。

除了通过《职业培训与教育促进法》来保障在职企业员工的培训福利外，《雇佣保险法》还会为失业人员通过学习e-Learning课程提供现金返还的机会。

2004年，韩国知识经济部(现改名为产业通商资源部)颁布了《e-Learning产业促进法》，同年发布了《企业e-Learning发展总规划》，对韩国e-Learning产业发展在元数据标准、资源内容开发、平台建设以及教学服务方面做出了具体的规划，正逐步构建和完善韩国"网络教育质量保证体系"。

学员参加职业培训，费用贷款情况有以下几种分类：

(1)学费贷款。对于参加职业学院、网络大学或技工学校举办的培训的在职人员，一部分培训费用由就业保险承担，其余部分个人可以申请助学贷款。

(2)培训设施设备费用贷款。韩国贷款系统一般会向企业和培训机构提供长期的低息贷款，支持企业和培训机构修建培训设施和购买培训设备。一般来讲，申请小额短期贷款的企业或培训机构往往有优先权；另外，与大型企业或培训机构相比，中小企业在贷款时更有优势。每个企业或培训机构的设施设备贷款总额度是60亿韩元，每年的额度是20亿韩元。此项举措旨在使贷款惠及更多的企业或培训机构。

(3)培训期间生活费用贷款。培训期间的生活费用贷款项目是从2009年开始实施的，其目的是减轻失业人群和临时工人群在接受长期职业培训时所面临的经济压力。此项贷款只适用于参加韩国劳动部所资助的4周及更长时间的培训项目的失业人群或临时工人群(韩舒静，2015)。

二、企业网络培训的现状与问题

目前韩国企业网络培训呈现的特点是：

(1)大型企业(员工在140~299人之间)获得资金开展网络培训项目要比小型企业(员工少于50人)多，2004年有30%的大型企业获得e-Learning培训经费支持，小型企业中只有8%获得政府资助。另外，大型企业中，参训的员工比例达52.4%，而小型企业只有10.3%的员工接受e-Learning培训。像三星、LG、鲜京等都是企业网络培训开展得比较好的大型企业。

(2)有质量保证体制。劳动部为保证企业e-Learning培训项目的质量特设了一个专门的部门来进行质量监督——KRIVET 网络中心（Korean Research Institute for Vocational Education & Training，KRIVET）。

（3）由于评价指标偏重讲座型的培训模式，所以像基于项目的 e-Learning 培训、案例培训、基于目标的培训、基于场景的培训等模式都得不到支持和鼓励。

（4）企业在设计和实施网络培训时显得很被动，受制于劳动部的要求，不能有效地将培训融入企业的生产实践中（Cheolil Lim，2007）。

韩国企业界培训部门对劳动部推广的网络培训抱有一定的意见。因为企业要遵照统一的标准开发培训资源方可获得《就业保险法》的培训拨款，这就遏制了各企业培训资源开发的创造性，此外大多数经费都给了大型企业，小企业的网络培训得不到扶持，这也引起了许多小企业的不满（Lee Insook，2003）。

三、企业培训个案

（1）韩国教育媒体公司是韩国首屈一指的教育节目制作公司。该公司成立于 1996 年，并于 1998 年建立了自己的网站（www. case. co. kr）。[①] 现在韩国教育媒体公司已发展为有 1600 个职员的大公司，这在专业从事远程教育的公司里算是相当大的公司了。韩国教育媒体公司的业务涉及大学、电视、远程教育的制作和播送等。

（2）Megastudy（内容制作者）是韩国在线教育的知名公司。Megastudy 旗下主要有两大系列课程，分别为 megastudy（面向高校学生）和 Mbest（面向初中学生）。Megastudy 业务从高考复读辅导开始，走名师路线，将名师所录制的高清视频上传到网上，吸引学生注意。目前，其业务线已从高中延伸至小学、初中、成人职业培训（主要是医学和律师考试）和语言培训等领域。自 2001 年开始，其业绩一直以每年 30% 的速度保持增长，线上线下年度总营收在高峰时期曾经超过 2000 亿韩元（大约 2 亿美金）。2013 年，为用户开设 Study Manager App，并更新 Munior/Mbest 系统，这对于有相同考情的中国来说有很高的借鉴性。

（3）Baeoom 公司因其网站的域名 www.baeoom.com 而得名，是由韩国教育部倡导发起的。

---

① 肖波，权五泽. 韩国远程教育现状及其对我国的启示[J]. 中国电化教育，2001（6）：55-57.

（4）由于越来越多的企业意识到员工的终身学习对公司的长远发展带来的益处，他们开始尝试办企业大学，让公司员工离开大学后继续充电，如三星集团创办的 CMC。CMC 是一个由公司操作的有代表性的再培训机构。CMC 的目的是成为提供各种有实用价值学位和证书的国际知名的、被认可的网络大学。从 CMC 的统计数据来看，1998 年，超过 70% 的学生来自公司、政府、学校、教会等不同行业。但 CMC 几乎没有自己的教职员工，只有向社会招募，外聘的教学者通常是在相关领域有杰出表现的课程专家(张倩苇，2001b)。

第七节 小 结

通过前面六节对韩国远程教育发展的梳理和分析，我们可以将韩国远程教育总体情况小结如下。

一、法律法规导向作用明显，且较完善

教育部制定的有关远程教育的法律法规对韩国远程教育实践发挥了重要的引导作用。教育部每年对于虚拟大学、远程大学的招生额度有限制。

二、远程教育受益于其浓厚的尚教社会文化，向女性和老年人群体延伸

韩国非常重视教育，这从 20 世纪 60 年代以来从未减轻的大规模高考复读生、昂贵的各种私人辅导班可以明显地看到这一点。也正因为全民重视教育，韩国国民的识字率和高等教育毛入学率都近乎百分之百，老龄化人口占四分之一，人口出生率世界最低,① 这些又都是韩国远程教育办学机构开始向女性和老年人以及国际化延伸的主要原因。

三、金泳三政府期间的《终身教育法》对后来的学分银行制度建设起到了关键作用

韩国终身教育体系的最终完善应归功于 1990 年代中期韩国总统金泳三政府

---

① 2016 年，韩国高等教育的招生额度超出了高中毕业人数。

成立的"总统教育改革委员会"（the Presidential Commission on Education Reform, PECR）及其实施的教育改革。这一时期从立法高度颁布了《终身教育法》（1999年），为构建完善的终身教育体系提供了法律保障，其学分银行制度和终身教育办学机构的准入认证制度搭建了各级各类教育之间的"立交桥"，构建了由远程教育、普通高等教育、自学考试等各类教育构成的终身教育系统。

四、多种媒体手段并重，教育信息化五年规划加速推进了网络教育

韩国开放大学建校较早，应用的主要教学技术经历了函授教学（1970年代）、广播电视教学（80—90年代）、视频直播教学（1995—2000）和网络教学几个技术应用阶段。面授或基于视频会议系统的直播教学一直都没有被放弃而发挥着重要作用。这一点可以从韩国开放大学学者辛娜敏等人（Namin Shin, Juhu Kim, 1999）的调查研究得到验证。

1996年以来，随着互联网的普及，韩国政府及时抓住机遇，开始了一系列大刀阔斧的改革，施行学分制、教育信息网络数据库的搭建与完善、网络大学的试点与最终批准成立等，使得高等教育与远程教育交织发展，互相促进。

五、企业 e-Learning 发展有强大的法律支持

韩国许多政府部门和企业都重视开展 e-Learning。1999年劳动部颁布的《职业培训与教育促进法》，连同《雇佣保险法》有力推动了企业 e-Learning 培训。政府"安全行政部"（Ministry of Government Administration and Securities, MOPA）通过中央公务员培训学院（Central Officials Training Institute, COTI）及其系统推广公务员系统的 e-Learning 培训。韩国发达的网络基础设施和适时出台的相关法律法规为企业、政府等部门开展 e-Learning 培训提供了必要的条件保障和法律依据。

六、韩国远程教育开始走向国际化

随着韩国国内高等教育人口的减少，政府意识到要将教育市场开拓至海外。自2006年以来，政府每年举办亚洲网络教育会议和韩国网络教育年展。在2009年的韩国—东盟纪念峰会上其提议设立"东盟网络大学"项目。项目计划共分三

个阶段，目前还处于第一阶段，主要内容是启动与东盟国家的柬埔寨、老挝、缅甸和越南的高等教育合作，为东盟网络大学的正式成立做好准备工作（KERIS，2013）。目前 K-MOOC 已成为韩国远程教育国际化最重要的渠道。①

本章参考文献

［1］Cheolil Lim. The Current Status and Future Prospects of Corporate e-Learning in Korea［J］. International Review of Research in Open and Distance Learning，2007，8(1).

［2］Insung Jung. Technology Innovations and the Development of Distance Education：Korea nexperience［J］. Open Learning，2000，15(3).

［3］KEDI. Lifelong learning and adult education policy in Korea［J］. Understanding Korean Educational Policy，2010(10).

［4］Lee Insook. E-Learning in Korea：Its Present and Future Prospects［J］. Korea Journal，2003(5).

［5］Moonhee Kim. The new role of Korean national open university in promoting access to high education［EB/OL］.［2003-3-13］. http://ccrc.tc.columbia.edu/media/k2/attachments/new-role-korean-national-open-university.pdf.

［6］Namin Shin，Juhu Kim. An exploration of learner progress and drop-out in Korea National Open University［J］. Distance Education，1999，20(1).

［7］Nick Clark，Hanna Park. An overview of education in South Korea［EB/OL］.

---

① 本章参考的网站还有：

http://iite.unesco.org/pics/publications/en/files/3214677.pdf。

http://siteresources. worldbank. org/INTAFRREGTOPEDUCATION/Resources/444659-1220976732806/Secondary_Education_Strategies_renewal.pdf。

http://www. ibe. unesco. org/fileadmin/user _ upload/Publications/WDE/2010/pdf-versions/Republic_of_Korea.pdf。

http://english.keris.or.kr/whitepaper/WhitePaper_eng_2013.pdf。

https://doi.org/10. 1007/978-981-13-5787-9_10。

http://s-space.snu.ac.kr/bitstream/10371/72440/1/02.pdf。

http://www.irrodl.org/index.php/irrodl/article/view/1605。

［2013-06-01］. http：//wenr. wes. org/2013/06/wenr-june-2013-an-overview-of-educ-ation-in-south-korea/.

［8］Sung-Soon Kim. Challenges facing the open university：the case of the KOREA national open university［J］. AAOU Journal，2005(2).

［9］Tin May Htun. Korea National Open University［J］. Yangon University of Distance Education Research，2009(1).

［10］葛喜艳. 韩国终身教育发展特点与趋势研究［J］. 中国成人教育，2011(21).

［11］韩舒静. 韩国职业培训体系分析［J］. 世界教育信息，2015(18).

［12］黄丹青. 远程开放教育的各国特色和发展趋势［J］. 中国电化教育，2000(1).

［13］姜羚. 韩国终身教育发展的特征与启示［J］. 继续教育，2012 (5).

［14］孔令军. 韩国学分银行建设及其对我国的启示［J］. 中国医学教育技术，2013，27(5).

［15］凌磊. 韩国终身教育改革新动向——基于学分银行制和学位自学考试制度改革分析［J］. 现代教育管理，2018(2).

［16］穆肃. 开放大学面临的挑战——来自韩国的案例［J］. 开放教育研究，2004(6).

［17］王雪双. 韩国国立开放大学的现状、特色与发展［J］. 世界教育信息，2015，28(16).

［18］严秀英，朴银姬. 韩国网络教育对朝鲜族双语教育信息化的启示［J］. 汉江师范学院学报，2017，37(3).

［19］张倩苇. 韩国网络教育的发展及其对我们的启示. ［J］教育发展研究，2001(8).

［20］张倩苇. 韩国网络教育的现状与发展［J］. 现代远距离教育，2001(2).

［21］周岳峰 . 韩国高等教育亟需结构性调整［EB/OL］. ［2012-03-11］. http：//www.lihpao.com/action-viewnews-itemid-116157.

第三章　印度远程教育

2018 年印度人口达 13.53 亿，为世界第二人口大国，一半以上的人口年龄介于 18~30 岁之间，是以年轻人口为主的国家，预计到 2025 年，全世界 1/4 的劳动力来自印度(FICCI，2012)。

1947 年 8 月 15 日，印巴分治，印度独立。1950 年 1 月 26 日，印度共和国成立，为英联邦成员国。印度国土面积约 297.29 万平方公里(不包括中印边境印占区和克什米尔印度实际控制区等)，居世界第七位。印度是一个联邦共和国，印度共有 27 个邦，最大的邦是拉贾斯坦邦，面积 34.2 万平方公里，与西部的巴基斯坦接壤。印度人口主要居住在北部的一些邦，最富庶的邦是印度西南部的果阿邦，也是印度最小的邦。

由于历史的原因，印度还是一个多语言国家，有着 325 种语言，据说每经过 8~10 公里就会遇到一种方言。印度也是一个宗教色彩非常浓厚的国家，是众多宗教的发源地，几乎能在印度找到世界上所有的宗教，被称为"宗教博物馆"。全印度约有 80.5%的人口信仰印度教，其他的主要宗教团体还有伊斯兰教、锡克教、耆那教等。

印度是世界上发展最快的国家之一，经济增长速度引人瞩目。2018 年人均 GDP 达 2020 美元，预计在 2025 年将达到 2854 美元。印度互联网用户年增长率 28%，2025 年将达到 6.28 亿。2015 年成人公民识字率为 72.23%，明显低于世界平均水平(86.3%)。

第一节　印度高等教育基本情况

一、高等教育院校类型和规模

截至 2018 年，印度共有 903 所大学，包括 45 所中央大学(有 16 所是在 2009

年成立的，主要在之前没有中央大学的邦建立）、351 所邦立公立大学、262 所邦立私立大学、① 123 所等同大学（Deemed to be universities）、② 101 所国家重要大学（National Importance，依照国会法案建立，多数是理工大学）、5 所根据邦立法而建的大学以及 16 所开放大学（AISHE，2018）。印度高等教育自国家独立后发展规模极为迅速。刚独立的时候只有 20 所常规大学及 500 个左右的学院。大学层次的院校从 1950 年的 27 所增加到 2009 年的 504 所，增加了 18 倍。大学均依照中央或地方法律而建，接受印度"大学拨款委员会"（University Grants Commission，UGC）的管理。

1950 年至 2018 年，印度高等教育规模迅速扩大，在校大学生规模、新生入学率、学校数量等成倍增长。2017—2018 学年"全印度高等教育调查"（All India Survey on Higher Education，AISHE）③显示，印度高等教育毛入学率为 25.8%，大学生总人数为 3664.2 万，79.19% 是本科生，研究生人数为 41.14 万人，博士生人数为 16 万人；高校教师 128.5 万人。60 余年的时间里，大学层次的机构增长了 24.7 倍，学院层次的机构增长了 58 倍，每年新生入学人数增长 67 倍，教师总数增长 52 倍。

在印度只有大学（903 所）才有学位授予权，大学下设的或者附属的学院（39050 所）④以及独立的高等教育机构（不隶属某一大学，只能开设本科文凭层次的专业，有 11356 所）都不具备学位授予权（AISHE，2018）。印度大学文科类本科学制为三年，工程技术类本科学制一般为四年。

印度对理工教育非常重视，1961 年颁布了专门的《理工学院法案》，用以规范管理印度所有的理工院校（AISHE，2013）。

---

①　印度有 262 所私立大学，按照 UGC 法案的第 22 条规定它们有资格授予学位。但是这些大学均不可以在本邦之外设立分校或校区，也不可以下设某一独立的学院（让其他学院或机构来挂靠），但可以在建校 5 年后向 UGC 申请在本邦其他地方建立分校或校区。

②　中央政府在 UGC 的建议下还负责宣布某一教育机构具备同样的大学资格，即等同大学，它是指在某一领域的高水平大学，大学性质既有私立也有公立。印度国家教育规划与管理大学就是一所等同大学，2006 年获得此资格，由中央政府直接管辖，设有 8 个系，建于 1962 年。

③　AISHE 是由印度人力资源开发部自 2010—2011 学年开始，每年开展一次面向所有高校的、基于网络的调查。

④　学院总数最多的三个邦依次是安德拉邦、马哈拉施特拉邦（印度商贸中心孟买所在省）、北方邦，数量都在 4000 个以上，卡纳塔克邦（Karnataka）居第四，有 3000 多个。

二、富有活力的高等教育改革

21 世纪初，印度近 12 亿人口中拥有高中文凭以上学历(不含高中文凭)的人口只有 5000 万，这也是印度高等教育一直扩张规模的主要原因，同时印度政府不放弃质量追求，2005 年印度总理任命成立的"国家知识委员会"(National Knowledge Commission，NKC)就致力于为面向 21 世纪提供卓越的教育而提供政策建议。虽然印度的大学总数只有我国的一半左右，但是其科研潜力不容忽视。2011 年中国大学教师发表论文的总量是印度大学教师的 5 倍，但国际影响因子却只比印度高 0.1，中国是 0.61，印度是 0.51，世界平均值是 1(FICCI，Ernst and Young，2012)。

从印度高等教育几份重要的官方报告可以看出，印度高等教育的改革是结构调整与规模扩张并进。近几年，职业教育资格框架的统一确立、国家认证监管机构的建立以及地区间的教育均衡发展和教育公平等都是比较显著的结构调整措施，当前主要任务有三项：实施国家职业教育学历框架试点；组建"高等教育国家认证监管机构"，为全面建立高等教育认证体制提供组织保障；在高等教育落后地区兴建"新型示范学位学院"。

(一)实施国家职业教育学历框架试点

根据印度人力资源开发部学校教育与文化处和高等教育处(以下简称"两处")发布的《2012—2013 年度报告》，哈里亚纳邦和西孟加拉邦两个省被选作首批可以开展"国家职业教育学历框架"(National Vocational Education Qualification Framework，NVEQF)试点的省份。

印度正在按照"国家职业教育学历框架"以试点的形式建立 200 所社区学院。这些学院采用校企合作的形式，在课程开发、教师培训、聘用兼职教师、提供动手实践基地方面与商业和服务业领域的机构合作，提供短期培训以及学位层次的教育，课程模块以学分计算，便于学生横向和纵向进行学历转换。

(二)组建"高等教育国家认证监管机构"，为全面建立高等教育认证体制提供组织保障

2010 年印度"人力资源开发部国会常务委员会"审议了一项关于组建"高等教

育国家认证监管机构"的议案，以开展对所有高等教育机构的强制认证，同时也建议各邦建立的高校要接受各邦认证机构的认证。该机构有 8 个成员。

（三）在高等教育落后地区兴建"新型示范学位学院"

高等教育落后地区（EBD）是指高等教育毛入学率低于当时全国平均水平的地区，印度共有 374 个 EBD。印度政府 2010—2011 年度出台了一项计划，要在 EBD 地区建立"新型示范学位学院"，UGC 建议最好是依托现有邦立大学来建立，经费将由中央政府和州政府共同来提供。中央政府在资金方面提供 30% 的支持，这样每所学院将至少得到政府拨付的 2670 万卢比。当年度，有 64 个学校提交了申请，48 个得到批准。23 所学校的经费由 UGC 负责拨款，25 个学校由人力资源开发部支付。2011—2012 年度已经拨付给 23 所通过批准的学校 2.8 亿卢比（UGC，2012）。

三、印度高等教育的信息化

2015 年，印度 89% 的大学通有光纤网络，92% 的大学有局域网，85% 的大学建有内部无线网（UGC，2015）。

在国家教育技术发展规划方面，印度设立了一个"运用信息传播技术促进教育的全国项目"（The National Mission on Education through Information and Communication Technology），主要负责对教育技术的开发与管理。

印度也在着手分期开发网络课程和数字化资源。由印度人力资源开发部资助建设了国家理工大学（包括 7 所学校）资源平台 NPTEL（National Programme on Technology Enhanced Learnin）。截至 2015 年 8 月已经建设了 420 门网络课程和 509 门视频课程。另有一站式的终身教育资源门户网站，为学生、教师和在职人员提供免费的学习资源。

四、印度高等教育的管理体制和认证机制：UGC/NAAC 和 AICTE/NBA

高等教育由中央政府与地方政府联合管理。高校的协调和标准的制定则是中央政府的法定义务。

印度政府人力资源开发部是印度高等教育的最高行政管理机构。在其之下，设有"大学拨款委员会"(UGC)、全印理工教育委员会(All India Council for Technical Education,AICTE)和"国家评价认证理事会"(National Assessment and Accreditation Council,NAAC)等法定机构来具体实施高等教育院校的审批和认证等工作。

"大学拨款委员会"是依照1956年《国会法案》设立的,主要是对大学进行协调,制定和维护大学教育的标准。除了为合法大学进行拨款之外,还会对中央政府和地方政府提供政策建议。其本部位于德里,分别在班加罗尔、博帕尔、哇哈、海得拉巴、加尔各答和浦那共设有6个地区办公室。中央大学一般经由UGC得到中央政府拨款,而邦立大学则只有一半在满足UGC的既定标准后才能获得中央政府的拨款,主要还是靠地方政府拨款。

全印理工教育委员会(AICTE)成立于1945年11月,是印度的国家层面的、管理各层次理工教育(如工程学、管理学、计算机应用、药学、建筑与城镇规划、酒店管理和餐饮等)的最高咨询机构。

印度高等教育认证实践已经有30年的历史了。"国家评价认证理事会"(NAAC)1994年由UGC设立。1986年的《国家教育政策》和1992年的《行动计划》强调要对印度高等教育的质量进行评估。NAAC的主要任务就是对印度高等教育院校或它们的下设院系、专业进行认证。2007年4月1日起NAAC引入了新的认证程序,分为两个步骤,首先高校要申请"院校质量测评资格",第二步给被认证高校授予A、B、C等级,没有经过认证的则为D级。评估指标有七项:课程,教学与评价,研究、咨询与服务,基础设施与学习资源,学生支持服务与进步,学校管理与领导,实践创新等。认证结果与高校获得的政府拨款直接挂钩。若院校不参加认证将不再有资格得到政府拨款。院校的认证等级越高,获得拨款额度就越多。

NAAC由UGC设立,主要对院系机构进行认证,"国家认证委员会"(National Board of Accreditation,NBA)则由AICTE在1994年设立,主要对专业进行认证。截至2010年,只有32.3%的大学和13%的学院接受了NAAC的认证。自2014年开始,医学和法学分别由印度医学理事会(Medical Council of India,MCI)和印度律师考试协会进行单独的认证。

在印度高等教育"十二五"规划中,印度政府着力构建全国范围内的高校认证体系。目前正在着手组建高等教育国家认证监管机构，这将进一步加强现有 NAAC 和 NBA 的认证作用，从高校自愿接受认证过渡到定期对院校进行强制评价和认证。印度政府同时还鼓励高校接受国际上其他权威认证机构的认证，给印度国内的高等教育认证机构施加竞争压力。为满足印度大量高等教育院校认证的需要，印度还将建立多个全国性的认证机构（FICCI，ERNST AND YOUNG，2012）。

第二节　印度远程教育发展情况

一、印度中小学层次的远程教育

早在 20 世纪 50 年代初，印度就采用广播媒体来辅助常规课程的教学。1959 年电视教学开始引入。教育电视的大规模发展是从"卫星教育电视试验"（SITE）项目开始的，向 6 个邦的一些村庄播放预先录制的电视节目，为小学教育开发的电视节目都会辅以教师的面授教学。这一项目之后政府开始为小学生以及一些地区的农村观众发送电视教育节目。（开始于 1983 年的 INSAT 项目是亚太地区最大的通信卫星系统，共有 9 个运转卫星，星上装备 175 个转发器。这些卫星提供电信、电视广播和气象服务，其中也包括灾难预警。该项目是由印度航天部同国家电信、气象和广播等部门联合完成的。印度航天部负责卫星及其运转工作。）

印度在初中层次开展函授教育是从 1965 年开始的。中央邦（Madhya Pradesh）的中等教育局决定采用函授教育提高学生的学习水平，这就是现在的中央邦开放学校（M. P. Open School）。德里大学 1962 年建立了函授课程与继续教育学院，后来拉贾斯坦邦、奥里萨邦、泰米尔纳德邦和北方邦等各邦教育局也开始提供初中和高中的函授教育。

第一所开放中学是 1979 年初中教育中央委员会（the Central Board of Secondary Education，CBSE）在新德里作为一个实验项目成立的，主要面向辍学学生提供远程教育以让他们可以继续读初中。1988 年开始开设高中课程。1989 年学校升格为"国家开放学校"（National Open School，NOS），由人力资源开发部直接负责管辖。

NOS 现已更名为 National Institute of Open Schooling（NIOS），即国家开放学习院。它既开展中小学的课程教学，也开设一些社区居民感兴趣的文化课程。课程结束后可以对学生的水平进行考试并颁发证书。自 1991 年以来，NIOS 共颁发了中学文凭证书(初中、高中、职业教育)332.5 万个，小学文凭证书 48.8 万个。在 NIOS 的支持下，还有 11 个邦政府建立了自己的"邦立开放学校"，比如安德拉邦开放学校(1991)、泰米尔纳德邦开放学校(1982)、哈里亚纳邦开放学校(1994)、拉贾斯坦邦开放学校(1999)、中央邦邦立开放学校(1995)、卡纳塔克邦开放学校(1996)、旁遮邦开放学校(1991)、西孟加拉开放学校(1997)等。NIOS 累计入学人数有 271 万人，初中生占 46%，高中生占 49%，职业教育类学生占 5%。NIOS 实施三级系统办学体系，即总部—地区办公室—学习中心，学习中心也称为认证学习中心(Accredited Institutions)，全国约有 6300 个。

学习主要以印刷自学材料为主，视音频资源为辅。每门课程在 5 年内有 9 次学习考试机会，学完可以随时参加考试。

二、印度远程高等教育院校的发展格局

印度开展远程教育的院校主要包括英迪拉·甘地国立开放大学(Indira Gandhi National Open University, IGNOU)、13 所邦立开放大学(State Open Universities, SOU)和远程教育院校(或函授教育院校)(Asha S Kanwar, C R Pillai, 2001)。

目前全印度 27 个邦有 13 个建立了开放大学，加上 IGNOU(英迪拉·甘地国立开放大学)共有 14 所单一模式的开放大学。多数开放大学都开设有从学士到硕士各个层次的专业。此外还有 242 所传统大学和私立大学也开展远程教育。

(一)单一模式开放大学概况

1. 单一模式开放大学发展概况

受英国开放大学的影响，印度和许多其他国家一样都开始尝试在本国建立类似的单一模式开放大学。印度第一所单一模式的开放大学是安德拉·普拉迪什开放大学(Andhra Pradesh Open University)，成立于 1982 年，1991 年更名为安贝德卡博士开放大学(Dr Bhim Rao Ambedkar Open University, BRAOU)。

1985 年印度全国性的英迪拉·甘地国立开放大学成立。到 1999 年共有 9 所

邦立开放大学。

1995 年，当时 7 所开放大学所有学生的总数达到 20 万人，占整个高等教育在校生的 3%。

到 2019 年，印度共有 14 所单一模式的开放大学，其中 13 所是邦立开放大学（State Open Universities，SOU），学校列表如下：

表 3-1　印度 13 所邦立开放大学列表①

序号	英文名称(SOU)	英文简称	邦立开放大学	所在地	建立年份
1	Dr. B. R. Ambedkar Open University	BRAOU	安贝德卡博士开放大学	安德拉邦海得拉巴	1982
2	Vardhaman Maha-veer Open University	VMOU	瓦德曼·马哈维尔开放大学	拉贾斯坦邦哥打	1987
3	Nalanda Open University	NOU	那烂陀开放大学	比哈尔邦巴特那	1987
4	Yashwantrao Chavan Maha-rashtra Open University	YCMOU	纳西克·马哈拉施特拉邦开放大学	马哈拉施特拉邦纳西克	1989
5	M. P. Bhoj（Open）Uni-versity	MPBOU	博帕尔(开放)学院	中央邦博帕尔	1992
6	Dr. Babasaheb Am-bedkar Open University	BAOU	巴巴萨海布·安贝德卡博士开放大学	古吉拉特邦艾哈迈达巴德	1994
7	Karnataka State Open University	KSOU	卡纳塔克邦开放大学	卡纳塔克邦迈索尔	1996
8	Netaji Subhas Open University	NSOU	奈塔吉·撒哈司开放大学	西孟加拉邦加尔各答	1997
9	U. P. Rajarshi Ta-ndon Open University	UPRTOU	U. P. Rajarshi Tan-don 开放大学	北方邦阿拉哈巴德	1999

①　Ramesh C Sharma. Open learning in India：evolution，diversification and reaching out［J］. Open Learning，2005，20(3)：227-241.

续表

序号	英文名称（SOU）	英文简称	邦立开放大学	所在地	建立年份
10	Tamil Nadu Open University	TNOU	泰米尔纳德邦开放大学	泰米尔纳德邦金奈	2001
11	Pt. Sunderlal Sharma Open University	PSSOU	Pt. Sunderlal Sharma 开放大学	恰蒂斯加尔邦比拉斯布尔	2005
12	Uttaranchal Open University	UOU	北安查尔邦开放大学	北安查尔邦哈尔德瓦尼	2005
13	Krishna Kanta Ha-ndiqui State Open University	KKHSOU	阿萨姆邦开放大学	阿萨姆邦古瓦哈蒂	2006

来自：http://mhrd.gov.in/state_open_hindi；http://www.indiaeduinfo.com/openuniversity.html

在这 14 所开放大学中，IGNOU 起着核心引领作用，自创建之日起法律就赋予了 IGNOU 双重使命，一是作为一所开放大学为学生提供更多的高等教育机会，二是作为一个枢纽通过其下设的 DEC（Distance Education Council，远程教育理事会）来协助印度教育部管理全国的开放远程教育，并通过其通信网络向全印度开展远程教育的开放大学、函授学院以及其他类似的机构发送课程材料（Panda，2005）。

从系统层级上看，IGNOU 和多数 SOU 都是三级办学，即包括总部、地区中心和学习中心，还有少数 SOU 是两级办学，即总部和学习中心（C. Gajendra Naidu，2004）。

IGNOU 的财政收入中，政府拨款占 17%，自筹经费（包括学费）占 83%（C. Gajendra Naidu，2004）。

2. 邦立开放大学举例——YCMOU

马哈拉施特拉邦开放大学（Yashwantrao Chavan Maharashtra Open University，YCMOU）①总部位于马哈拉施特拉邦的纳西克，同 IGNOU 一样，都被视作印度远程教育的先行者，由 Ram Takwale 教授和 IGNOU 创建者 Reddy 教授一起于

① http://www.ycmou.ac.in/。

1989 年共同创立，实施的是总部—地区中心—学习中心的三级系统管理体制，年均在学学习者（活跃学习者）10 万人以上。

早在 90 年代的时候，首任副校长 Ram Takwale 就推展灵活的学习支持服务来提高服务效率和教学效果，其中的一个措施就是按需在线考试，就是学习者随时可以提出考试申请而进行网络考试，这一时期还建立了学校的网站（www.ycmou.com）。YCMOU 是第一个提供教师教育学历专业的开放大学，这类学生占学生总体的 40%。2002 年，YCMOU 因个性化的学习支持服务获得教育部颁发的"机构卓越奖"。YCMOU 很早就开展了网络学历教育，在 2004 年以前全印度只有 IGNOU 和 YCMOU 两家开放大学提供完全在线的网络学历教育（Hemlata Chari，Margaret Haughey，2006）。

目前 YCMOU 开设有硕士、博士层次的远程学历教育，专业有 200 多个。办学系统包括遍布在马哈拉施特拉邦的 8 个地区中心和 3000 多个学习中心。每年平均有 15 万名新生注册学习不同层次的专业。截至 2010 年累计培养了 233 万名学习者，在学学生数 31.1 万人。

（二）双重模式大学的发展

印度远程高等教育的起步始自 20 世纪 60 年代常规大学开办的函授教育。在六七十年代常规大学远程教育在印度远程教育领域一枝独秀。1978 年 11 月新德里举办了第 11 届 ICCE（即后来的 ICDE，国际开放和远程教育理事会）年会，从这可以看出当时的印度远程教育在国际上是有一定影响力的。

1982 年开放大学出现以前，印度有 34 所大学提供函授教育。最早是在 1962 年印度德里大学设立函授与继续教育学院开展函授教育。受德里大学成功的鼓舞，UGC 建议扩大函授教育规模，并制定了有关大学开展函授教育的规定。1967 年又有 4 所大学加入函授教育的队伍。到 1970 年有 9 所大学开展函授教育。进入 70 年代，大学函授教育迎来了重要的扩张阶段，这一时期增加了 23 所大学，拉贾斯坦大学、迈索尔大学、密拉特大学、马杜赖卡玛拉大学、喜马偕尔邦大学、旁遮大学、孟买大学、旁遮农业大学、安得拉大学等都是在 60 年代末 70 年代初开展函授教育的代表。这一时期开放大学的出现并没有影响常规大学开展函授教育的热情。80 年代新增了 14 所，90 年代新增了 24 所。至 1999 年，一共有

70 所大学在开展函授教育。这些大学并没有为这些函授专业建立独立的院系，而是分配到某一系来负责。后来设立专门的管理处，负责招生、发送材料、组织考试等。教学材料是常规大学相关系的老师开发的，课程、大纲和考试与校内教学一样，多数学校也会组织一定的面授。

"大学拨款委员会"负责制定和完善这些大学的函授教育标准，就人员配置、服务和教学时间给出最低限度的要求。然而该机构没有尝试去监督这些大学函授教育的执行情况。

1995 年，当时的 62 所大学函授教育在学人数达到 66.9 万人，占印度高等教育在学人数的 10% 以上。

目前印度许多所普通大学其远程教育学生规模都在万人以上，比如：

(1) 德里大学的开放学习学院(School of Open Learning)①：1962 年成立"函授与继续教育学院"的时候招生人数只有 900 多人。设有人文学科和商学的本科和硕士专业，2006—2007 学年学生有 20 多万人。

(2) 孟买大学的远程开放教育学院(University of Mumbai's Institute of Distance and Open Learning, IDOL)：2009 年有 6 万人左右，2018—2019 年入读 IDOL 的女学生人数为 4.02 万人，男生为 2.63 万人。

(3) 印度古鲁格舍德拉大学(Kurukshetra)：1976 年成立远程教育处(directorate)，当时学生只有 400 人，2012—2013 年度则达到 2.8 万人。

(三)私立领域的远程教育

1990 年代是印度远程教育发展的分水岭。印度政府大力推广远程教育的主要原因是认为远程教育的成本不到常规高等教育的四成。1991 年拉奥上台后，大力引进竞争机制，经济实行开放政策，自由化、私有化和全球化的经济政策加上新技术的引入为私人资本介入远程教育提供了机遇。私立高校介入远程教育为印度远程教育的整体发展注入了竞争活力。其会选择某所大学作为附属对象，由这个大学来颁发文凭，自己负责提供教学服务。

---

① https://sol.du.ac.in/。

三、印度远程高等教育的规模

印度国会在 2005 年 6 月 15 日通过一项法令《知情权法案》，要求所有"公共机构"性质的组织必须向公众提供信息，以增加政府运作的透明度和问责制。依照此法，所有依法成立的大学都要向公众公布自己的有关信息。[①] 虽然如此，各学校的在学学生规模还是不易查到，并且官方及媒体公布的数据偶尔也会出现差异。

(一)印度远程教育院校规模和学生规模的历年变化情况

在 2003 年，注册普通高校和开放大学远程教育的学生总数占印度高等教育学生总人数的 20%以上。英迪拉·甘地国立开放大学就有 100 多万名学生，占高等教育总数的 10%(拉马纽健，2003)。这一时期，随着 SOU 的陆续建立，其学生规模比例逐步扩大，而常规大学的远程教育学生比例逐步减少。

表 3-2 显示的是 2002—2003 年印度三大远程教育办学主体的学生规模情况 (C. Gajendra Naidu，2004)。

表 3-2 2002—2003 年印度三大远程教育办学主体的学生规模情况

	IGNOU	SOUs(10 所)	CCIs/DEIs(86 所)	总数
学生规模	31. 65 万	72. 41 万	118. 59 万	222. 7 万
学生比例(%)	14. 22	32. 52	53. 26	100. 00

到了 2006 年印度建立的 SOU 达到 13 所(至今再未增加)，进一步扩大了远程学习者规模。比如马哈拉施特拉邦的 YCMOU(1989 年成立)和南部安德拉邦海德拉巴的 BRAOU(1982 年成立)这两所邦立开放大学学生人数规模最大，2006 年的时候分别是 39. 8 万和 31. 9 万人。然后是西孟加拉邦的 NSOU(8. 3 万)、中央邦的 MPBOU(5. 6 万)、卡纳塔克邦的 KSOU(2. 7 万)、古吉拉特邦 BAOU(2. 5 万)等，这六所邦立开放大学的学生人数总和有 90 万之多(龚志武，2007)。

---

① http://www.naac.gov.in/rti.asp。

表 3-3　1962—2010 年印度远程教育院校变化表

年份	双重模式大学院校	单一模式开放大学	远程教育院校总数
1962	1	–	1
1975	22	–	22
1982	34	1	35
1985	38	2	40
1990	46	5	51
2000	70	9	79
2005	106	13	119
2010	242	14	256
2019	110	14	124

表 3-4　印度传统大学和远程教育院校学生数量对比表

年份	传统大学/学院 （万人）	双重模式院校和 开放大学（万人）	远程教育学生占比 （%）	总人数 （万人）
1962—1963	75.2	0.1112	0.147	75.3
1975—1976	242.6	6.4	2.6	249
1980—1981	275.2	16.6	5.701	291.2
1985—1986	360.6	35.5	8.964	396.1
1990—1991	492.5	59.3	10.744	551.8
1994—1995	611.4	80.3	11.611	691.7
1995—1996	657.4	100.3	13.237	757.7
2000—2001	839.9	137.8	14.094	977.7
2005—2006	1102.8	183.4	14.256	1286.2
2009—2010	1246.9	373.7	23.35	1600
2017—2018	3261.1	403.2	12.36	3664.3

来源：http://www.ugc.ac.in/deb/pdf/growthDEB.pdf。

　　2018 年，远程教育类学生总规模为 403.2 万，其中双重模式院校（有 242 所）的远程学生规模约为 220 万人。

(二)目前印度远程教育的规模①

印度人力资源开发部的高等教育处和学校教育与文化处联合发布的《2017—2018 年度报告》显示，印度有大学 903 所，学院 3.5 万所，AICTE 认证的理工学院 1.35 万所，远程教育院校 200 余所(估算)。大学和学院在校生 3664 万人，远程教育学生 397.3 万人。

四、远程教育认证体制

(一)主要认证监管机构：DEC 和 UGC

1991 年，依照 1985 年的"IGNOU 法案"第 28 条，印度成立了"远程教育理事会"(Distance Education Council，DEC)，作为一个管理远程教育的最高机构，其主要负责协调和促进开放大学和远程教育系统的管理，构建一个包括以 IGNOU 为首的包括各邦立开放大学在内的印度开放大学网络。DEC 分担了许多以往由 UGC 行使的权力，从人力资源开发部获得经费，并把这些经费分拨给邦立开放大学和双重模式的远程教育院校。它也采取了多项改革措施，包括函授教育领域的改革等。②

DEC 是在 2003—2004 年开始对远程教育专业进行评估的。2007—2008 年开始对院校进行认定。2007—2010 年由 UGC、AICTE 和 DEC 组建的"联合委员会"制定了"认定指南"。2009 年开始，DEC 开始对申办的远程教育专业进行认定。③

---

① 印度人力资源开发部自 2010—2011 学年开始，每年开展一次基于网络的"全印度高等教育调查"。2017—2018 学年调查报告显示，印度高等教育毛入学率 25.8%，大学生总人数为 3664 万，79%是本科生，博士生人数为 16 万人，生师比为 25.6(不包括独立学院)。远程教育学生 397.3 万人，其中本科生 255 万，研究生 118 万，远程教育学生占高等教育学生的比例为 10.9%。

② 这些措施有：将函授教育材料包改造为自主教学形式的材料包，在教学过程中引入远程教育技术(以往大学函授教育主要是依托纸介教材)，为学生提供更有效的学生支持服务、进行人员培训、为便于管理学校的函授教育对组织机构进行必要的改革等。

③ 随着越来越多院校和机构开展远程教育，NAAC 要求所有远程教育院校自 2009 年开始都要进行认证，远程教育也将专门由"远程教育理事会"进行认证。为此，DEC 于 2009 年专门成立了"国家开放远程教育认证委员会"来对远程教育院校进行认证。NAAC 则主要负责对常规大学进行认证。

联合委员会解散后，人力资源开发部组建了一个由 UGC、AICTE 和 DEC 三方领导人组成的"三方委员会"，2013 年该委员会遭到解散。

2013 年 5 月，UGC 与 IGNOU 商议后，决定将 DEC 对远程教育规范管理、制定标准和审批准入的权力移交给 UGC，原来悬置的 200 多个大学申办远程教育的申请也由 UGC 组成的专家委员会进行了审议。随着 DEC 的撤销，① 原来属于 IG-NOU 的对印度开放远程学习的管辖权随之被撤销。DEC 在对印度远程教育行使管理权 22 年之后开始由 UGC 接替对远程教育的审批管理。

2014 年 UGC 公布了所有通过审核的 211 所高校名单，② 包括全部 14 所单一模式的开放大学，远程学习者规模已经超过 1000 万人。

(二) 监管政策法规仍在不断完善中

印度当前有近 200 所常规大学和 14 所单一模式的开放大学在提供远程教育，学生规模是世界最多的国家之一。远程教育在提供了更多的高等教育入学机会的同时也显现出一些问题。许多双重模式大学将其视作创收的一种手段，所赢得的利润大多投入到该大学传统教育的设施建设中，而很少用来返还远程教育办学部门以便实现可持续发展。这也是教育部开始重视对远程教育院校认证的原因。DEC 已经开始要求所有的开放大学都要成立内部质量保障中心 (Centre for Internal Quality Assurance，CIQA)，印度单一模式大学的远程教育质量保证体制已经建成。

印度目前在远程教育的政策法规方面还存在一些模糊不清和相互不一致的地方，这表现在许多方面，比如：

(1) DEC 允许院校可以开展哲学硕士和哲学博士层次的远程教育，而 UGC 则不允许。

(2) DEC 对学习中心的性质是"自建"还是"特许经营"尚无定论。

---

① 因为现有的一些职业理工类院校为了商业目的而迅速加入到远程教育的阵营中，DEC 以往只负责管辖大学，这些职业理工类的院校只能由 AICTE 管辖。这样就疏于管理，印度打算撤销 DEC，建立一个 DECI——全印度的远程教育理事会。

② 这些高校在名单公布之前都经历了三层审核。首先是对院校提供的信息进行审核，主要考察基础设施、师资、教学系统、学生支持服务等，其次专家实地考试，最后对专业课程内容、质量及课程自主教学的特性进行评估，决定是否同意开设某些专业。

（3）邦立私立开放大学成立 5 年后才可以设立学习中心，而同等大学则可以在成立 3 年后设立分校中心。

（4）邦立大学可以开展远程教育的地域界限并不明确。

（5）某些邦授予的学位到另外一个邦并不被认可(FICCI, Ernst and Young, 2012)。

第三节　英迪拉·甘地国立开放大学(IGNOU)办学实践

一、创办历史

1985 年 1 月，印度前总理拉吉夫·甘地向全国宣布要创办以其母亲、印度前总理英迪拉·甘地的名字命名的国立开放大学。9 月，议会通过了《英迪拉·甘地国立开放大学法案》。同年 11 月，英迪拉·甘地国立开放大学正式奠基，至今仍是印度唯一的国立开放大学。按照这一立法的规定，英迪拉·甘地国立开放大学有责任在全国范围内引进和推广开放大学远程教育体系，并推进这一体系的内部协作和标准确立，这就赋予了 IGNOU 两项职能：一是大学自身的职能，二是协调管理全国远程教育的职能，通过"远程教育理事会"(DEC)发挥着管理印度远程教育的作用。

英迪拉·甘地国立开放大学在 1987 年正式招生，当时只有两个专业：管理学和远程教育，学生人数只有 4528 人。2003 年，参加普通高校和开放大学的远程教育课程的学生总数占印度高等教育学生总人数的 20% 之多，仅英迪拉·甘地国立开放大学一家就有一百多万名学生，占高等教育总人数的 10%。2017—2018 年，远程教育学生入学率占全国高等教育总入学率的 11%。

IGNOU 是一个办学层次非常齐全的大学，IGNOU 的专业招生非常重视学生的工作经验，导致男性学生比例远多于女性。

二、基本情况

学校有 21 个学院，办学体系包括 67 个区域中心、2667 个学习中心，在 15 个国家有 29 个海外合作院校。总部和地区中心共有 1385 名教师，2458 名行政人员，还有 5.1 万名辅导教师。在学学生数为 307.4 万人。

大学开设了 489 个从学士、硕士到博士层次的专业，其中 27 个是完全以网络教育方式提供的，111 个专业是新成立的。

本科学制一般三年，可以六年内毕业。有些需要动手实验的课程则由学习中心负责组织学习，比如理科、计算机、护理和工程与技术类的课程。一个学分对应 30 个学时的学习量。IGNOU 还认可来自其他大学的学分。

通过在 IGNOU 的学习，25%的本科生可以成功毕业，36%的毕业生继续深造，28%的毕业生获得工作上的晋升。65%的毕业生认为 IGNOU 的学位要比一些常规大学函授教育提供的文凭要好(Panda，2005)。

三、办学情况

(一)运营模式

英迪拉·甘地国立开放大学在印度的大学系统中具有独特的地位。作为中央大学，它同时又是全国邦立开放大学和全国远程教育的最高学术领导机构，因为印度议会通过的法律赋予了英迪拉·甘地国立开放大学"制定国内开放大学和远程教育标准"的权力。它与少数单一制中央大学一样，不接受民办的附属学院，只接纳由中央和地方政府出资设立的教学中心。

IGNOU 的生均成本仅为普通大学的 1/3。作为中央大学，目前英迪拉·甘地国立开放大学的经费来源于中央政府的拨款和学费收入，两者的比例在不同时期也略有不同。20 世纪 90 年代中期以前，中央政府对中央大学的拨款接近 80%，此后逐渐下降，现在政府投入低于 30%。

(二)技术设施

IGNOU 拥有 5 个电视频道、40 个遍布全国的 FM 广播站等。

印度国家"十五"期间建立了"全国开放远程教育网"(National Network for Open & Distance Education，N-NODE)，采用卫星通信和光纤等技术搭建了一个 IGNOU 全系统的专用网络，提供总部、地区中心和学习中心之间必要的互联。IGNOU 总部也与其他邦立开放大学进行互联。

(三) 支持服务

IGNOU 主要模仿英国开放大学办学模式，为学生提供多媒体教学包(而地方邦立开放大学则主要依托纸质教材，辅之以录音录像带)。学生自学这些教学包，定期做作业，到当地学习中心参加辅导课或通过视频会议接受辅导，学完参加集中考试。

英迪拉·甘地国立开放大学的教学支持服务体系分三个层次：总部、地区中心及学习中心。总部包括学术部门，如各学院，以及行政中心和服务中心，此外还有师资培训和研究中心、远程教育理事会和电子媒体制作中心。总部负责设计和开发各类学术课程。在课程教学中，地区中心和学习中心发挥着关键作用，它们负责为学生组织面授辅导和提供咨询，并且处理学生提交的作业。大学的教学体系规定了学生每门课程必须完成的最少作业量。是否参加面授可以由学生自己决定。在条件允许的情况下，有些地方还采用网络会议为学生提供支持服务。

(四) 质量保证

印度远程教育理事会制定标准，用以规范由全国各个大学提供的网络课程。所有大学提供的课程都必须使用经过 DEC 认证的课程。这个强制性认证体系由全印理工教育委员会和 IGNOU 共同倡导，同时，由 IGNOU 创立的认证规范体系已经开始了认证工作。在英迪拉·甘地国立开放大学的领导下，印度建立起了完善的远程教育师资及相关人员培训体系。

(五) 合作办学

1997 年的《英迪拉·甘地国立开放大学法案》修正案规定，经大学视察员批准，英迪拉·甘地国立开放大学还可以在印度以外的地方设立学习中心。合作的国家包括阿拉伯联合酋长国、卡塔尔、科威特、阿曼、巴林、塞舌尔、毛里求斯、马尔代夫、埃塞俄比亚、马达加斯加和利比亚等。

(六) 重视从业人员培训和学术研究

IGNOU 在成立之时设有专门的远程教育处，后来在英联邦学习共同体(COL)、亚洲开发银行和印度人力资源开发部的建议下，1993 年改为员工培训和远程教育研究中心(Staff Training and Research Institute of Distance Education, STRIDE)，负责对 IGNOU 系统以及东南亚一些国家的远程教育从业人员进行培训，同时开设有远程教育文学硕士、远程教育哲学硕士、远程教育博士等不同层次的远程教育专门人才培养专业。①

IGNOU 还拥有一本学术期刊——《印度开放学习》杂志，1992 年创办，这对于 IGNOU 的自身办学有着良好的带动和促进作用。

第四节　小　　结

一、印度开放大学的建立遵循从地方推进至国家层面的演变路径

印度最早的开放大学是 1982 年成立的安贝德卡博士开放大学(Dr Bhim Rao Ambedkar Open University，BRAOU)，之后才在 1985 年成立了全国性的英迪拉·甘地开放大学；我国 1960 年 2 月创办的北京广播电视大学是最早的单一模式大学，全国性的开放大学——中央广播电视大学(现在的"国家开放大学")是在 1979 年成立的。同中国一样，开放大学的建立都是遵循着从地方到国家推进的发展路径。

这样一种发展模式是对地方教育改革的包容与鼓励，印度各开放大学所具有的办学独立性和自主性也能够受到很好的保护。

二、印度高等教育需求旺盛，远程教育贡献卓著

印度社会经济发展包括高等教育同中国一样，每个五年规划都有相应的数字目标，比如计划在"十二五"期间将政府对高等教育的投入占 GDP 的比例从 1.22%提高到 1.5%，高等教育毛入学率提高至 20%(已经实现)。印度远程教育在校生的绝对规模比我国多 400 多万，远程教育对高等教育毛入学率的贡献比我国大，一般都在 20%~25%之间并逐年增长。这一点从单一模式开放大学的数量、规模、成立的时间密集度以及近两百所的常规大学开展远程教育这些数字可以反映出来。在印度《高等教育"十二五"(2012—2017)规划》的四个扩大高等教

---

① http://pgdel.ignouonline.ac.in/pgdel/aboutus.html。

育规模的措施当中，远程教育占有一席之地（FICCI，ERNST AND YOUNG，2012），这将进一步促使印度远程教育更快地向高等教育领域渗透扩张。

三、远程教育覆盖小学至博士各层次

在印度，从小学到博士均可以通过远程教育方式获得相应的学历文凭。远程教育的这种地位是我国所不可比拟的。

印度不但有 1000 万名左右的高等教育远程学习者，还有 NIOS 这一全国性的中、初等开放学校以及 17 个邦立开放学校来提供中小学层次的远程教育，规模达 54 万人。这充分说明了印度人力资源发展的巨大需求以及国家对远程教育在各学历层次教育应用的重视。在高等教育领域，远程教育开设的层次不仅限于学士学位层次以下的学历教育，也开展硕博士层次的研究型学历教育。而我国的国家开放大学则是在经历了 30 多年发展历程之后才于 2013 年最终获得了独立颁发学士学位的权力，成为一所真正意义上的大学，这又反映了印度国家教育体系中远程教育的地位要高于我国。

四、网络教育还在起步阶段

印度将在较长一段时间坚持采用以印刷教材为主、视听材料为辅的自主学习材料包模式开展远程教育，这与印度国家的综合国力直接相关。印度是发展中的人口大国，网络基础设施和数字化资源建设与我国还存在一定差距。但印度的国家发展规划正在着力加强这方面的建设，其网络教育在远程高等教育中的广泛应用还是指日可待的。印度一些专业服务和资源制作公司也早已介入远程教育，比如马哈拉施特拉知识有限公司(Maharashtra Knowledge Corporation Limited，MKCL)等。

五、高等教育改革富有活力，远程教育监管与认证体系走向完善

表面上看中印两国的高等教育存在着较大的差距，但印度高等教育改革的最大特点是系统、有序且有前瞻性，如果用动态的、发展的眼光来看，其发展潜力不可小觑。通过研读印度政府人力资源开发部的年度报告，我们可以看出整个高等教育系统在进行较为系统的结构性改革，比如近年来建立了职业教育资格框架体系、对高等教育机构实施认证等，远程教育院校的监管和认证也不例外。监管方面有 UGC，认证工作也在 UGC 的主导下有条不紊地予以完善。

综上，印度从中央到地方省份对远程教育的鼓励，体现了理念政策的开放性；远程教育从 K12 到高等教育的全覆盖，以及政府对少数民族群体的重视，体现了实践应用的全纳性；紧密相连的远程高等教育改革举措及其时效体现了制度改革的有序性。开放、全纳、有序是印度远程教育发展模式的三个显著特征。①

---

① 本章参考的网站还有：

http：//mhrd.gov.in/central_univ_eng。

http：//mhrd.gov.in/overview_uni_higher_english。

http：//www.ugc.ac.in/pdfnews/Annual_Report_2011-2012_English_Final.pdf。

http：//mhrd.gov.in/sites/upload_files/mhrd/files/AISHE2011-12P_1.pdf。

http：//www.ey.com/Publication/vwLUAssets/Higher _ Education _ in _ India/ $ FILE/EY-FICC_Higher_Education_Report_Nov12.pdf。

http：//ficci.com/SEdocument/20244/Recommendations-2012.pdf。

http：//mhrd.gov.in/sites/upload_files/mhrd/files/AR_2012-13.pdf。

http：//www.sakshat.ac.in。

http：//mhrd.gov.in/state_universities。

http：//digitallearning.eletsonline.com/2014/04/dawn-of-a-new-era-of-accreditation/sthash.gn-QjC62B.dpuf。

http：//mhrd.gov.in/nba_hindi。

http：//www.teindia.nic.in/mhrd/50yrsedu/g/52/4J/524J0601.htm。

http：//www.nios.ac.in/about-us/at-a-glance.aspx。

http：//www.braou.ac.in/braouuserfiles/file/RTI/StudStr13-14.pdf。

http：//mhrd.gov.in/state_open_hindi；http：//www.indiaeduinfo.com/openuniversity.htm。

http：//www.col.org/SiteCollectionDocuments/Ch8_CS-Naidu.pdf。

http：//www.kuk.ac.in/userfiles/file/Year2012/LeftSideLinks/DistanceEdu/dde%20profile.pdf。

http：//www.dnaindia.com/academy/report-accreditation-for-distance-education-universities- 1272355。

http：//mhrd.gov.in/sites/upload_files/mhrd/files/AR_2012-13.pdf。

http：//www.ugc.ac.in/deb/pdf/recognitionsaccordedunivandinsts.pdf。

http：//www.university.careers360.com/articles/list-of-approved-distance-education-universities-in-india。

http：//digitallearning.eletsonline.com/2014/04/dawn-of-a-new-era-of-accre ditation/sthash.gn-QjC62B.dpuf。

http：//digitallearning.eletsonline.com/2009/07/distance-education-universities-to-get-accredited/sthash.M6ElM7fO.dpuf。

http：//mhrd.gov.in/sites/upload_files/mhrd/files/AR_2012-13.pdf。

http：//www.ugc.ac.in/deb/pdf/recognitionsaccordedunivandinsts.pdf。

http：//ficci.com/SEdocument/20244/Recommendations-2012.pdf。

http：//www.ignou.ac.in/ignou/aboutignou/profile/2。

http：//mhrd.gov.in/sites/upload_files/mhrd/files/AR_2012-13.pdf。

http：//www.ignou.ac.in/userfiles/ignouataglance.pdf。

http：//www.ignou.ac.in/ignou/aboutignou/profile/6。

http：//journal.ignouonline.ac.in/iojp/index.php/IJOL。

http：//www.ey.com/Publication/vwLUAssets/Higher _ Education _ in _ India/FILE/EY-FICC_Higher_Education_Report_Nov12.pdf。

http：//ficci.com/SEdocument/20244/Recommendations-2012.pdf。

http：//mhrd.gov.in/common_hindi。

http：//www.ugc.ac.in/deb/pdf/recognitionsaccordedunivandinsts.pdf。

http：//www.indiaedu.com/universities/open-universities/。

http：//www.ugc.ac.in/deb/pdf/recognitionsaccordedunivandinsts.pdf。

http：//www.kkhsou.in/main/Education%20Beyond%20Barriers.html。

http：//www.ugc.ac.in/deb/pdf/growthDEB.pdf。

http：//www.oecd.org/site/seao/India.pdf。

http：//knowledgecommission.gov.in/downloads/baseline/ode.pdf。

本章参考文献

[1]Asha S Kanwar, Pillai C R. India, in Olugbemiro Jegede, Glenn Shive[J]. Open and Distance Education in the Asia Pacific Region, 2001(5).

[2]Hemlata Chari, Margaret Haughey. The Introduction of Online Learning: A case study of YCMOU[J]. Distance Education, 2006, 27(1).

[3] Panda S. Higher education at a distance and national development: Reflections on the Indian experience[J]. Distance Education, 2005, 26(2).

[4]Pawan Agarwal. Higher Education in India: Growth, Concerns and Change Agenda[J]. Higher Education Quarterly, 2007, 61(2).

[5]Ramesh C Sharm. Open learning in India: evolution, diversification and reaching out[J]. Open Learning, 2005, 20(3).

[6]陈斌. 印度远程教育的发展模式研究[J]. 现代远距离教育, 2011(3).

[7]龚志武. 中印远程开放教育体系的比较研究[J]. 远程教育, 2007(5).

[8]拉马纽健. 开放和远程教育的沿革与发展: 来自印度的经验[J]. 中国远程教育, 2003(19).

[9]张曼, 胡钦晓. 解析印度国立开放大学: 模式移植的视角[J]. 中国电化教育, 2013(9).

第四章　印度尼西亚远程教育

印度尼西亚简称印尼，别称"千岛之国"，是全世界最大的群岛国家，有1.7万多个岛屿，国土面积为191.9万平方公里，位居世界第16名，是亚洲大国，全国分33个省，疆域横跨亚洲及大洋洲。在荷兰350年的统治后于1945年8月17日独立为总统制国家。① 人口2.62亿(2019年)，是世界上继中国、印度、美国之后的人口第四多的国家。61%的国民生活在爪哇岛和巴厘岛这两个岛屿，86%的人口信仰伊斯兰教。

印尼是目前亚太地区政治稳定、中等收入的国家。东南亚地区西接印度次大陆，北临中国，南靠太平洋，包括文莱、孟加拉国、东帝汶、印尼、老挝、马来西亚、缅甸、菲律宾、新加坡、泰国和越南共11个国家，就人均GDP来说印尼排在第6位，2018年人均收入近4000美元，GDP增长率5.17%。② 2017年网民数量达到1.4326亿人，相当于总人口的54.68%。

第一节　教育体制概况

与其他亚洲国家一样，印尼非常重视高等教育的发展，并通过各种途径(如增加招生人数和高等院校的数量；鼓励在线教育、远程教育等)，为所有国民提供接受高等教育的机会，进而实现教育民主化。

一、教育概况

印尼在1994年全面实施9年制义务教育。2007年印尼高等教育支出占国家

---

① 经过350年的荷兰殖民统治时期后，印度尼西亚至第二次世界大战后始告独立，但独立后仍面临天灾、贪污、分离主义、民主化进程、经济上剧变等挑战。2013年国内生产总值世界排名为第15位。

② http://www.worldbank.org/en/country/indonesia。

GDP 的 1.2%(低于马来西亚的 2.1%)。

印尼共有 3300 多所公立和私立大学,其中 80% 是私立大学,印尼教育部负责对公立和私立大学的监管。高等教育在校生 400 万人。2018 年高等教育毛入学率上升至 32%。

1999 年以来印尼政府开始倡导大学企业化,鼓励大学的办学自主性,实施基于绩效结果的资助政策。2012 年国会通过的《高等教育法》将大学办学自主权进一步扩大,允许印尼各类大学自主决定收费水平。

二、质量认证

教育部授权的印尼高等教育全国认证署(Indonesian National Accreditation Agency for Higher Education,NAA-HE),① 印尼语称为"印尼全国高等教育认证委员会"(National Accreditation Board for Indonesia Higher Education,BAN-PT),是印尼教育部下设的唯一的全国性外部质量认证机构(External Quality Agency,EQA),1994 年成立,目前有 15 个委员和 34 个工作人员,工作范围包括质量认证、质量评审、专业认证和学校认证。根据印尼《全国教育法》第 60 条和第 61 条规定,印尼所有大学都必须设立质量保证处,必须接受认证。1996 年 BAN-PT 开始对大学本科专业进行认证;2000 年开始对研究生专业进行认证;2007 年开始对非教育部直属,归宗教部、卫生部、农业部、国防工业部管辖的高校专业进行认证。所有本科课程的认证周期为 5 年。

2008 年和 2009 年 BAN-PT 对本科院校和专业的认证实施了新的标准,实施"七点质量保证体系"。BAN-PT 自身的内部质量也接受 ISO9000(2008)认证标准(Ahza,2009)。根据新的质量标准,尚有 30% 的高等教育专业未经过该组织的认证(UNESCO,2014)。这一全国性的质量实施标准为印尼跻身东盟国家先进高等教育水平国家提供了帮助。

---

① NAA-HE 是"伊斯兰国家质量认证机构联合会"的成员(ADAAIW),也是"欧盟 ASEAN 质量保证网络"(AQAN)的成员,还是"国际高等教育质量保证机构网络"(INQAAHE)的成员和"亚太地区质量网络"(APQN)的成员。

第二节　印尼的《远程学习法》和有关组织联盟

印度尼西亚作为东南亚地区的一个大国，其多岛屿的地理特点非常适合开展远程教育。20 世纪 70 年代主要在中小学层次探索远程教育的应用，80 年代建立的全国单一模式远程教学大学——特布卡大学，是远程高等教育的办学主体。印尼开放大学（the Open University of Indonesia，印尼语是 Universitas Terbuka，简称 UT，国内也有学者直接将其翻译为特布卡大学）作为印尼唯一的一所公立的远程教育院校，由雅加达总部、37 个地区办公室和 200 多个学习中心组成（王丽娜，2016）。印尼远程教育总体的特色主要有四点：有全国性的专门的《远程学习法》来管理远程教育院校，注重东盟国家之间的合作，媒体技术的应用和配套因地制宜，全国高等教育认证委员会强制所有高校（包括单一模式的特布卡大学）建立内部质量认证体系并应通过其认证。

一、《远程学习法》

印度尼西亚政府于 2003 年制定了《远程学习法》，此法令使开放远程学习作为一种教育模式得以承认，比先前准许在高等教育系统实施开放远程学习的《教育部法》更加重视远程教育。

在印度尼西亚，任何开放远程学习院校或人才培养项目的建立都必须依照 2003 年第 20 号法令《远程学习法》的标准实行。

二、远程教育组织与合作

印尼国内有"印尼远程教育网络"（the Indonesian Distance Learning Network），成员包括公立和私立的远程教育机构。2004 年 3 月又成立了"印尼远程教育职业协会"（Professional Association of Indonesian Distance Education）（Aminudin Zuhairi，Effendi Wahyono，Sharon Suratinah，2006）。

在东南亚地区远程教育协调方面，印尼也起到一定的领导作用。东南亚教育部长组织开放远程学习中心（South East Asian Ministers of Education Organization for Open Learning Center，SEAMOLEC）于 1997 年 2 月 27 日在印度尼西亚首都雅加达成立，旨在促进东南亚各国开放远程教育的发展。近期协调合作的代表性项目是 Hylite，目的是解决印尼 110 万拥有学士学位的在职教师培训的问题，已有 23 所印尼的大学加入该项目。2009 年 12 月 8 日至 11 日，由印度尼西亚教育部教育信息通信技术中心组织召开的 2009 年开放、远程及网络学习国际研讨会（ISODEL）在爪哇日惹召开，会议围绕新兴 ICT 及其在教育中的应用、开放远程与网络学习的国际经验、基于 ICT 的学习、数字时代教师的专业发展四个分主题展开。2018 年 12 月，中国—东盟高等教育大会——印尼日惹继续教育论坛在印度尼西亚日惹市开幕。本次会议在印度尼西亚教育部支持下，由中国—东盟教育培训联盟秘书处与印度尼西亚老兵建设大学联合主办。会议由"依托东盟教育周，拓展国际合作""教育助力脱贫，服务乡村振兴"和"创新培养模式，打造特色品牌"三部分组成，期望搭建多方沟通合作平台，推进教育培训与人文交流项目的具体落实。

在东南亚，印尼、越南、马来西亚、菲律宾和泰国五个国家各自的国立开放大学①还联合共同开设了"东盟研究"（ASEAN Studies）②硕士专业的网络远程教育项目（Diki，2013）。

第三节　印尼远程教育发展历史

由于人口众多，地理交通不便，印尼一直在寻求建立最适合自己国情的高等教育体系，并尝试解决如何为每一位公民提供平等的接受高等教育机会的问题（Belawati，Tian，Padmo Dewi，Zuhairi Amin，2005）。

印尼最早开展远程教育是在 1955 年，当时是为印尼爪哇岛西部城市万隆提高师资水平提供函授文凭课程，后又引入教育广播技术，但因"独立战争"而中断。

20 世纪 70 年代远程教育在中小学教育中开始应用。当时印尼文盲率非常高，政府规定 7 岁以上儿童必须上学。但是学校不多师资不够，于是开始采用教育广

---

①　指印尼的特布卡大学、马来西亚开放大学、菲律宾开放大学、泰国素可泰开放大学、越南的河内开放大学。

②　东南亚国家联盟，简称东盟。东南亚（Southeast Asia）是第二次世界大战后期才出现的一个新的地区名称，该地区共有 11 个国家，面积约 457 万平方公里，人口 6.01 亿人。东盟秘书处设在印度尼西亚首都雅加达。

播开展小学生的远程教育。1974 年卫星广播开始发挥作用。PAM-ONG 项目是一个针对小学辍学生开展的远程教育项目，允许无条件去学校读书的孩子学习四年级以上的课程，并由家长和当地资源中心合作完成。该项目在小学层次获得了成功，陆续又在初中层次设立远程初中学校。当时印尼初中入学率也只有 71.1%，所以政府成立了教育传播与技术中心，来为中小学远程教育提供服务，于是又有了 5 所远程初中（Aminudin Zuhairi，Effendi Wahyono，Sharon Suratinah，2006）。

1994 年印尼全面实施九年义务教育，进一步推动了初中远程教育的发展（在已有的公立初中基础上开展）。在高中网络教育方面，2002 年教育部实施了一个试点项目"开放高中学校项目"（Open Senior Secondary Schools Project），在多个城市建立网络学校。由于当时网络基础设施不到位（2002 年印尼的互联网普及率只有 0.3%），运营几年后该试点项目最终宣告失败（UNESCO，2014）。

远程教育在高等教育层次的早期发展主要源于教师培训项目。1980 年代远程教育快速发展起来。1981 年设立了为中学和大学教师提供在职培训的两个项目，远程教育才广泛地应用于教师培训。这些培训主要是作为满足日益增长的教师需求而采取的应急措施，定期的传统培训十分昂贵，让教师离开岗位也造成教学上的麻烦，需要更新知识的教育只能通过远程教育来进行。这些培训课程于 1984 年成为特布卡大学（印度尼西亚开放大学）课程设置的一部分（Belawati etc，2005，2007）。

但印尼的特布卡大学并不是印尼唯一提供远程高等教育的大学。四所由世界银行"Global Development Network"项目资助而成立的远程教育中心，分别设在四个不同的大学：Udayana 大学，印尼大学，Riau 大学和 Hasanuddin Makassar 大学（UNESCO，2014）。此外，万隆科技大学、卡加玛达大学、帕加加兰大学等公立大学也在开展远程高等教育（魏志慧，魏奇，2007）。

慕课对印尼政府而言有两方面的重大意义：一是改善爪哇岛（大学集中地区）以外地区的教育资源稀缺情况，改善教育公平和教育质量，二是提高大学入学机会。教育部在印尼慕课发展中的作用就像是足球守门员，负责保证慕课的质量。而各高校则考虑如何能让自己的慕课最大限度地被学习者接受。高校都有各自的慕课平台，个人慕课开发者则可以将课程通过一个学习管理系统直接发布在教育部的网站上。

印尼的第一门慕课——"徐振焕①模式"于 2013 年 8 月在"芝布特拉大学创业在线网"上线（Darmawan，2014），使用印尼语教学。印尼开放大学为了庆祝其 30 周年校庆，于 2014 年 3 月同时发布了五门慕课，其中两门课以英语授课。2014 年 10 月，印尼教育部组织泗水理工学院、玛达大学、印度尼西亚大学、雅加达建国大学和日惹信息管理与计算机工程学院等五所大学共同发布了 23 门慕课。印尼教育部计划首先在感兴趣的学习者中尝试慕课的在线运行和管理；学习者只要完成课程学习任务，并达到考核要求，即可获得课程认证证书，而这一切都是免费的。下一阶段，教育部计划将慕课引入学历教育。学习者可以通过慕课这种在线学习方式获得正式的大学学位。学历教育慕课将会向学习者收取少量的费用。

印尼教育部积极鼓励机构和个人为在线教育系统贡献更多的慕课。除了慕课之外，学生、教师和普通公众还可以从教育部的门户网站上免费得到更多的开放内容、开放课程和在线课程（Pannen，Abas，2014）。

第四节　网络时代印尼开放大学的特色与实践

印尼开放大学，也称特布卡大学，是一所国立大学，也是印尼唯一一所完全使用远程教育教学模式的大学，近年来在国际远程教育发展舞台上非常活跃，2005 年 9 月主办了第 19 届亚洲开放大学协会年会（AAOU），2011 年 10 月主办了第 24 届国际开放与远程教育协会（ICDE）会议。

一、基本情况

为了满足当时在职教师学历提升和专业进修以及成人和刚毕业的高中生的教育需求，1984 年印尼创建了特布卡大学，成为第 45 所国立大学，总部位于首都雅加达，最初主要以文字教材开展函授教育，开办时只有 6 个专业和 6500 名学生，每学期每门课提供两次免费的辅导课。印度尼西亚开放大学在《2005—2020 年战略规划》中再次将"通过远程教育系统扩大人们接受优质高等教育的机会"作为其新时期学校的首要使命。

UT 的财政来源主要是学生的学费（收费水平很低）和政府的补贴，二者的比

---

① 徐振焕，印尼芝布特拉集团董事长。印尼最大的房地产开发商，超级富豪。

例是 3 : 1，政府提供人员工资和一些基本建设支出费用、日常开支、公用事业费用以及改革创新所需要的经费，学生的经费主要包括学费、学习资料销售收入、面授辅导费等（刘志芳，丁唯佳，2018）。学校的全职人员有 1841 人，其中专任教师 794 人，行政管理人员 1047 人，还聘有兼职教师 1.1 万人，其中 9000人是辅导教师。UT 也是一所"管理型大学"，与其他学校合作办学，办学体系包括 37 个省级办公室（提供教学和管理服务），1753 个教学点和 671 个考试点（Zu-hairi，Adnan，Thaib，2007）。

特布卡大学共有 4 个学院，分别是政治与社会科学学院（FHISIP）、经济学院（FE）、教师培训学院（FKIP）、自然科学与数学学院（FMIPA），共开设了 30 多个专业 900 多门课程来为学习者提供学历教育。2004 年开始开设研究生课程及颁发硕士学位。2010 年学生有 65 万人，83% 来自教师培训学院。教师培训学院承担了教育部的小学教师和幼儿园教师的培训项目。

二、严密的四方质量认证：第一个获得 ICDE 质量评审的远程教育大学

为符合国际标准，特布卡大学采用了亚洲开放大学协会（AAOU）的质量保证框架，并根据自身需求进行了修改，将质量保证框架整合到学校的管理战略、运作计划中。

在质量保证体系建设方面，学校 2001 年成立专门委员会，全面研究计划、设计、制定、实施以及评估质量保证工作。2002 年制定了《特布卡大学质量保证体系》，包括专业教学质量、学生参与情况、内部管理质量三大维度。2003 年质量保证中心正式成立。2012 年特布卡大学对质量保证体系进行了修订。①

特布卡大学质量保证体系包含 10 个部分、② 110 个质量标准和最佳实践的描述。每个描述又细化为指标和方法，例如提高质量的方法体系和程序的手册。这个文件概述了实施质量保证体系的理由、自我评估的工具、重点安排以及参与质量保证体系的单位和部门名单（Belawati Tian，Padmo Dewi，Zuhairi Amin，

---

① https://www.ut.ac.id/jaminan-kualitas。

② 这十个方面是政策和计划、人力资源、内部管理、学生及学生档案、教育项目设计与开发、课程设计和开发、学习支持服务、基础设施、媒体和学习资源、学生评估及研究和社区服务。

2005）。标准化的过程管理和工作手册对持续改进质量和监控服务过程提供了必要的依据。

除了获得 AAOU 的质量框架认证外，UT 在 2005 年获得了国际开放与远程教育理事会（ICDE）标准局（ISA）的质量证书和国际认证，成为第一所通过 ICDE 质量认证的远程教育大学。2016 年 6 月 23 日，ICDE 再次向 UT 颁发了质量证书。

UT 的第三个外部认证方是 ISO9001：2015。自 2005 年以来，UT 学习材料的发送过程和专业教学过程获得了国际标准化组织（ISO）颁发的 ISO9001：2000 的管理证书（Belawati，Zuhairi，2007）。自 2006 年以来 UT 实施了 ISO9001 质量管理体系，主要应用于两个主要领域，即学术管理领域（MA）和远程学习管理领域（MPJJ）。MA 领域的 ISO9001 质量管理体系用于教学和支持单位的学术产品开发。同时，MPJJ 领域的 ISO9001 质量管理体系被用于实施远程学习服务。

UT 的第四个外部认证方是印尼全国高等教育认证委员会，它是印尼教育部唯一下设的认证机构，主要对教学院系或课程专业的输入、过程和输出进行质量评估（Belawati，Zuhairi，2007）。这是每一所印尼大学都必须通过的认证，也是保证 UT 获得前三个质量认证机构认证的前提。

以上四个外部认证机构从不同方面强化了 UT 对质量的控制和管理，有力提升了 UT 的大学形象。

三、网络课程学习受限于基础设施和师资配备，师生选择更为理性

同中国一样，印尼的网络教育探索也是自 20 世纪 90 年代末随着互联网的兴起而开始的，其国家信息基础设施是从 1997 年开始铺设的。2002 年，UT 采用开源的学习管理平台 MVC（Manhattan Virtual Classroom，曼哈顿虚拟教室）提供网络学习辅导（Zubaidah，2013）。网络教育的支持服务分为三个层面：基本的支持、管理服务支持和专业学习支持。基本的支持比如提供基本的信息服务、网络书店、论坛、广播电视播出时间表等；管理服务支持主要有网络课程注册和考试、成绩查询和学业信息查询等；专业学习支持包括独立的网络练习、视频点播、拓展网络资源、数字图书馆、学术期刊和网络辅导等（Zubaidah，2013）。

UT 在各地的网络教育开展水平不一。这个多岛屿国家各地经济水平差异较大，37 个地区学习中心的网络基础设施发展水平也不一样。总部的"计算机中

心"负责维护网络服务器和平台，但网络基础设施服务主要由两家 ISP 提供，偶尔会出现网络不稳定的情况。印尼同中国一样，都是发展中国家和人口大国，网络基础设施受经济发展水平制约，网络教育的发展水平也因此受到一定限制。有鉴于此，UT 的本科生课程成绩考核中，网络参与表现并不是强制性的。本科生课程还是以文字教材为主，设有 8 次课堂教学和 3 次面授辅导，面授教学的生师比为 20∶1，网络课程只是一个补充。虽然面授教学一直很受学生欢迎，但只有住在学习中心附近或方便到学习中心学习的人才能有机会享受。

UT 的网络教学辅导是依照 UT 面授教学辅导模式而设立的。UT 规定了网络课堂一个班生师比不能超过 300∶1（即每 300 人一个班，配有一个网络辅导老师，有的时候学生规模大，可能会同时有 10 个网络平行班），且一个老师辅导班级数不能超过四个。粗看起来网络辅导的生师比比欧美双重模式院校一般的比例 20∶1 大，但比起我国部分网院某些课程的 2000∶1 就小很多了。UT 规定在职教师每周工作 40 小时。对于一门 3 学分的课程老师每周要留出 3 小时的教学时间来维护课程平台、上传教学材料、组织讨论、批改作业和评分以及提供反馈等。一个带有 4 个网络教学班的辅导老师每周就要拿出 12 小时的时间进行网络教学。通常情况下，担任辅导教师的老师都是 UT 的全职教师，有的还兼有其他行政职务。可想而知，辅导老师的工作量是非常大的（Zubaidah，2013）。

UT 的质量管理文件《网络辅导实施指南》对辅导老师的网络辅导行为进行了量化和定性规定，比如辅导老师要撰写每门课的教学计划和教学日历，每门课通常为 8 周网络讨论和 3 次作业，每天都要登录课程平台答疑（Zubaidah，2013）。由于网络学生规模的增长速度远远大于辅导老师的增聘数量，网络教师师资匮乏导致网络辅导质量并不理想。

UT 对本科生的网络课程学习并不作硬性要求（研究生则要求必须参与网络学习），学生按照 300∶1 自动分班，随时登录网络课堂进行学习。在课程期末考核中，网络交互和参与情况仅作为提高学生期末笔试成绩的一小部分，约占三成，而面授出席情况占五成。一般来说，30%～50%的学生会登录课程 Moodle 平台 UT-online（2004 年启用），但很多学生网络学习成绩分并不高，网络学习对其学习帮助并不大，所以学生对网络学习的收获并不认可（Zubaidah，2013）。以上情况与中国相似，我国学生也同样依赖面授辅导。

综上可见，印尼特布卡大学网络教育的特色有三点值得我们学习：一是不强制本科生必须参加网络课程。印尼的网络基础设施不是很发达，校方会根据客观条件选择最适合学生的学习模式。二是从质量保证机制上下功夫以保证教学质量，而不是大规模地推广网络教育。三是网络课程全部"格式化"和"标准化"，都有统一的教学模块数量和辅导机制，便于课程的教学开发和管理。

四、学术研究引领 UT 走向新的发展水平

特布卡大学是印尼远程教育研究的主要机构，经常出版有关远程教育最新研究书籍和报告。细看两任大学校长的学术简历也可以发现他们对研究的热爱和重视。原任校长 Tian Belawati 是远程教育专业，著有《亚洲远程教育技术》一书，在西蒙·弗雷泽大学获得远程教育管理学硕士学位，哥伦比亚大学获得成人教育学博士学位。Belawati 因其良好的教育背景而在担任主管教学的副校长期间（2001—2009 年）非常重视科研，加大了对科研经费的支持力度，在 2005—2020 年的 UT 战略规划中，"提升学校形象"也被列为其中一项重要规划（Zuhairi, Adnan, Thaib, 2007）。学术研究是引领印尼开放大学走向新的发展水平的一项重要举措。后任校长 Ojat Darojat（2017 年起任）也著有《远程教学大学的质量保证：印度尼西亚、泰国和马来西亚的比较研究》一书，在加拿大西蒙·弗雷泽大学获得课程理论与实施专业博士学位，担任过学校的教材、考试和信息系统开发研究所所长，质量保证中心主任等职务，这些都确保了印尼的远程教育实践有良好的研究作为支撑。

第五节 小 结

归结起来，印尼的远程教育主要有四个特点：

（1）有全国性的、专门的《远程学习法》来监管远程教育院校；

（2）注重东盟国家之间的合作。效仿欧盟各国高等教育互通框架，教育部从抓大学质量保证体系的建设开始，逐步向建立东盟国家之间的高等教育互通机制而努力；

（3）理性合理地选择应用网络课程；

（4）全国高等教育质量认证委员会强制所有高校包括单一模式的特布卡大学

建立内部质量认证体系并应通过其认证。

以上四方面的优秀做法对我国远程教育的发展有着良好的借鉴价值。①

本章参考文献

［1］Aminudin Zuhairi, Effendi Wahyono, Sharon Suratinah. The historical context, current development, and future challenges of distance education in indonesia［J］. The Quarterly Review of Distance Education, 2006, 7(1).

［2］Zubaidah Ida. Evaluating The Implementation of the Online Tutorial for the Universitas Terbuka Distance Learning Bachelor Degree Program in Indonesia［D］. The Florida State University, 2013.

［3］刘志芳, 丁唯佳. 我国开放大学发展的战略目标、基本保障及实现途径研究［J］. 中国电化教育, 2018(7).

［4］田·贝妮, 巴格力. 亚洲远程教育政策与实践［M］. 国家开放大学出版社, 2012.

［5］王丽娜. 印尼开放大学质量保证体系构建研究［J］. 成人教育, 2016, 36(7).

［6］魏志慧, 魏奇. 远程高等教育的质量保证——访印度尼西亚远程教育学者艾米鲁汀·祖哈利博士［J］. 开放教育研究, 2007, 13(2).

［7］张行才. 印尼特布卡大学办学特色及其启示［J］. 佳木斯教育学院学报, 2011(11).

---

① 本章参考的网站还有：

http://www. mqa. gov. my/aqaaiw/Country% 20Report/Indonesia/Indonesian% 20National% 20Accreditation%20Agency%20for%20Higher%20Education-2.pdf。

http://www.icde.org/projects/regulatory_frameworks_for_distance_education/country_profiles/indonesia/。

http://sub.cssn.cn/jyx/jyx_crjyx/201310/t20131023_452773.shtml。

http://scholarship.claremont.edu/lux/vol2/iss1/12。

http://tojde.anadolu.edu.tr/tojde28/articles/article_4.htm。

http://www.irrodl.org/index.php/irrodl/article/view/340/774。

http://www.icde.org/projects/regulatory_frameworks_for_distance_edu cation/country_profiles/indonesia/。

第五章 日本远程教育

日本是位于亚洲东部的岛国，国名意为"日出之国"，总面积 37.78 万平方公里，[①] 由本州、四国、九州、北海道四个大岛及 7200 多个小岛组成，其中本州岛面积最大，包括东北地区、关东地区、中部地区、近畿地区等。2019 年人口达 1.269 亿，居世界第 11 位，人均寿命 84.1 岁，是世界最长寿的国家，主要民族为大和族。[②] 通用日语。神道和佛教较盛行。

公元 3 世纪中叶境内出现较大的国家"大和国"。645 年，日本向中国唐朝学习，进行大化改新。12 世纪后期进入幕府时代。1868 年，日本向欧美列强学习，进行明治维新，跻身资本主义列强，对外逐步走上侵略扩张的军国主义道路，曾侵略中国、朝鲜等亚洲国家，给亚洲人民带来深重的灾难。1945 年二战结束后日本投降。第二次世界大战后颁布的《日本国宪法》是日本的最高法律规范，规定日本为三权分立的国家，以君主天皇作为日本国家与国民的象征。日本经济自 1960 年代开始了持续长达 30 年的高速增长，被誉为"日本战后经济奇迹"。日本是八国集团、二十国集团、世界贸易组织、经济合作与发

---

① 日本的国土面积比中国云南省(38 万平方公里)略小，与美国的加利福尼亚州相同，约为英国面积的 1.5 倍、新加坡的 61 倍。日本国土的 3/4 是被森林覆盖的丘陵和山地，平原较少，河流短而急，水力资源丰富。日本列岛位于造山活动地带，因而地震和火山活动较多。

② 日本的都、道、府、县是平行的一级行政区，直属中央政府，但各都、道、府、县都拥有自治权。目前全国共有 1 都(东京都)、1 道(北海道)、2 府(大阪府、京都府)、43 个县。其办事机构称为"厅"，即"都厅""道厅""府厅""县厅"，行政长官称为"知事"。每个都、道、府、县下设若干个市、町(相当于中国的镇)、村。其办事机构称为"役所"，即"市役所""町役所""村役所"，行政长官称为"市长""町长""村长"。

展组织(OECD)、① 亚太经合组织(APEC)等成员国。

日本是世界第三大经济体，2018 年人均 GDP 为 3.93 万美元，是全球最富裕、经济最发达的国家之一，科学研发能力领衔世界。日本居欧盟、东盟、美国之后，为中国第四大贸易伙伴，第五大出口市场。中国则为日本第一大贸易伙伴、第一大出口市场和第一大进口来源国。

第一节　日本教育制度概况

一、文化教育概况

日本教育学制为小学 6 年、初中 3 年、高中 3 年、大学 4 年、大专 2~3 年。修士(硕士)2 年，博士通常为 3 年(医学、牙医学、兽医学的博士为 4 年)，实行 9 年义务教育。

2016 年，日本各层次教育投入占政府总支出的 7.8%(OECD 平均为 10.8%)。

日本重视社会教育，函授、夜校、广播、电视教育等较普遍。全国性的电视、广播公司主要有：日本广播协会(NHK)，1952 年成立，属半官方性质；东京广播公司(TBS)，1951 年成立；日本电视广播网公司(NTV)，1953 年成立。除日本广播协会外，其他电视广播公司均为私营。

二、高等教育概况

2019 年，日本高等教育的毛入学率为 82.6%。日本共有大学生 400.32 万人，其中大学有 291.87 万人，大学院有 25.46 万人，短期大学有 11.3 万人，专门学校有 71.69 万人。从学校类型来看，国立高校有学生 81.07 万人，公立学校有学生 20.84 万人，私立高校人数最多，有 298.41 万人，占全国大学生总数的

---

① 经济合作与发展组织(简称经合组织)是全球 34 个市场经济国家组成的政府间国际组织，总部设在巴黎米埃特堡。经济合作与发展组织的前身是 1947 年由美国和加拿大发起，成立于 1948 年的欧洲经济合作组织(OEEC)，该组织成立的目的是帮助执行致力于第二次世界大战以后欧洲重建的马歇尔计划。后来其成员国逐渐扩展到非欧洲国家。1961 年，欧洲经济合作组织改名为经济合作与发展组织。OECD 现有 34 个成员国。

74.5%（2019）。近年来，日本私立学校招生数量增加，公立学校下滑。日本大学的学费和杂费按照学校类型不同而有所不同，2017 年国立大学（非专科学校）的年均学费是 5200 美元，相当于人民币 3.7 万元左右，私立大学为 8800 美元。

2019 年，日本高等教育院校的类型和规模如下：

（1）大学：4~6 年，授予"学士"学位，有 786 所大学，私立大学占大多数。

（2）大学院：3~5 年，颁发硕士和博士学位，有 642 所，私立学校有 472 所。

（3）短期大学：学制通常为 2 年，医疗技术或护理专业也有 3 年制，授予"准学士"称号，在教育内容方面类似专门学校。日本有短期大学 326 所，其中私立学校有 309 所。

（4）专门学校：学制为 2~3 年，主要负责日本国民的专业技能教育，授予"专门士"称号。目前有 3195 所，其中私立学校有 2945 所。

有些大学同时是研究型学校（颁发硕士或博士学位），有些学校还是职业研究生学校（师范、法律等专业，颁发硕士专业学位）。

著名的国立综合大学有东京大学、京都大学、东京工业大学等，著名的私立大学有早稻田大学、日本大学等。

日本主要的高校协会有日本国立大学协会、日本公立大学协会、日本私立大学和学院协会、日本公立专科学院协会和日本私立专科学院协会等。

日本于 1991 年解除了原来较为严格的《大学法》，2001 年开始应对老龄人口增多年轻人口减少的情况进行"大学结构性的改革"。日本政府倡导大学多样化，鼓励上市公司办学，通过重组和合并国立大学，将国立大学转变为大学公司（以往国立大学的人事权和办学自主权都集中在教育部，通过国立大学公司化，将这些权力下放给大学，并鼓励用商业模式和资金来办学），引入第三方评估并根据其结果来分配财政资金，同时增设不同的基金比如"21 世纪卓越中心计划"来鼓励大学之间的竞争。此后，专科学院数量减少，私立大学迅速增多，目前私立大学的高校数量和学生数量均占全国高校和大学生规模的 75% 左右，在 60 年代还只占 30% 左右。大学和专科院校招生也受到影响。2008 年，67.5% 的大学和 47% 的专科院校不能完成既定的招生指标。随着日本"少子化"问题日益严重，生源低走趋势明显，至 2011 年，约 40% 的私立大学也存在招生不足的现象。

三、高等教育质量监管体系

日本宪法颁布的同年，也就是 1947 年，《学校教育法》同时颁布。目前适用于高等教育的法律主要有《学校教育法》和《教育基本法》。

教育部(MEXT，全称是教科文体技部)负责管理高等教育的部门是高等教育局，下设高等教育政策规划处负责高校的质量监管。大学一经同意创办就具有与大学层次和类别相对应的学位授予权。除了大学自己具有学位授予权之外，"全国学位和大学评估研究所"(the National Institution for Academic Degrees and University Evaluation，NIAD-UE)也可以根据学生提交的学业材料授予其本、硕、博学位。

日本大学可以自主确定招生条件。教育部虽然颁布了《大学入学考试指南》，且是全国大学招生考试中心，但不是强制性的，大学可以依照指南自主选择是否采用考试中心的试题或者自主出题、自己面试招生，这体现了大学招生的灵活性。

日本高校教育的行政管理体制在 2002 年 11 月修改《学校教育法》之后开始有所改变，并相应地完善了由多个认证评估方构成的全国高等教育质量监控体系，概括来说包括四个层面：

(1)教育部主要负责学校审批的入口管理(即依照《大学创建标准》掌控高校创建的审批权，而专业设置高校只需报教育部备案)和发现违规违法问题后对学校的督促整改(NIAD-UE，2009)。

(2)高校定期开展自评并公布结果(1999 年开始变为强制性的)。

(3)第三方机构来配合教育部开展质量评估和认证，评估和认证的结果直接影响下一周期教育部给大学的拨款数。

(4)专门针对国立大学公司的评估。不同类型的高校和专业都要满足相应的创建标准方可创办，这包括大学、研究生院、专科院校、职业研究生院、技术学院、大学里的远程教育专业、专科院校里的远程教育专业等不同类型的标准。符合标准教育部才会批准其成立，审批过程中的报告数据全部在教育部网站上透明公开。

在认证机构方面，自国立大学法人化改革后，日本开始实施第三方评估工作。教育部自 2004 年开始对原来既有的认证机构进行授权认可，主要有日本"全国学位和大学评估研究所"(开展对象是大学、专科学院和技术学院，2005 年获得认证授权)、"日本大学认证协会"①(the Japan University Accreditation Association，JUAA，开展对象是大学和专科学院)、"日本高等教育评估研究院"(Japan Institution for Higher Education Evaluation，JIHEE，开展对象是大学，2005 年获得认证授权)、"日本专科院校认证协会"(Japan Association for College Accreditation，JACA，开展对象是专科学院，2005 年获得认证授权)等。

此外还对研究生院进行认证，譬如法学、管理学、会计学、助产学等，NIAD-UE 可以对法学研究生院进行认证、JUAA 可以对法学研究生院和管理学课程进行认证、日本法学基金会(Japan Law Foundation)可以对法学研究生院认证、日本国际会计教育研究所(Japan Institute of International Accounting Education)对会计类课程认证、日本助产学评估研究所(Japan Institute of Midwifery Evaluation)对助产学课程认证。工程学的全国认证机构"日本工程学教育认证委员会"(Japan Accreditation Board for Engineering Education，JABEE)在 2005 年成为"华盛顿协定"②的成员，成员国家的工程师学位彼此互相认可，日本工程学学位可以在美国、加拿大、英国等 12 个国家通用(NIAD-UE，2009)。

日本的研究生教育由过去的政府单一主导方式转向了三元化监督方式，即由政府、社会组织或机构、高等院校自身三者共同保障研究生的教育质量。日本引入第三方机构参与评价，加强了第三方机构对研究生教育质量保障的监督和评价作用(宋平，郭海凤，2017)。

第二节　远程教育实践发展

一、日本远程教育历史

日本远程教育的起源可以追溯到 19 世纪末明治时期(1868—1912)高等教育应用的"讲义"(leture notes)。该时期高等教育没有成型，日本也没有教科书。唯一的学习材料只能靠教师的讲义。这些讲义经过复印可以供校外学生自学使用。

---

① 1947 年成立，制定了相应的"大学标准"，1951 年开始对大学和专科学院进行认证。2004 年 8 月成为教育部第一个被认可授权的可以对大学(狭义)进行认证的"认证评估机构"。

② "华盛顿协定"是一个国际性的职业工程师学位教育标准和互认协定，1989 年创立，有 15 个签订国/地区。

日本最早的私立大学——早稻田大学就是这方面的典型。1886 年在东京以外的学生可通过自学讲义，在当地参加考试获得学分，这被认为是日本"函授教育"或远程教育的起源（Kenichi Kubota，etc，2008）。同期类似的大学还有中央大学（Chuo，1885）、法政大学（Hosei，1885）、东洋大学（Toyo，1887）、日本大学（Nihon，1890），这些大学加上后来的庆应义塾大学都成为比较典型的双重模式大学。1908 年，日本女子大学（现名）建立了"女性远程教育协会"，次年开始发送有关家政学的讲义（Terumi Miyazoe，Terry Anderson，2012）。

1925 年日本将东京大学、早稻田大学的课堂教授内容用无线电对外广播。1935 年日本广播公司开始向全国播送教育内容。1950 年，教育部第一次认可函授学校，通过认可的函授学校可以提供学历教育，这是日本远程高等教育的开端。这些远程教育课程不设入读门槛，开展教学的老师必须是该大学的全职教师。远程教育专业要求学生每年必须参加 30 个学分的面授。1998 年 3 月教育部放松了这个要求，将面授改为可以通过视频会议系统实施同步教学，124 个学分的学士学位依然是要求有 30 个学分通过视频会议系统的同步教学获得；2001 年 3 月，又将基于视频会议的同步教学改为基于网络的同步教学（Kumiko Aoki，2012）。自 2002 年开始，日本学生可以完全不参加任何形式的面授教学就可以通过远程教育方式获得大学学历文凭。顺应 ICT 发展的潮流，开展网络教育的专门院校开始成立（Kenichi Kubota，etc，2008）。

1998 年政府允许开展远程硕士专业的教育，2002 年成立了四所远程研究生院。2003 年政府又允许开展远程博士专业的教育（Kumiko Aoki，2012）。

随着人口快速老龄化，日本高等教育招生在 2006 年达到顶峰之后开始下滑，远程教育的入读人数同样减少（Kenichi Kubota，et al，2008）。

在中等教育层次，2011 年学习远程教育课程的高中生占总人数的 2% 以上。日本私立高中的远程教育课程学习人数在 10 万人以上，公立高中只有 4 万人，远程教育在私立中学层次的拓展步伐加快（Terumi Miyazoe，Terry Anderson，2012）。

二、专门的远程教育政策法规

1981 年教育部颁布第 33 号令《大学设置远程教育专业的标准》。另外还有用来规范专科院校开展远程教育的条例——《专科院校设置远程教育专业的标准》。

1990 年日本政府颁布了《关于终身学习的实施系统构建和其他促进措施法》，旨在建立终身学习型社会。

三、日本远程教育规模

2018 年，日本 44 所开展本科远程教育的大学，均为私立学校，有 20.79 万名本科远程学习者，较 2011 年下降了 4.4 个百分点。研究生层次的远程教育院校有 27 所，共 7770 名学生，人数也呈下降趋势，有 17 所大学同时提供本科和硕士两个层次的远程教育，11 所高校开展副学士学位远程教育。

在 65 所提供远程高等教育的院校里，有 7 所是完全单一模式的，而且是营利性院校。远程学习者选学的专业主要集中在人文、社会科学和教育学等，本科生中，30% 是企业员工，6% 是政府职员，5% 是教师，无业学生占 29%。研究生中，40% 是企业员工，11% 是政府职员，21% 是教师，无业学生占 11%。

日本政府在全国所有中小学校铺设超高速宽带网，将现有 100 兆的带宽提高 100 倍到 10G。日本希望借此实现网上远程教育，在全国范围内提高学生的学习能力。

四、网络教育办学个案——信州大学和早稻田大学

(一)信州大学

信州大学 2002 年成立了网络研究生院(SUGSI)。报读研究生院的学生可以选择面授课程也可以选择远程教育课程。如果选择远程教育，所有课程学习全部是以远程教育方式进行的，只有毕业论文答辩才需要回到学校。信州大学的远程教育成为后来其他常规大学效仿的对象。

(二)早稻田大学

2002 年早稻田大学①成立远程教育中心(DLC)，负责全校的网络远程教育规

---

① https://www.waseda.jp/top/。

划。另外早稻田大学的开放学院(Open College)负责开展非学历教育,是日本领先的终身教育机构(Kenichi Kubota, et al, 2008)。早稻田大学人文学院 2003 年下设了 e-school(网络学院),网络学生可以通过视频自学,也可以通过网络平台的论坛学习。每个老师负责辅导 30 个学生,通过 e-mail 直接与学生交流。截至 2015 年 3 月,已经有 1015 人毕业,毕业率为 60%左右,远高于函授教育的平均水平 5%。

根据早稻田大学 2013 学年度的年度报告,在网络教育方面,有 948 个视频课程,近 5 万名学生进行了学习,且逐年增加。"跨文化远程教育"(Cross-Cultural Distance Learning, CCDL)有 79 门课程,25 个国家 94 所合作院校的 3525 名学生通过视频会议系统或者网络教学平台进行了学习。2012 年开设了 417 个网络研讨班/网络讲座,8 个国家/地区的 11 所大学的教师和学生共同参与了教学工作(Waseda University, 2013)。

2012 年早稻田大学启动了"早稻田 150 愿景",设定了到 2032 年建校 150 周年之际的学校教学科研各项指标的预期目标,其中在终身教育学生规模方面,人数从现在的 3.5 万人增加到 5 万人。①

五、远程教育国际合作

2001 年在东盟(加中日韩)经济部长会议上,日本前经济部长 Takeo Hiranuma 提议成立"亚洲网络教育联盟"(Asia e-Learning Network, AEN),得到了与会者的响应。日本方面在该合作项目中的主要工作是打造"数字化日本"(e-Japan),即允许其他国家的信息技术工程师到访日本为一些企业提供技术指导。但在实施过程中遇到工程师资格需要统一的问题,为此,日本又出台了"日本信息技术工程师考试"(Japan Information-Technology Engineers Examination),并且联合其他几个国家的大学提供有关课程的网络教育,这样一来其他国家的工程师都要先通过考试获得日本认可的工程师资格才可入境(Minoru Nakayama and Rowena Santiago, 2004)。

---

① https://www.waseda.jp/top/en/assets/uploads/2018/12/6f12d86c6ab43e9331e666b0b08d2854.pdf。

第三节　日本开放大学的实践发展

一、学校概况

(一)建校历史

1983 年日本开放大学(the Open University of Japan，OUJ)成立，当时名为日本空中大学(The University of the Air，U-Air)，位于日本千叶市，2007 年更名为日本开放大学，到目前培养了 130 万名学生，其中 7.8 万人获得了学位。

日本开放大学的筹备时间早在 20 世纪 60 年代就已开始，当时的文教部联合邮政通信部向政府部门提出建校申请。当时的高等教育背景是，1960—1965 年高等教育入学率持续增长，达到 34%，因此政府部门开始讨论是否需增建一些高等学校来满足人们的教育需求。1967 年 11 月文教部专门成立"社会教育委员会"，对运用电视和广播来拓展教育机会的可行性进行论证。1969 年 3 月 29 日该委员会向教育部提交了调研报告，建议使用电视和广播手段来扩大入学机会、提高教学质量。在文教部和邮政通信部几番讨论之后，决定建立一个特别的"空中大学调查和筹备委员会"和"调查与研究领导小组"。1974 年 3 月提交了一个报告《关于空中大学(试用名)的基本想法》，指出要建立一个采用广播、电视和文字教材为媒介的远程大学。1975 年 12 月又提交了第二个重要的文件《关于空中大学的基本规划》，对招生人数(每年招生不超过 2.3 万人)、专业设置、学习材料开发、网络传播覆盖进度和学习中心建设、教学辅导和监控、院系设置等具体建校问题作了说明。1981 年 7 月"空中大学基金会"(the University of Air Foundation)成立。1983 年 1 月教育部允许成立"空中大学"。1983 年 4 月，空中大学成立，1985 年招收第一批学生正式开始了广播教学(Galsanjamts Ulziinemekh，1997)。

到 1996 年，招生人数从 1987 年的 21063 人增加到 62031 人，增加了 3 倍，生源的入学学历水平也在逐步升高，学员的学习目的也发生了一些变化，注册学习短期课程(不拿空中大学的学位)的学生比例增加，他们可以将所学课程的学分带回原来大学进行学分转移，此时与空中大学签订学分互认协议的大学就有95所。当时的教学安排通常是2学分的课程要接受15周的广播电视教学，每周一次，且都配有文字教材。同时还要求学生要有20个学分的面授教学才可以获得学位(一般一天的面授教学从早上10点到下午5点的学习量相当于一个学分，学生都是在当地的学习中心接受面授辅导)(Galsanjamts Ulziinemekh，1997)。

从1990年开始，日本空中大学采用通信卫星开展电视教学，由"国家多媒体教育研究所"(National Institute of Multimedia Education，NIME)①负责，联合其他20多所大学建立了基于卫星的大学间网络"太空合作系统"(Space Collaboration System，SCS)(Galsanjamts Ulziinemekh，1997)。到2000年，SCS在123所大学和学院建立了150个卫星接收站(Takashi Sakamoto，2001)。2008年SCS关闭。

(二)基本现状

日本开放大学在发展道路上不断提升办学层次，拓展办学空间。2001年成立研究生院开设硕士学位专业，2014年开设博士学位专业。2015年开展在线课程服务。2020年启动"网络公开课"。

截至2021年11月，在读学生8.89万人，其中本科、硕士生占65.6%，一年或一学期非学历生占26.24%，学分转移(本科层次)的学生共3093人，占3.48%。学生入学后可以从三种教学模式中进行选择：面授、广播电视学习、在线课程学习。

日本开放大学办学体系有50个学习中心、7个卫星教室和64个视听室。学习中心主要设在公立或私立的大学校园里或者城市某些便利的地方，为学生提供面授教学、考试、图书馆、专业辅导等服务。卫星教室和视听室为那些无法到城市学习中心学习的学生提供服务。

日本开放大学主要采用文字教材、录音录像、面授、卫星电视节目和网络课程等形式进行教学，同时开展非学历教育和学历教育。学历教育包括本科、硕士研究生和博士研究生三个层次。本科教育主要在文科学院开展；研究生教育则在

---

① 1978年NIME成立，2009年撤销，教师并入日本开放大学ICT和远程教育中心，帮助大学推广网络教育。此前存在的30年可以划分为四个时期，第一阶段1978—1985年筹建OUJ；第二阶段1986—1990年进行课程内容开发；1991—2003年实施开展空间合作系统；2004—2008年构建教育资源共享系统。

研究生院开展，包括硕士学位课程教育、一年制硕士课程非学位教育、一学期制硕士课程非学位教育和博士专业教育。非学历教育学生主要包括两类，一类是进行为期一年或一个学期的不拿学位的短期学习，一类是从学分互认的合作高校来选学学分课程的学生。自 2009 学年开始 OUJ 开展教师证书更新培训，2011 学年就有大约 5000 名教师学习了 1.7 万门课程。

日本开放大学尽管面向所有人开放，但仍然保持较高的学术水准。它采用的是学分制，若要达到毕业标准，学员毕业时须获得 124 个学分，其中 20 个学分必须参加课堂听课才能获得，讲课由大学的教学与研究中心组织。学员们对于必须参加听课才能得到学分的要求有 2 种选择：一是每周来听课；二是参加每年 8 月和 12 月的为期 2~3 天的全日制课程。学生毕业可获得本科文凭。要获得硕士学位，必须选择其中一个专业至少修够 30 个学分，而博士学位则至少需要 18 个学分。每年的 3 月和 9 月是学生的毕业时间，3 月举行毕业典礼。

二、媒体手段：视频课程为主，面授为辅

1985 年 4 月日本第一次播放广播课程，1986 年设有 6 个专业 172 门课，学生人数 17921 人。到现在，日本开放大学已经制作了 2000 多门广播和电视课程。

日本开放大学的课程通过电视频道（CATV）、数字通信卫星、网络以及学习中心四种渠道传送，电视频道和数字通信卫星全国放送，网络播送全部广播科目、90% 的电视科目（非网络课程）、学习中心提供 CD/DVD 的视听和 CD/DVD 借出。日本开放大学为实现远程教育而准备的学习资源质量高且丰富多样，主要有印刷材料（教科书）、电子教材、音像资料、面授课、图书信息服务、学校的网上资源等。

2010 年以来，已有 50 多门课程录制了课程信息介绍视频，时长 15 分钟，主要对课程内容和重点以及学习建议给学生提供参考。

2011 年 10 月，OUJ 开通了广播卫星（Broadcast Satellite，BS）的数字广播，2012 年 3 月终止了通信卫星的数字广播服务。2011 学年第二学期，播放了 55 门有字幕的电视广播课程，占所有电视广播课程的 32%。2018 年，学校又增加了一个广播电视频道，播放的专业课程更加丰富。

课程方面，2009 年 OUJ 加入"开放课件共同体"（Open Courseware

Consortium，OCC），2010 年开设了一些网络公开课。2013 年，日本开放大学为了提供优质的慕课课程，与其他重点大学和企业陆续发布慕课课程资源。2017年，学校成立了"在线教育中心"。

在考试环节上注重为残疾人提供人文关怀。2011 年第一学期有 84 门学分课程的考试配有音频版，学生 103 人参加了考试。同样 83 门学分课配有盲文试卷，有 116 人参加了考试（OUJ，2012）。

三、学分互认与办学合作

2007 年日本修订了《学校教育法》，2008 年所有大学被要求进行认证和评估。学位认证系统内拥有的认证专业有 24 个，授予的学位证书达到 10350 个。这样一来许多学生都寻求通过注册不同认证专业的课程积累学分来获得学位。

自 1992 年至 2012 年，OUJ 与其他国家和地区的 9 所大学签署了合作协议，开展课程开发、联合研究、双学位专业、教师和学生交换等方面的合作。这些大学有加拿大的阿萨巴斯卡大学、中国国家开放大学、韩国的国立开放大学、美国的马里兰大学学院、泰国的素可泰开放大学、英国开放大学、西班牙的马德里开放大学等。中、日、韩三国开放大学（OUC、OUJ、KNOU）每年都举办年会，韩国、日本、中国分别主办了 2009、2010 和 2011 年的年会。目前合作的国家有11 个。

2013 学年，OUJ 与 15 所大学和专科学院以及 2 所技术学院签订了学分转移协议，OUJ 可以与之互认学分的高校达到 371 所，其中大学就有 268 所；与 22所职业院校开展联合招生（dual-enrollment），职业院校的学生可以获得 OUJ 的文科学士学位；与 14 所高中合作，高中学生可以学习 OUJ 的广播课程。

日本各大学之间或大学和大学研究院之间互相承认对方的学分。学分互认，促进了不同教育形式的多样化和教育内容的丰富化，实现了日本开放大学与其他高校的资源共享，节约成本，为学习者充分选择和利用适合于自己的时间和空间，进行更为有效的个别化、多样化学习，提供了切实有效的教育支持（周晨，2017）。

四、办学质量和学术科研

2010 学年，OUJ 接受 NIAD-UE 的审查，按照要求提供 12 个维度的大学自查报告,① 评估结果显示符合大学评估的标准。OUJ 的主要特色在于其办学网络系统，在全国设置的 57 个学习中心不仅开展面授教学和学位课程考试，而且还提供学习指导和咨询、为学生提供广播电视教材和书籍的借阅服务。OUJ 不但拥有自己的专职教学教师，还有客座教师和兼职教师，共同为学习者提供良好的教学服务。

在学术研究方面，OUJ 设有"ICT 和远程教育中心"(Center of ICT and Distance Education，CODE)，举办国际学术研讨会议。CODE 开发了 UPO-NET，提供 35 个网络学习课程的材料，比如语言类和 ICT 类的学习材料，OUJ 学生可以自主学习。CODE 还办有《多媒体教育研究》杂志(*The Journal of Multimedia Education Research*，2004 年创刊)。2012 年 10 月 OUJ 主办了第 26 届亚洲开放大学协会(AAOU)年会。2018 年学校成立了"学习与教育战略研究所"。

五、未来趋势：挑战与对策

日本是个非常具有危机意识的民族，前日本开放大学校长在 2008 年第 22 届 AAOU 学术年会上的报告《终身学习和远程教育的新趋势——来自日本的经验》(Hiromitsu Ishi，2008)就明显地体现了这一特点。

日本开放教育的发展不可避免地要受到社会发展新趋势的影响，新趋势主要包括三个方面：

(1)人口老龄化趋势加剧。根据联合国运用的传统分类方法，"老龄化人口"或"老龄化国家"是指 65 岁以上的人口占总人口的比例在 7% 以上。而日本老龄人口的比例远超 7%。

(2)高等院校扩招，接受高等教育的学生比例逐步扩大。到 2009 年，参加大学入学考试的学生数量将与大学招生人数持平。这就意味着，每一位考生都能进入一所大学读书，有些大学可能因生源不够而被迫关闭；日本开放大学的在读学生人数自 2003 年达到顶峰后就开始逐年减少。

---

① 12 个维度包括：大学宗旨、教育科研管理结构、教师队伍、招生、专业建设、管理效能、学生支持服务、设施、内部质量保证体系、财政、管理、为常规学生以外的人群提供的教育服务。

（3）信息技术的迅速发展。

以上这些趋势既是机遇也是挑战，在此背景下，日本开放大学 2008 年制订的行动计划决定采取一系列战略措施以拓展生源，保持持续发展的势头。这些措施有：

第一，日本开放大学根据人口老龄化这一趋势，开始尝试专门为老年人开设一些专业课程。

第二，充分利用各种媒体手段，特别是依靠其长期对某些广播和电视频道垄断的优势，灵活组合互联网、电视、录像磁带和数字光盘等媒体形式，为老年学习者提供教育服务。

第三，拓展学习中心。日本开放大学拥有 50 个学习中心，比任何国家开放大学的学习中心都多。

第四，拓展专业课程种类，增加非学历课程的比例。虽然 OUJ 从 2002 年开始招收研究生，但学生总人数仍呈下降趋势。日本开放大学将新的生源定位在60 岁或 65 岁以上的老年人，而这部分人主要是为了个人的兴趣和求知欲来学习的，不是为了拿文凭证书。他们更可能会选择实用的课程，如股票投资、家庭财政计划、社会工作、文学、历史等。

第五，向海外拓展。日本开放大学意识到日语不如英语具有普及性，因此在向全球推广其专业课程的时候将目标定位于居住在国外的日本人（张秀梅，2008）。

除了积极努力拓展办学规模，日本政府还努力营造良好的政策环境。这体现在三个方面：第一，日本开放大学是国立大学，年度预算中超过 50% 的比例来自政府公共基金。第二，修改的《教育基本法》将终身学习提升到了显著地位，日本政府在政策上的支持力度没有哪个国家可与之相比。第三，日本开放大学从建校开始就得到授权，可以独享某些电视和广播频道（张秀梅，2008）。

在 OUJ 的各年度行动计划里可以看出大学的战略规划。OUJ 一直都在持续完善课程材料的开发质量，不论是文字教材、广播电视教材还是网络课程。另外，该大学还在积极努力拓展办学种类和空间。这些任务目标非常具体，是顺应新的发展环境、维持其可持续发展的必要保障措施。

第四节 小 结

通过对日本教育总体情况的梳理、远程教育办学历史和实践的呈现以及对日本开放大学的系统分析，可以将日本远程教育的主要特点概括如下：

一、集权式的远程教育行政管理模式

日本教育部掌握着批准和认证远程教育院校和专业的权力，属于集权式行政管理。同时有着专门的远程教育法规，2002 年以前规定学生获得学位必须要有一定量的面授学习，之后取消这一规定，学生可以完全通过网络学习方式而获得学位。

二、远程教学以视频为主

日本远程教育的主要资源就是视频课程，即便到了网络时代也依然如此。视频课程质量优良，闻名世界，日本常年积累的优秀视频课程资源是其宝贵的教育资源，不会因网络时代到来而轻易丢弃，只是从电视广播过渡到网络教学平台这一载体而已，内容不变，载体变了，远程教育的发展仍然以视频教学为主。

日本开放大学的 Kumiko Aoki 指出，虽然网络教学和面授教学结合起来的混合式教学兴起，但日本远程教育目前使用的技术依然以第一代和第二代远程教育技术为主，采用的教学法是认知—行为主义的，组织架构依然是工业化形式的系统体系。在管理规制方面，远程教育和普通高等教育依然是依照两个各自专门的法规分列管理，两者的文凭社会认可度依然不同，远程教育的文凭总是不如传统面授获得的。

网络时代日本开放大学不转型去依托网络技术开展网络教育的主要原因与法律有直接关系。日本开放大学建校时法律要求日本开放大学必须以广播手段为主，这种定位不得改变，否则日本政府将会削减或停止对它的拨款（Kumiko Aoki，2012）。

三、日本开放大学与其他高校学分互认机制十分畅通

日本开放大学成立于 1983 年，是日本唯一一所国立开放大学，集中代表

了日本自20世纪80年代以来远程教育的实践发展。优良的课程，完整的办学层次，吸引了其他普通院校的学生来进行短期的非学历学习。国家多媒体教育研究所（1978—2008）、太空合作系统（1990—2009）等以其为主要载体，对促进日本远程教育的发展起到了不可替代的推动作用。网络时代私立高校开展网络教育热情高涨，也纷纷成立网络研究生院开展远程教育。

四、受老龄化趋势影响高等远程教育生源下滑，但中学远程教育学生规模在不断增加

日本远程高等教育规模反映了日本老龄化人口的社会趋势，虽然总体规模有约9万名远程学习者，但规模持续下降；与之相反的是在中学教育层次选读网络教育课程的人数逐年增加。①

本章参考文献

[1]江颖，曹婷. 东亚远程开放教育历史进程、发展现状与特色比较——基于中日韩三国开放大学的研究[J]. 广东广播电视大学学报，2018（3）.

[2]江颖. 日本远程开放教育现状、特色与发展的研究——基于日本放送大学的分析[J]. 当代继续教育，2017（5）.

---

① 本章参考的网站还有：

http://www.niad.ac.jp/english/overview_jp_e.pdf。

http://www.niad.ac.jp/english/unive/basic/1181750_1667.html#tab2。

http://www.waseda.jp/DLI2008/program/proceedings/pdf/session7-1.pdf。

http://www.uwex.edu/disted/conference/Resource_library/proceedings/62082_2012.pdf。

http://www.researchgate.net/publication/221018323_The_Learning_System_of_Shinshu_University_Graduate_School_of_Science_and_Technology_on_the_Internet。

http://www..jp/intl-ac/FACTS2013.pdf。

http://www.jstor.org/discover/10.2307/30220394? uid = 3737800&uid = 2&uid = 4&sid =21103821736297。

http://hdl.handle.net/2115/29534。

http://www.oecd.org/edu/skills-beyond-school/1853978.pdf。

http://siteresources.worldbank.org/EDUCATION/Resources/278200-12893 45265576/1101_006 _Kato_ppt_Japan.pdf。

http://www.ouj.ac.jp/eng/pdf/annual_review.pdf。

［3］宋平，郭海凤. 美、英、日三国研究生教育质量保障体系比较研究［J］. 研究生教育研究，2017(1).

［4］许晓旭. 探析日本放送大学的发展现状［J］. 吉林广播电视大学学报，2016(6).

［5］张舒予，冯小燕. 日本远程教育：各具特色的开放教学和通信制教学［J］. 远程教育，2005(1).

［6］张秀梅. 互联合作开放拓展：第 22 届亚洲开放大学年会主题报告解读［J］. 现代远程教育研究，2008(6).

［7］周晨. 日本放送大学课程建设浅析［J］. 天津电大学报，2017(2).

第六章　英国远程教育

英国位于欧洲西部不列颠群岛上，全称为大不列颠及北爱尔兰联合王国（The United Kingdom of Great Britain and Northern Ireland），由大不列颠岛（包括英格兰、苏格兰、威尔士）、爱尔兰岛东北部和一些小岛组成，为实行君主立宪制的邦联制岛国。其中英格兰划分为 43 个郡；苏格兰下设 32 个区，包括 3 个特别管辖区；威尔士下设 22 个区；北爱尔兰下设 26 个区。据世界银行 2022 年的统计数据，英国国土面积为 24.36 万平方公里，人口约 6850 万，主要是英格兰人，其余有威尔士、苏格兰、爱尔兰人等。

英国是世界上第五大经济体，2021 年英国人均国内生产总值为 4.27 万美元。2020 年，15 岁以上成人识字率为 99%。

2020 年英国正式脱欧。

第一节　英国教育体制概况

一、教育体制

在英国，义务教育归地方政府主管，高等教育则由中央政府负责。在联合王国各个组成单元中，教育系统各不相同，由不同政府分别监管：英国政府负责英格兰地区的教育，威尔士政府负责威尔士地区的教育，苏格兰政府负责苏格兰地区的教育，北爱尔兰行政局（Northern Ireland Executive）负责北爱尔兰地区的教育。英格兰、威尔士和苏格兰实行 5 岁至 16 岁义务教育制度，北爱地区实行 4 岁至 16 岁义务教育制度。尽管权力下放，但各地区之间的教育系统也有许多相似之处。它们都是五级教育：早期、小学、中学、高中、继续教育（FE）和高等教育(HE)。除北爱尔兰是 4 岁之外，所有地区的儿童在 5 岁至 16 岁之间都要接受义务教育，5 岁之前可以在幼儿园读书。FE 和 HE 不属于义务教育，如果想要接受 HE 则需要参加全英大学入学考试(或得到同等证书，3~4 门与要选修的大学专业相关的课程)，全日制学生一般在大学或学院中接受这些教育。通常 18 岁开始攻读本科学位(也称第一学位)，一般需要 3 年，苏格兰则要 4 年。攻读硕士学位一般需要 1 年，但博士学位一般都要 3 年。

2019 年，英国教育部与各行业专业人士合作在小学开设与职业教育相关的课程，以提高儿童对未来的认知。"小学未来项目"(Primary Futures Programme)为小学生创建与各界专业人士接触的机会，并提供相应的课程以提高儿童的职业憧憬，同时消除学生对不同职业的刻板印象。尽管国家没有强制要求，但是 96% 的小学已经为学生提供量身订制的职业课程，并且会进一步与相关行业的专业人士合作，争取在小学阶段全面覆盖职业教育。

作为国际教育排名靠前的国家，英国开展了国际学生能力评估计划。苏格兰在此计划中表现一般强过英格兰，其次是北爱尔兰和威尔士。生师比方面，同样苏格兰也是最低即 13∶1。

英国教育经费 2020 年度为 928 亿英镑。教育规模方面，中小学生 991.4 万人，HE 学生 261.4 万人，FE 学生 337.5 万人，教师(折算为全职)54.8 万人。

二、高等教育概况

英国是世界上高等教育发达的国家，拥有世界较好的高等教育水平，是近现代高等教育体制的发源地。时至今日，英国高等教育仍以其特有的质量管理和治理模式在欧洲乃至世界享有盛名，其高等教育质量也被广泛认可。2019 年 QS 世界大学排行榜上，英国有 4 所大学进入前 10 名，分别是牛津大学(排名第五)、剑桥大学(排名第六)、帝国理工学院(排名第八)、伦敦大学(排名第十)。其数量在欧洲国家排名第一，世界排名第二。

(一)大学格局的历史演变

英国著名的高等院校有牛津大学(1096 年创办)、剑桥大学(1209 年)、帝国理工学院、伦敦政治经济学院、华威大学、曼彻斯特大学、爱丁堡大学和卡迪夫大学等，许多世界知名的大学是中世纪以前建立的。

英国在不同历史时期兴建了不同批次的大学。最早的新大学是指 1928 年成立的一些市民大学，比如布里斯托大学和一些"红砖墙大学"。

英国政府在 1960 年委任高等教育委员会制定英国高等教育发展规划，1961—1964 年经济学家罗宾斯勋爵（Lionel Robbins）任委员会主席。《罗宾斯报告》（Robbins Report）建议，立即扩大高等教育的规模，将所有高级技术学院（Colleges of Advanced Technology）升格为大学。政府在 1963 年 10 月 24 日采纳了报告的建议。一批平板玻璃大学①由此成立，包括巴斯大学（University of Bath）、东安格利亚大学（University of East Anglia）、罗浮堡大学、约克大学和华威大学等。许多平板玻璃大学都位于英格兰，比如埃塞克斯大学、苏塞克斯大学、约克大学、华威大学、兰卡斯特大学、肯特大学和东安格利亚大学。这一时期的平板玻璃大学在当时被称为"新大学"。

1992 年，政府颁布《继续教育与高等教育法》（The Further and Higher Education Act），大学规模随之进一步扩张。此时新大学倾向于指 1992 年后由多个技术学院升格为大学的学校（称为"92 后大学"），也称现代大学，比如 Brighton 大学、Bournemouth 大学、Nottingham Trent 大学、威斯敏斯特大学等，虽叫"新大学"，但有些"92 后大学"建校年代其实很早，可追溯到 19 世纪末。

英国高校还按照类别组建了几个大学群体，比如 Million+（以前叫 CMU），主要由"92 后大学"组成，是致力于为这些大学跻身于主流大学提供政策咨询的智库；拉塞尔集团，又名罗素大学联盟（Russell Hotel），由 24 所顶尖的研究型大学组成，因其常在伦敦的 Russell 酒店举行会议而得名；"大学联盟"（University Alliance），2007 年组建，主要由一些在教学、科研和服务三方面均衡发展的大学构成。

---

① 平板玻璃大学（plate glass university）是指英国在 1960 年代关于高等教育的《罗宾斯报告》发表以后成立的大学。这个名称来源于它们的现代建筑设计，在钢或混凝土结构中广泛使用平板玻璃，与维多利亚时期建筑风格为主的红砖大学（多建于 20 世纪初期，如伯明翰大学、利物浦大学、Leeds 大学、谢菲尔德大学、布里斯托大学、曼彻斯特大学、维多利亚大学）和更古老的古典大学形成鲜明对照。

（二）高等教育现状

英国政府主管高等教育事务的是商务、创新和技能部（Department for Business, Innovation and Skills, BIS）。此外还有一些其他官方资助的机构，例如高等教育统计局（Higher Education Statistics Agency, HESA），是英国负责收集、分析及传播高等教育信息的官方机构，成立于1993年。

英国高等教育毛入学率2016年约为65.77%。[1] 在高等教育领域，全英国大约有160所大学，700所大学院校，每年为250万左右的学生和学者提供高等教育机会。就外国或国际学生而言，每年来自全球200多个国家的学生约有40万人，大多数来自欧洲和亚洲国家。英国大学生的学费要高于其他欧洲国家。

总体来看，英国的高等教育水平居欧洲第一，世界第二（第一美国，第三日本），高校重视科研多于教学，业余制学生不像美国那样可以申请很多的联邦贷款。

高等继续教育分为两个系列：学术研究系列和职业教育系列，后者依照英国全国普通职业框架资格体系而建。

英国具有学位授予权的大学和学院，其学生获得的文凭都是被认可的。英国政府的商务、创新和技能部负责提供学校的认证信息。一些职业类专业，如律师和医生等，还需要专门的职业认证机构认证后学生才可以上岗。这些专业性的认证机构是由"职业、法律和监管机构"（Professional, Statutory and Regulatory Bodies, PSRBs[2]）负责管理的，相关机构共有162个。认证有一定的有效期限，过期需要重新认证。

英国高等教育质量保证署（QAA）正式成立于1997年，全面负责英国高等教育的质量保证事宜，是为英国高等教育院校提供一体化质量保证服务的一个独立机构，如今其质量保证范围已扩展到海外的高等教育办学机构。QAA的建议可以代表英国政府，对认定某一学校是否具备"大学"资格或具备某一层次的学位授予权至关重要。英国高等教育质量保证体系的演变见图6-1。

---

[1]　2016年高等教育毛入学率中国为48%，美国为89%，韩国为94%，印尼为36%，新加坡为84%，印度为27%，马来西亚为44%，法国为64%，德国为68%，意大利为63%，荷兰为80%，挪威为81%，波兰为67%，西班牙为91%，新西兰为82%。

[2]　PSRBs是个统称，不是特指某一机构的专有名词。

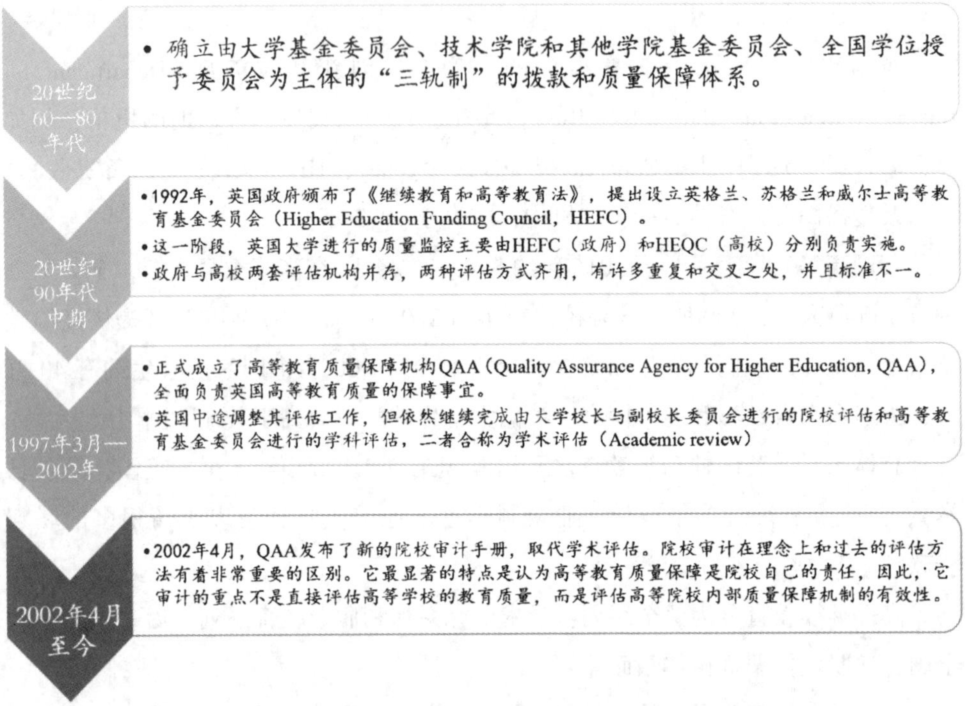

图 6-1　英国高等教育质量保证体系的发展历史

英国高等教育质量保障署（QAA）在其发表的《远程学习指南》中给出了保证远程教育质量的六个要素，包括系统设计、教学方案设计及其批准与评审、课程教学管理、学生发展与支持服务、学生交流与表现、学生评价等。

第二节　伦敦大学校外学位制度

英国可谓是世界远程教育的重要发源地。1840 年，英国的伊萨克·彼特曼采用函寄的方式为学生提供速记教材。1843 年，速记函授协会成立，采用了彼特曼的这种方式进行教学，后来发展成为伊萨克·彼特曼函授学院①（Sir Isaac

---

① Holmberg Borje. The evolution of the character and practice of distance education[J]. Open Learning, 1995, 10(2)：47-53.

Pitman Correspondence Colleges）。正规高等教育领域的远程教育开端当属伦敦大学首创的校外学位制度。伦敦大学的任务是考试和授学位，自己不招生、不授课，是考试机构而不是教学机构。在伦敦及各地成立的学院，在招生、教学、财务、日常管理上均独立自治。在这种新模式下，学位与学历截然分开，伦敦大学掌管学位，各学院掌管教学。这是英国高等教育的一种独特模式。

一、19 世纪的创建

伦敦大学事实上从一开始就是以远程形式提供高等教育的大学。1836 年作为一个考试机构获准创办，1849 年，伦敦大学开始尝试校外学位制度（External Degree System）。1858 年，伦敦大学成为第一个提供校外学位学习的英国大学，维多利亚女王批准了校外学习学位专业。学生可以在自己所在的城镇学习中心参加考试，或者在伦敦以夜校形式学习的学生也可以参加考试获得学位。伦敦大学在英国许多城镇建立了大学的分校。同年，伦敦大学成立校外教育部，具体实施校外学位制度，面向英伦三岛、英属殖民地及世界各地招收学生，伦敦大学由此开创了英国乃至全球海外办学的先河。1865 年在毛里求斯建立了第一个海外学习中心。1878 年成为英国第一所为女子提供学位教育的大学。到 1899 年止，伦敦大学一共在全球 18 个殖民地建立了考试中心。参加校外考试人数从 1841 年的248 名增加至 1901 年的 7335 名，考试通过率从 1841 年的 74% 降至 1901 年的53%。到 1899 年，完全或部分通过"大学函授学院"（University Correspondence College）备考英国伦敦大学学位的学生比例达 60% 以上，1890 年还只有 40%（Bell，Tight，1996）。

二、20 世纪的发展

在 19 世纪末到 20 世纪初，伦敦大学的招生稳步增长，二战期间学生人数有了进一步的增长。1940 年至 1945 年间伦敦大学在 88 个战俘集中营举办了约 1.1万场考试，尽管考试通过率很低，但还是有很多士兵在监狱中获得了学位。随着战后廉价航空邮件的使用，注册伦敦大学课程的校外学生迅速增长。1946 年至1970 年，伦敦大学开始为英联邦国家民众提供校外远程教育。20 世纪 70 年代，南非前总统曼德拉在狱中学习了伦敦大学的法律课程。

2002 年伦敦大学开设了"数字校园",提供"网络图书馆"和在线教学平台。2010 年 8 月 1 日伦敦大学校外学习项目（University of London External System）更名为伦敦大学国际教育（University of London International Programmes）。

2008 年是英国伦敦大学校外学习制度创立 150 周年,约翰·丹尼尔在当年的第 22 届亚洲开放大学年会上带领人们重新审视这种办学模式的益处,并倡导应继续推广这种学习与考试分开进行的办学模式,认为这种模式可以解决目前许多国家面临的高等教育规模、质量和成本等三方面的挑战和困难。他认为要控制好学习过程的终端,即通过严格的考试来提高文凭的含金量。这也是创建者的理念,"大学就是一个考试机构","知识本身必须要被检验,除此无他。大学和公众不关心知识是什么时候从哪里获得的,只关心学习者能否展示出他具备了某种知识或能力"（Danniel,2008）。

自 2018 年 2 月起,英国设立伦敦大学国际部,负责统筹发展伦敦大学国际事务及境外合作办学事宜。

伦敦大学在 2019 年开设首个线上本科专业学位课程,每年学费为 5650 英镑,以鼓励更多的非全日制和半工半读学生修学课程。该专业课程由伦敦大学金斯密斯学院的学者们开发课程内容,在 Coursera 平台上发布,这将是 Coursera 第一个完全成熟的理学学士学位课程,课程包含小组协作、现场视频和个人教授等环节,全部通过在线完成,但学生需前往考试中心参加最终考试以获取成绩。

伦敦大学目前由 17 个独立自治的成员学院（如伦敦政治经济学院、伦敦大学巴黎分校、皇家音乐学院等）组成,共有校内学生 12 万人,开设了 3700 多门课程;远程教育学生 5 万人,来自 190 个国家。不管将来怎样发展,维多利亚时代的这种校外教育制度对当今的远程教育管理还是具有借鉴意义的,其管理结构的简洁性、适应性以及廉价性都是值得学习的地方（Bell,Tight,1996）。

第三节　英国开放大学

英国开放大学是世界单一模式远程教育大学的典范和先锋,本节扼要对其进行分析。

一、英国开放大学的创建

英国开放大学(Open University of United Kingdom，OU)，简称"英开"，1969年建立，1971年1月招收第一批学生共2.4万人，截至2018年已有超过200万人学习过英开的课程。教学模式为综合使用多种媒体(印刷教材、音像资料、电视教学、网络课程等)，还有暑期住校学习，学生也可参加当地学习中心举办的面授(通常由当地学校的老师来讲授)。

英开的定位是非精英的大众教育，这是在当时牛津、剑桥大学等精英贵族教育盛行下明智的选择，主要是为了少数民族和贫苦人群提供之前无法得到的高等教育机会，特别是残疾人教育方面，招收的学生比其他所有院校加起来都多(John Cowan，1996)。英开开创灵活教育(Flexible Education)的先河，建立以远程方式进行教学的高等教育体系，这种打破时空隔阂的开放式教育，被誉为"英国教育史上的一次伟大革新"。

英开的成立也是各种因素共同作用的结果，这些因素有理念(非精英式的教育)、技术、规模、经济(至少是在最初，英开培养一个学生的成本是其他传统高校的1/4)和企业化运作。企业化运作最显著的特点是教师特征的变化，其特点完全不同于以前的农村手工业作坊式的黑板加粉笔的小规模教学，教学团队里有老师、编辑、设计人员和负责广播、电视发送的技术人员，更像一个教育企业(educational entrepreneur)(John Cowan，1996)。但在撒切尔夫人任职期间，提倡节省开支，OU大规模课程材料精良制作的做法被认为不经济，不太受支持。

二、早期英国开放大学的办学特色

作为一种非常专业化的、企业化的现代高等教育，英开的创新做法和特色体现在以下几方面：

(1)课程制作一流：完善的课程组(course team)机制是保障课程质量的核心竞争力所在。OU的学习材料是优质的，由专业的团队设计、开发、修改和评价。虽然课程开发成本耗资大，但专业、质量高。

(2)系统化运作：英开总部设在白金汉郡米尔顿·凯恩斯新城，有13个地区中心，3个分别在苏格兰、威尔士和北爱尔兰，其他10个都在英格兰，包括一个面向西欧国家的学习中心，此外还有遍及全英国的 350 个学习中心。地区中心负责管理兼职的辅导教师和咨询人员，负责建造本区域的学习中心，开展学分累积和转移。这一系统优势带来了教学管理的规模效益。

（3）教师角色多元：英开总部有 3/4 的专任教师和大量行政管理人员，另外 1/4 分布在 13 个地区中心，更多的是行政办事职员（John Cowan，1996）。以往的教学是一个老师负责教，现在则是一个教师团队在教。在英开的系统内有两种老师：①辅导教师，即专业辅导教师，负责改作业，每个学生的作业批改要一个小时，偶尔会对附近的学生进行面授辅导，但不是必需的；打电话给学生、召开小组电话会议（8 个学生），提供个别化的咨询、促进学生进步等。②咨询员。建校时，由辅导教师同时兼任，每个学生都有一个咨询员，读书期间一般不会更改。

（4）完善的质量保证体系：英国开放大学建立了一系列教育管理机制，以校总部、地区中心与学习中心等三级管理模式为主。其中，校总部建有一整套对教师执教与学生学业的评估制度，分别设立了学位管理、教学学习、信息策略、学生政策、学术研究与质量标准等六个委员会。具体教学管理通常由设在全国的 13 个教学中心与 300 多个学习中心来负责。

英开会对教师定期检查，每两年培训一次；新教师试用期为两年，且定期有一位导师来指导。对学生来说，基础课的学习至少一周必须是住校学习，孕妇、照顾老人、单亲照顾孩子的例外。在教学过程当中非常重视有效的实践，非常重视住校学习，大多数学生必须参加，比如地理地质学，田野实践是必须的；心理学的一些课程，小组学习是必须的；艺术史、音乐、设计等，需要一手的实物或展示等。英开的业余学生或在职学生，获得第一个学位至少要 6 年，学分却相当于全日制的一半。

（5）良好的教学组织：虽然有 13 个地区中心，但英开对其是高度控制的，所有地区中心（包括位于苏格兰爱丁堡的 OU 地区中心）使用的课程材料、函授教学、考试和评价、管理标准和制度、学费（除了西欧地区）等，都完全一样。英开的学习者在每一门课程注册后都会有一个学习包。每一次发的学习包是一个学年的，学习包里有：印刷材料、课程单元、普通阅读材料、单行本、补充文字材料+电视节目或录像带、录音带、录制的节目、家庭实验工具包、软件、CD-ROM 等，作业占总成绩的 50%（John Cowan，1996）。英开是面向全英国的，但由于苏格兰的人口地理特殊性，英开在这里的应用模式会与其他地区有所不同（John Cowan，1996）。

三、网络教育时代英国开放大学的新发展

（一）发展数据①

目前英开有 28 万名在读学习者，含本、硕、博三种办学层次，其中硕士生 1.57 万人。本科新生的平均年龄为 31 岁，新生中 50 岁以上的只占 9%，25 岁以下的占 34%。残疾人高等教育规模在英国高校中所占比例最大，2017—2018 年度有 2.47 万人。76% 以上的学生有全职或兼职工作，62% 学习的是职业类课程。到目前为止，已有超过 5 万名雇主赞助员工参加开放大学课程。

自 2005 年以来，在学生满意度的评估中，英开排名在全英一直位于前五名，但是在 2016 年，学生对于教学质量的总体满意度为 89%，与另外 15 所大学并列第 29 位。这是自 2005 年开始以来，英国开放大学满意度最低的一次，也是排名最低的一次（徐锦培，2017）。

英开有 4000 多名全职在编教师，他们主要负责设计和开发课程，展示课程和进行研究。有大约 7900 名辅助讲师（Associate Lecturers，多数为其他院校的兼职教师）负责对学生开展函授教学。另外，英开还聘用了 3500 名左右专业教学和学习支持服务有关的人员。每年通过大学里的派送中心分发的专业学习材料包达 40 万个。

2012 年，英国开放大学的毕业率仅为 22%，是英国全日制普通高等教育毕业率 82% 的四分之一左右，业余高等教育毕业率 39% 的一半左右（刘永权等，2012②）。

（二）新的战略规划

2012 年以来，英格兰的高等教育政策呈现出了新的特点：政府资助大幅削

---

① http://www.open.ac.uk/about/main/files/aboutmain/file/ecms/web-content/strategic-plan-2012-15.pdf。

② 刘永权，牛健，李莹. 国内外远程开放教育辍学研究之比较[J]. 现代远程教育研究，2012(5)：57-63.

减，特别是在教学方面的资助减少了 80%；大学生每年学费升至 9000 英镑；2012 年起政府为业余学习者提供贷款，条件是学生必须攻读某一文凭学历，且至少 25% 的学习是全日制学习；鼓励高等教育领域的竞争，比如商业营利性学校可以更容易获得学位授予权，鼓励继续教育院校提供更多的高等教育项目；研究型经费的竞争更加激烈。

在此背景下，英开对自己的特色进行了再次审视。这些特色有：关注为成人提供优质、业余的高等教育；实行开放入学政策；有着独特的开放学习支持模式；为贫困人群提供服务；有着良好信誉；是面向全英国的大学，在境内都有规模较大的办学网络。

在分析了内外部环境的基础上，英开提出了 2012—2015 年的七个战略任务，这 7 个任务归为两类，一是为学习者提供优质的学习体验，二是增强大学的实力。具体任务是：充分进行市场调研，了解学生的学习需求，确保其所选课程就是其想学的内容；学习活动要尽可能地帮助学生完成学习目标，同时还要保持一定的专业水准；引领世界采用开放媒体，将非正式学习转向正式学习；提高科研和学术水平，获得卓越的外部认可度；进行教师队伍建设和文化建设，以保证优质的服务绩效，灵敏有效地对市场做出反应；搭建灵活的、一体化的和强壮的系统，为大学和学生提供支持；传播良好的价值理念以维持财政经济的可持续性。

(三) 质量保证[1]

英开有着完善的质量保证体系，包括八个方面的绩效对照表(fact sheet)：学校管理质量标准(Institutional Management of Quality and Standards)、专业教学质量标准框架(Framework for Academic Quality and Standards)、内部审核(internal review)、考试评价和学历资格标准(Assessment and Qualifications)、合作办学授予的学历资格(Collaborative Qualifications)、学生支持和指导、职工管理制度、为利益相关者负责(Accountability to Stakeholders)等。

在"职工管理制度"框架方面，英开的教育技术研究所(IET)有专门为在职教师开展进修培训的惯例。

"对利益相关者的问责"质量框架明确指明英开要确保质量，向英国资助理

---

[1]　http://www.open.ac.uk/about/main/admin-and-governance/policies-and-statements/quality-and-standards-fact-sheets。

事会和高等教育质量保证署负责。英国资助理事会负责代表英国商务、创新和技能部分配教学和科研的公用经费。

资助理事会按地区不同而设有四个高等教育资助理事会，分别是英格兰、威尔士和苏格兰的理事会以及北爱尔兰的教育部。因为英开在四个地区都有系统，所以与这些资助理事会都有直接关系。资助理事会与 QAA 签约，受 QAA 委托对高校进行绩效审核和单项审核。自 1992 年以来每隔五六年 QAA 会对 OU 进行一次全面审核。①

(四)课程与资源建设

在专业建设方面，英开的法学硕士专业是全英国规模最大的；管理学专业是经过世界顶级管理教育协会认证的，比如 AACSB、EQUIS 和 AMBA。

2013 年 9 月，整合大量 MOOCs 和微课程的 FutureLearn(https://www.futurelearn.com/)正式开课，它是英国第一个提供免费 MOOCs 服务平台，为英开所有，有 26 个合作院校和课程提供者，包括来自英国和其他国家的世界知名大学和文化机构(包括英国文化协会、大英图书馆和大英博物馆)。截至 2019 年，已经开设了 295 门 MOOCs。从 2013 年 9 月开始到 2018 年 9 月，FutureLearn 共有 820 万注册学习者和 2060 万个单独的课程注册者。

OpenLearn 是 2006 年推出的免费学习资源网站，资源丰富。英开在专用网上发布的资源广受欢迎。

(五)科学研究

英开非常重视科研。卓越研究框架(Research Excellence Frame，REF)是在实施了 30 年的"研究评估"体系基础上提出的全新高校科研评估机制，在最新的 REF 评估中，英开 72% 的研究被评为最高等级——"国际领先水平"(REF 评估 5 个等级依次是：国际领先、世界一流、国际公认、国内公认、无定级)。

英开通过"在线开放研究"(Open Research Online，ORO)免费发布了 4 万多项研究成果。

英国开放大学还有一个最大的特色，就是非常重视远程教育学术研究和专业

---

① http://www.qaa.ac.uk/http://www.open.ac.uk/about/main/files/aboutmain/file/ecms/web-content/qas-fss-factsheet8.pdf。

的建设，表现如下：

（1）英开是全英国开展远程教育学术研究的主要阵地。国际上著名的远程教育名家巨匠中，有 6 位都曾在英国开放大学开启其职业生涯，他们是大卫·霍克里奇、约翰·丹尼尔、格伦威尔·鲁姆伯尔、美国的迈克尔·穆尔、加拿大的托尼·贝茨、阿兰·泰特等。

（2）英开开设了完全在线的"开放与远程教育"（Open and Distance Education）硕士专业。

（3）英开的知识媒体研究所 KMI 在媒体技术应用方面一直领先；而教育技术研究所 IET（The Institute of Educational Technology）则一直是远程教学应用研究重地。教育技术研究所在创新教育领域是全欧洲领先的研究机构。从 2012 年开始至今每年发布一次《创新教学法报告》（Innovating pedagogy）。

（4）《开放学习》杂志（Open Learning）：英国开放大学在 1974 年创办，当时名为《远程教学》（Teaching at a Distance）。[①] 目前杂志同时有网络版和印刷版。

第四节　体制独特的苏格兰远程教育

一、苏格兰独特的社会文化基础

在许多苏格兰人[②]眼里，苏格兰更像是一个国家，完全不同于英国其他部分——英格兰、威尔士和北爱尔兰。苏格兰的法律、语言和方言、音乐等方面都有自己的特色。就法律而言，英国其他地区的法律基础是源于法国的诺曼法，而苏格兰采用的是罗马的法律；语言方面，苏格兰过去有两种少数民族语言：英格兰低地的方言 Lallans 和苏格兰盖尔语 Scots Gaelic；音乐的乐器主要是源自西欧国家的，比如风笛。

苏格兰教育部（Scottish Office Education Department）对教育体系有着较高的控制权，因而教育院校有着较高的一致性和发展方向。苏格兰有各种提供继续教育

---

①　1986 年改为现名并由朗文合作出版，1995 年改由 Pitman 合作出版，2000 年又改为 Taylor and Francis 出版。

②　1969 年被任命为英开首位副校长的沃特·佩里（Walter Perry）就是苏格兰人。

证书和文凭的机构，它们统一受政府相关机构监管，确保颁发证书和文凭的质量。英格兰也有一个类似的监管机构，两者之间互相承认对方的证书，但是职业继续教育的办学模式和体系是完全不同的(John Cowan，1996)。

二、苏格兰早期的校外学习：圣安德鲁斯大学

圣安德鲁斯大学(the University of St Andrews)是苏格兰最古老的大学，1413年建校，在19世纪还是最小、最保守、经济条件最差的学校。然而，1877年该大学专门为女性开展了远程教育。当时爱丁堡大学和格拉斯哥大学虽然更富有、更开放、更有实力，但都不招收女学生(John Cowan，1996)。

在大半个世纪中，该大学在世界建立了100多个考试中心。然而与伦敦大学不同，该大学远程教育背后的推动者不是整个学校的管理层也不是政府的资金，而是靠一个教授(Andrew Knight)和一个办事员在业余时间办起来的。圣安德鲁斯大学向英格兰推广校外学习项目始于1879年，虽然规模较小，但在伦敦和Halifax都设有它的考试中心。1882年继续向爱尔兰推广。1883年，在普鲁士的Konigsberg市建立了当地认可的中心。

圣安德鲁斯大学开展的文学硕士项目是该校早期成功的远程教育学历项目，从诞生到最后终止走过了一段辉煌的历程。当时它吸引了大量海内外的学生。学生可以在数年的时间里慢慢积累学分。1890年第一语言非英语的学习者也可以报读该专业，可以提交法语或德语作业。后来，英国高等教育界的气氛发生了变化，这种开放的教育模式受到了传统中世纪大学校领导的鄙视。牛津大学和剑桥大学是英格兰声誉良好的学校，密切的师生关系愈加受到重视，并且，妇女也渐渐可以和男人一样就读高等教育，这样一来文学硕士项目就受到了威胁，不过它仍然持续了几十年。在20世纪初，尽管在苏格兰的一些学习中心濒临倒闭，但在英国海外的76个中心依然运作良好，依然可以主办考试。1910年法院接管了文学硕士项目，但第一次世界大战爆发，无法再盈利。1927年决定终止该项目，1931年整个项目终于终止(Bell，Tight，1996)。

圣安德鲁斯大学目前有四个学院：艺术学院、神学院、医学院和理学院。在2018—2019学年的第一学期，圣安德鲁斯大学有8984名在校学生，其中7221名本科生，1763名研究生。已有大约5万名毕业生。

在 2014 年卓越研究框架（REF）评估中，圣安德鲁斯大学的科学、艺术、神学和医学领域的研究成果在苏格兰排名第一，在英国排第 14 位，且 100%的研究是国际公认的，80%是国际领先或世界一流的。

三、苏格兰的高等教育实践：标新立异，走在前列

英格兰颁布《教育法》时只有两所大学，而此时苏格兰早已实现了基础教育免费，且有 4 所大学。苏格兰在英国北部，苏格兰的人口只占全英国的 1/10，土地只占 25%，人口多集中在有铁路的"中央地带"。以前教育资源很缺乏，许多学校学生很少，只有一个老师；有时候外地城市的大学老师会来到乡下给那里的农村成人单独授课。这种人口分布非常分散的地区，更需要多种远程教育技术的应用，80 年代的通信技术为该地区带来了远程教育（John Cowan，1996）。

苏格兰高校在学制方面与英格兰其他地区有所不同，拥有成熟和独立的教育体系"苏格兰学分与资格框架"（SCQF）。在苏格兰地区，本科阶段所对应的学位是学士学位，最常见的学士学位是荣誉学位，需要修读四个学年，并且通常是进一步攻读硕士学位的必要条件；普通学士学位则只需要三年时间，部分本科专业需要五年时间。苏格兰的研究生教育体制和英格兰的区别很小，但有非常大的灵活性，为不同背景、不同情况的留学生创造了更多的机会。

1992 年之前，英国所有大学，除了开放大学，都在大学拨款委员会（University Grants Committee，UGC）的管辖之下，与大学校长委员会（Committee of Vice Chancellors and Principles，CVCP）有较松散的联系。二轨变一轨后（理工职院升格为"新"大学），财政和监管责任也分散到 4 个地区的独立机构。于是苏格兰成立了两个部门：苏格兰高等教育拨款理事会（Scotland HE Funding Council，SHEFC）和苏格兰高等教育校长委员会（Committee of Scottish Higher Education Principals，COSHEP）。SHEFC 很快就开始采用完全不同的大学质量审查办法，它制定了自己的拨款办法，与其他地方的做法也不太一样。英格兰和威尔士也随即效仿。

校长委员会成立了高等教育质量理事会（Higher Education Quality Council，HEQC），负责质量审查。但是就质量审查而言，苏格兰的大学校长们仍采用与其他地区大学完全不同的做法（John Cowan，1996）。

1997 年，高等教育质量保证署作为一个独立团体正式成立，高等教育质量理事会（HEQC）也被吸纳其中。SHEFC 作为外部质量保证体系的质量审计和质量评估被合并起来，并由 SHEFC 以合同形式委托 QAA 负责实施。QAA 和 SHEFC 联合对原质量框架、自评报告要求等方面作了相应修改（花伟，丁国勇，2008）。

科学研究是苏格兰高等教育的重要组成部分。苏格兰的人均科技论文发表率列世界第三，在动植物科学、天体物理学、分子生物学和遗传学方面的论文发表数居世界第一，也正是苏格兰人的研究导致了克隆多利羊的出现。

第五节 双重模式大学的新发展

从英格兰高等教育拨款委员会资助牛津大学继续教育系开展的调研项目中，可以看到开展网络教育比较突出的几所传统大学有 Derby 大学、爱丁堡龙比亚大学、埃塞克斯大学、卡普兰开放学院、莱斯特大学、利物浦大学、谢菲尔德学院等，现从中选取几个来了解英国大学网络教育的图景。

（一）Derby 大学

Derby 大学是一所"92 后大学"，是职业类院校，在英国"全国学生调查"（针对本科生开展的满意度问卷调查）中排名领先。目前开设了 100 多门在线的职业课程，层次从专科到硕士都有，专业有管理学和心理学等。学校设有专门的网络远程教育部（Online Distance Learning Unit）提供支持和管理。目前，Derby 大学与 RDI 公司合作，后者为其推广心理学专业的网络教育。

（二）爱丁堡龙比亚大学

爱丁堡龙比亚大学（Edinburgh Napier University）是一所苏格兰"92 后大学"，提供少量完全在线的研究生课程（有大约 400 名学生）和一些面向校内业余学生的、以网络方式为主的混合课程（学生 1500 名左右）。每位学生都配有个人导师，从入学到毕业提供专业的指导。校内教师的专业培训每年两次，讨论的主题也与在线教育有关。

(三)埃塞克斯大学

埃塞克斯大学(University of Essex)1964 年建校，拥有来自全球 140 多个国家，超过 1.6 万名的在校学生。联合办学培养的在校生有 8500 人。大部分网络课程是与卡普兰开放学院(Kaplan Open Learning，KOL)合作的，比如商业、营销、金融服务和司法等专科专业(Foundation degree)，其注册学生相当于 400 名全日制学生；与 KOL 合作推出了研究生层次的专业课程。该大学的一些教学院系也直接开展网络学历教育。

(四)卡普兰开放学院

卡普兰开放学院是完全仿照美国的卡普兰大学而建的。在英国，KOL 是营利性的教育机构，只与埃塞克斯大学合作，主要负责质量监控、组织考试、招聘和管理辅导教师、任命校外检查员等学习支持服务，主要的教学工作则留给埃塞克斯大学来做。目前 KOL 开设有 6 个专科学位和 2 个专升本的文学专业。

(五)莱斯特大学

莱斯特大学(University of Leicester)教学和研究方面的声誉都很高。为了协调规划全校的网络教育和继续教育，2009 年成立了远程教育中心(Distance Education Centre)，在学校层面的战略规划中体现了对远程教育的重视程度。已有超过 2.5 万名远程学习的学生从莱斯特大学毕业。从 2002 年开始，该校引进 Blackboard 学习平台，辅之以每月一次或每学期一次的在校学习日(钟月辉，2015)。

(六)利物浦大学

利物浦大学(University of Liverpool)与美国的桂冠教育集团合作，正准备将远程教育走向国际化，在该大学的战略规划中网络教育占有重要位置。美国的桂冠教育集团同卡普兰开放学院一样，也是专做学习支持服务的，负责从世界各地招聘辅导教师，生师比控制在 20∶1 以下。

利物浦大学从 2000 年就开始提供在线课程，数据显示，利物浦大学的全球学习人数在英国大学中排名第一。目前有 8000 多名在校生，已有来自全球 170 多个国家超过 1.5 万名的毕业生。

（七）谢菲尔德学院

谢菲尔德学院(The Sheffield College)是一所致力于开展远程继续教育的学校。目前有两个完全在线的电子传播专科专业。该大学与哈勒姆大学合作开展网络教育已有十多年，2010 年左右成立了专门的"网络学院"(online college)。学校为成人学习者提供了 297 门课程。学校所有的教师都要参加网络教学资格培训，学习如何在网络上实施教学(David White，Nicola Warren，Sean Faughnan，Marion Manton，2010)。

第六节　小　　结

一、英国高等教育水平世界领先

英国高等教育水平在欧洲领先，位于世界前列，拥有世界著名的牛津大学和剑桥大学，这一点毋庸置疑。

二、苏格兰高等教育体制独具特色和创新性

英国是邦联制王国，由于历史原因，在高等教育方面苏格兰具有不同于英格兰等地区的独特的发展轨迹和创新活力。

三、英国是世界现代远程高等教育的主要发源地

伦敦大学首创校外学习制度是大学向外延伸校园面授教育的开端；英国开放大学是世界单一模式大学的发源地。

四、英国开放大学是世界其他国家开放大学学习的典范

英国开放大学的学生满意度和教学质量在英国所有大学排名中均位于前十，

良好的质量保证传统是世界其他各国学习的典范。①

本章参考文献

[1]John Cowan. Distance education in Norway and Scotland：experiences and re-
flections[M]. John Donald Publishers LTD，1996.

[2]Robert Bell，Malcom Tight. Open universities in nineteenth century Britain
[J]. Open learning，1996，11(3).

[3]花伟，丁国勇. 苏格兰高等教育中的学科教学质量评估. 长春工业大学
学报(高教研究版)，2008，29(2).

[4]王斌，王向旭，魏顺平. 创新教学法多元化的三重视域——英国开放大
学 2019 年《创新教学法报告》述评[J]. 中国远程教育，2019(4).

[5]徐锦培. 英国开放大学教学质量满意度数据解读、比较与分析[J]. 中国
远程教育(综合版)，2017(6).

[6]张秀梅. 互联合作 开放拓展——第 22 届亚洲开放大学年会主题报告解
读[J]. 现代远程教育研究，2008(6).

[7]张秀梅. 远程教育名家思想的时代回响——远程教育名家系列研究侧记
[J]. 广州广播电视大学学报，2008(5).

[8]钟月辉. 英国莱斯特大学远程教育混合式学习模式研究[J]. 中国远程教
育，2015(10).

---

① 本章参考的网站还有：

http://www. universitiesuk. ac. uk/linksforstudents/Pages/Anoverviewofthehighereducationsector.
aspx#q4。

http://www. jisc. ac. uk/media/documents/projects/UKOnlineLearningStudy-FinalReport-Mar10-
FINAL-FORPUB.pdf，March 2010。

http://www.niad.ac.jp/english/overview_uk_e.pdf。

http://siteresources. worldbank. org/ECAEXT/Resources/258598-128406115　0155/7383639-
1323888814015/8319788-1324485944855/08_uk.pdf。

http://www. open. ac. uk/about/main/files/aboutmain/file/ecms/web-content/Open-University-
Annual-Report-2012-13.pdf。

第七章 法国远程教育

法国全称法兰西共和国（The French Republic），位于欧洲西部，面积 63.28 万平方公里（其中本土面积 54.4 万平方公里），是欧盟面积最大的国家。法国的行政区分为大区、省和市镇。本土划为 13 个大区、96 个省，还有 5 个海外单省大区、5 个海外行政区和 1 个地位特殊的海外属地。全国共有 36700 个市镇。人口 6699 万（2019 年 1 月，含海外领地），其中本土人口 6481 万，为欧洲第二人口大国，首都巴黎市区人口 224 万。公民识字率 99.76%（2018）。通用法语。居民中 64% 信奉天主教，28% 自称无宗教信仰，其余信奉伊斯兰教、新教和犹太教。

法国是最发达的工业国家之一，在核电、航空、航天和铁路方面居世界领先地位。法国工业产值约占国内生产总值的 11.2%。钢铁、汽车和建筑业为三大工业支柱。核电设备能力、石油加工技术仅次于美国，居世界第二位；航空和宇航工业仅次于美国和俄罗斯，居世界第三位；钢铁、纺织业居世界第六位。法国是欧盟最大的农业生产国，也是世界主要农产品和农业食品出口国。法国是世界第一大旅游接待国，旅游收入占 GDP 总量的 8%。法国与世界各大地区和 100 多个国家有贸易往来。

法国是联合国安理会五大常任理事国之一、欧盟创始国及北约成员国。法国实行半总统共和制。

第一节 法国教育体制概况

法国教育在 20 世纪五六十年代进行了两次重大改革，逐渐形成现今极具特点、复杂多样的教育体制。6~16 岁为义务教育，公立小学和中学免收学费，免费提供小学和初中教材。高等学校除私立学校外，一般也只缴纳少量注册费。初等教育学制 5 年，入学率 100%。中等教育包括普通中等教育和职业技术教育两类。普通中等教育分为初中和高中两个阶段，学制各为 4 年和 3 年，共 7 年。中等职业技术教育近年来发展较快，主要包括技术高中、职业高中、艺徒培训中心、就业前教育适应班 4 种类型和层次。高等教育分为综合性大学、高等专业学院、高等技术学校和承担教学任务的科研教育机构等四类。

2018 年，法国拥有 5.09 万所小学、1.13 万所中学，在校中小学生 1289 万，中小学生的在校学习天数平均每年为 162 天，在 OECD 国家中最少。各类高等院校 233 所，大学生 268 万。中小学教职人员共 113.27 万，其中教师 88.14 万，行政技术人员 25.13 万。法国教育经费投入占 GDP 的 5.2%，高于 OECD 国家的平均水平(4.9%)，从小学到大学，政府给每位学生的投入人均为 1.1 万美元。

第二节 法国高等教育概况

一、高等教育院校类型与规模

法国高等教育起源于 12 世纪，当时建立了最早的自治大学巴黎索邦大学。因索邦大厦是该校主要校址，因此索邦成为巴黎大学的代名词。巴黎大学是法国历史最悠久、规模最大的综合性大学，公元 13 世纪初已具雏形。法国著名高校还有：斯特拉斯堡大学、里尔大学、里昂大学以及巴黎综合理工学院、国家行政学院、巴黎高等商业学院、巴黎高等师范学院等。

2019 年法国高等教育毛入学率为 68%。法国大学有两种类型：一种是综合性大学，均为公立，只要有高中会考证书就可报读，共有 83 所，2015—2016 年大学的学生数约 160 万人；另一种是大学校(也称精英院校或名校，于 18 世纪末的 1794 年由拿破仑一世颁布法令设立，由中央集中管理的多所地区分校构成)，有 300 多所，虽然这类学校规模不大，研究特色不明显，但是这类学校名气要比大学高，以理工类、商学、法律、人文等专业见长，主要培养工程师、管理者和政治家，学生选拔要求很高，有高中文凭且要有两年的预科学习才可以通过参加激烈的选拔考试报读。这类学校部分与公司合作，分公立和私立两种，以采用小班教学和案例教学为主。

除了以上两种大学外，还有一种短期 2~3 年的理工职业型学院(Instituts Universitaires de Technologies，IUT)，它们一般挂靠大学，财政独立，毕业后学生会获得多种文凭，这包括 BTS(高等技工证书)——由一些中学开展；DUT(大学技术证书)——由 IUT(大学理工学院)开展；DEUST(大学科学技术学习证书)——由大学开展；辅助医务学位——由专门学校开展。

就私立高等院校而言，法国有两类，一类是私立高等教育院校，提供普通的高等教育，有 13 所，另一类是私立的技术与管理院校，包括 44 所私立工程学校和 90 所私立的管理学校。

法国高等院校的入学条件是只要拥有高中毕业文凭或者通过了全国大学入学考试获得 DAUS(Diploma for Access to University Studies，DAUS，1994 年设立)都可以报读，IUT 还要参加附加面试，而"大学校"更要有两年的预科学习和严格的选拔考试(NIAD-UE，2009)。

世界高等教育学生的规模在 20 世纪初迅速扩大，从 2000 年的 1.008 亿人增加到 2007 年的 1.525 亿人。法国高等教育规模也出现了同样的逐年增长趋势。2020—2021 年，法国高等教育入学人数为 278.5 万人，比 1980 年翻了两倍，2017 年高等教育毛入学率为 65.63%(2011 年时为 57%)(UNESCO，2018)。

二、法国高等教育的改革历程

(一)欧洲标准化的三级学位结构

法国高等教育从拿破仑时期开始变得高度集中化，明显属于中央集权式管理。到 20 世纪 80 年代末的时候，法国教育体系仍实行高度集中化的制度，不论是公立大学还是大学校都由巴黎的高等教育部管辖，跟中欧和东欧国家的情况类似。1989 年，一张由教育部与院校之间签订的协议标志着这一传统被打破，高等教育院校逐渐获得了自治权。此后到现在的一二十年里，法国大学的自治性增强，高等教育管理与其他国家逐步保持一致。① 索邦宣言(1998 年 5 月 25 日)和

---

① 中央集权式管理就是由一个中心部门制定规则和标准，以此来协调管理本领域的各种活动，由相应的外围部门负责政策的实施。任何一个公共机构的运作都需要资源，这个资源的分配由一个公共的管理部门负责。决定权在哪，这个分配权就在哪，所以以往法国教育部负责对高等教育院校资源的分配。随着这些年改革的深入，法国高等教育部目前只保留了对大学校的管理权。

博洛尼亚宣言(1999 年 6 月 19 日)出台以及之后的萨拉曼卡会议(2000 年 11 月 30 日)和布拉格会议(2001 年 5 月 18 日)召开后，32 个欧洲国家对创立一个共同的高等教育学历框架体系达成共识，决定促进欧洲国家的高等教育学位的和谐对接，实现成员国高等教育体制和结构的统一和透明。这个学历框架建立在 ECTS (欧洲学分转移系统)上，将高等教育学历分为三级：本科(180 个 ECTS 学分，3 年)、硕士(120 个 ECTS 学分，2 年)和博士(180 个 ECTS 学分，3 年)。这在法国也叫做"LMD 改革"(Licence-Master-Doctor)，① 这一学历结构自 2010 年开始广泛实施。对于这三个层次的学历教育，其中的硕士教育分为两种：职业硕士和研究型硕士，后者可以继续攻读博士学位。还有一些专业学位如医学、牙医和药学，学习年限 6~11 年不等。

(二)公立大学实现独立自治

法国公立大学都是经过教育部批准和认证的，其开设课程标准一致，授予的学位也都是国家统一的，属于国家级的学位。

1984 年国家整合了两类高等院校，一类是 1966 年创办的大学理工学院，是两年制的职业类院校，隶属大学但相对独立(财政和人事都直接由教育部负责，不受所在大学管辖)，另一类是 1994 年创建的一些职业院校。

对于 83 所公立大学，2007 年萨科齐政府颁布了《大学自由与责任法》，要求到 2012 年前所有大学都实现独立自治，赋予大学完全的自主权(比如财权、人事权等)，这项改革主要针对 1984 年颁布的《萨瓦里法》所带来的问题。当时它规定法国大学(不包括"大学校"等)全部是"公立机构"，必须接收所有具有高中毕业文凭的学生攻读大学本科教育。这样一来法国大学录取本科生没有筛选机制，导致一半以上的学生在学习两个学期后因学业差无法坚持学习而辍学，再者即便是本科毕业生也不容易找到工作，毕业一年后仍有一半无法就业。因而，《大学自由与责任法》的颁布使法国这 83 所大学都实现了独立自治。

---

① L 代表 License，学士，6 个学期，180 个 ECTS 欧洲学分，分两种，普通学士和专业/职业学士，具体名称有学士、职业学士、DNTS；M 代表 Master，硕士，是学士之上的学位，4 个学期，共需 300 个 ECTS 学分，同样分两种：研究型硕士和专业型硕士，具体名称有硕士、DEA、DESS；D 代表 Doctor，博士，6 个学期，硕士之上，共需 480 个学分。在法国，这三大学位的授予权属于高等教育与研究部。

(三)国家层面加大对科学研究的支持力度

法国高等教育的另一项改革措施是于 2006 年在高等教育系统引入"研究与高等教育中心",旨在增强大学与大学校之间的研究合作,提升法国大学科研水平的国际形象。

在科研开发方面,国家科研经费的管理是由"全国研究署"(National Agency for Research,NAR)负责的。在 2006 年至 2016 年,国内研发支出的年增长率为 1.6%,是 GDP 增长速度的两倍。2017 年法国的国内研发支出为 506 亿欧元,占 GDP 的 2.21%,在 OECD 国家中处于前列,排位在韩国(4.2%)、日本(3.1%)、德国(2.9%)和美国(2.7%)之后,在意大利(1.2%)和英国(1.7%)之前。①

(四)高等教育开始重视职业教育

Greinert(2005)将欧洲职业教育培训分为三种典型模式:以法国为代表的政府调控的集中制/官僚式模型,德国的二元公司制模型,英国的自由市场经济模型。法国的职业教育体制是高度集中化的,其调控、规划、管理和拨款都由国家负责。德国的职业教育政府干预小,具有较强的自治性,相比之下,德国职业教育比法国要发达。在法国,职业教育与普通高等教育的界限不是特别分明,因为职业教育主要是由一些大学和大学校开展的,这些年的趋势是高等教育职业化。而德国则不同,职业教育和高等教育的区别还是非常明显的。

三、法国高等教育的投入

自 1980 年以来,高等教育在教育总支出的比例增速很快,从 3.2% 增加到 2017 年的 20.3%。2015 年法国对高等教育的投入占 GDP 的 1.46%,领先于欧洲国家如西班牙(1.3%)、德国(1.2%)和意大利(1.0%),但低于英国(1.9%)、挪威(1.7%)、芬兰(1.7%)、荷兰(1.7%)和瑞典(1.6%)。② 在这些投入当中,公共经费与私人经费的比例分别为 79.7% 和 20.3%,而 OECD 国家的平均比值为

---

① https://publication. enseignementsup-recherche. gouv. fr/eesr/FR/T923/l _ effort _ de _ recherche_et_developpement_en_france/。

② 全世界高等教育投入占 GDP2% 以上的国家只有三个:美国(2.58%)、加拿大(2.45%)和澳大利亚(2.03%)(2015 年)。

7∶3，法国公共经费的比例高于 OECD 国家的平均水平。①

2017 年，法国高等教育的总投入（国家和地方政府、家庭个人和公司）为 314 亿欧元，② 生均教育支出为 11670 欧元，是 1980 年的 1.4 倍（按不变欧元计算）。

法国高等教育主要由政府支持，因此公立大学的学费低廉，每学年的学费在 150~700 欧元之间，例如 2016—2017 学年，本科学费是 184 欧元，硕士 256 欧元，博士 391 欧元，工程学专业 610 欧元。政府平均生均投入为 10000~14000 欧元。私立高校的学费较贵，每年在 3000~10000 欧元之间（NIAD-UE，2017）。

四、法国高等教育的监管体制

法国高等教育有关大法主要有四个：1968 年颁布的《埃德加·尔法》（也称高等教育基本框架法）、1984 年的《萨瓦里法》（即高等教育法）、2006 年的《研究法》、2007 年的《大学自由与责任法》（NIAD-UE，2009）。

法国的高等教育与研究部（Ministry of Higher Education and Research，MHER）是高等教育管理的最高行政机构。德国、荷兰高等教育部对研究型大学和应用型院校都具有管辖权，但法国高等教育部目前只对"大学校"有管辖权（Johanna Witt，et al，2008）。

法国高等教育的外部评估机制在 20 世纪 80 年代中期就已形成。1984 年全国大学评估委员会（the National Council for Evaluation of Universities，NCEU）成立，是一个独立自治的行政实体，直接向总统负责。高等教育与研究评估署（Evaluation Agency for Research and Higher Education，EARHE）从 NCEU 获得授权负责对大学进行评估。进入 20 世纪以来，随着 2006 年的《研究法》和 2007 年的《大学自由与责任法》的颁布，法国高等教育质量保证体系开始遵循博洛尼亚宣言的标准，与欧洲其他国家的质量保证标准接轨。自 2004 年起，欧洲学历信息认可中心法国分部负责审核外国申请者的文凭证书并给予相应的学历等级，该机构与法国高等教育与研究部（MHER）、国家教育部（MEN）、大学校长协会

---

① 芬兰、挪威国家的公共经费投入则更高，超过九成。对比之下，OECD 中只有 6 个国家的私人经费高等教育投入超过一半以上，分别是加拿大、澳大利亚、韩国、美国、日本和英国。

② 高等教育的投入主要来源是国家政府，占 67.7%，另外地方政府占 10.7%，家庭投入占 8.7%（2017 年）。

（CPU）、工程师资格评审委员会（CTI）、大学校委员会（CGE）等有紧密的联系（NIAD-UE，2009）。

第三节 法国终身教育发展情况

一、成人教育

法国有着民众教育（Folk Education）的历史传统，也就是成人的非正式学习。地区成人技术学校联合体（GRETA）、国家成人职业培训协会（AFPA）、农业部直属院校、大学培训中心、国立科学技术与管理学院（CNAM）以及几所大学是法国几个代表性的成人教育机构。公共培训机构学员人数约占培训市场份额的20%。私立培训机构数量较多，学员约占培训市场份额的80%。

（1）GRETA 隶属国家教育部，在全国有210个GRETAs中心，主要开展职业培训。

（2）AFPA 是第一个为成人提供培训的教育机构，与许多就业中心密切合作，提供许多行业的技能培训和证书，有216个中心。

（3）CNAM 主要为巴黎地区的企业员工提供培训，有2340个夜校。

受政治体制的影响，法国对成人教育的管理是典型的中央集权制。全国自上而下设立了中央、学区和省的三级管理机关。在中央，法国成人教育主要由两个部门进行管理：国家教育部以及劳工部（王善安，2018）。

二、有关政策

法国的经济、产业和雇佣部负责制定终身教育政策，而国家教育部主要借助GRETAs实施推广职业培训。2009年开始，有关终身教育和职业培训的规制权力由集中变分散，由各地区负责。2011年，受培训人员有2380万人，平均培训时间为48小时。企业是培训的主要受益者，参加培训机构的学习者2/3来自企业，无业人员占12%，独立的学习者占5%。

（一）继续职业教育法

1971年，法国颁布了被认为是终身教育史上里程碑的继续职业教育法，即

《终身继续教育法》《职业训练法》《技术教育法》和《企业主承担初等阶段职业技术教育经费法》，对国民的义务和权利、教育经费、带薪培训等都作了明确规定，还就经费补充的办法、增收职业训练税和加重企业主的责任等方面作了具体规定；1978 年，"培训假"补充法令强制各企业资助继续教育；1984 年，《职业继续教育改革法》重申职工除有权享受教育假外，经费由国家认可的机构负责筹集，并根据参加培训的人数、时间、培训内容、水平等标准拨发，雇主应为职业继续教育提供经费，还确立了国家对继续教育的监督和检查制度。

(二)先前学习认定政策

在法国，自 1985 年就有全国性的先前学习认定(APEL)政策支持，到 2000 年左右，人们甚至可以不用学任何大学课程就可以以认定的形式获得大学文凭。[①] 不过，认定多是在一些"92 后大学"开展的，也就是原来理工类专科学校升格后的大学(Jim Gallacher，Michel Feutrie，2003)。2009 年，通过对先前学习和经验学习的认证来获得文凭资格(qualification)继续广受欢迎，政府颁发了 4055 个证书，包括 2140 个完整的文凭。

2016 年，法国高等继续教育学生数达 43.8 万人，大学里面(包括 IUT 专科理工学院)的继续教育学生人数为 2.25 万人。2016 年，继续教育系统颁发了 9.92 万个文凭，有 6.4 万个国家级文凭，比 2015 年增加了 4.7%。从层次上看，国家文凭中 49.4%是本、硕学位，超过 1/3 是硕士文凭。

(三)职业经验验定制度

2002 年颁布的《社会现代化法案》(*Social Modernization Act*)建立了职业经验验定制度，让员工自己选择需要什么样的教育和培训，而不是由雇主负责，通过对有三年以上职业经验的员工进行素质认定(VAE)，帮助其获得某一领域的大学学位。但由于申请程序的繁琐以及信息提供不足，走这一渠道通过继续教育获得学位的人并不多。

(四)《终身职业培训和社会对话法》

2004 年颁布的一项关于继续教育的新法《终身职业培训和社会对话法》中规

---

① 文凭相当于两年的大学学习，证书相当于一年的大学学习。

定："所有履行不定期合同的工薪者，每年可以享有接受 20 小时培训的个人权利。这一年度权利可以累积 6 年，即 120 小时"，并创建了新型的职业化合同，便于青年和成年求职者通过各种教育途径提升自己，并以此获得公认的职业资格。此后，法国政府还颁发了一系列有助于促进终身职业培训的政策。

第四节　远程教育实践

开放远程学习在法语中叫 FOAD，法国没有专称"开放大学"的教育机构，类似的机构主要有国家远程教育中心（CNED）和开设远程教育的部分公立大学。

一、国家远程教育中心

（一）基本信息

法国国家远程教育中心于 1939 年建立，欧洲最大的远程教育机构，是教育部直属的公立教育机构，其总部设在法国西南部维爱纳省的省会普瓦捷市，开展从学前教育到硕士学位各层次的远程教育。20 世纪 90 年代开始开展网络教育（Olivier Marty，2003），2006 年有 12 万名高等教育学生，2010 年为 20 万人，到 2017 年则达到 35 万人。

国家远程教育中心开展从基础教育到高等教育多层次的远程教育，可以颁发多种学习证书，但不能颁发高等教育学士、硕士或博士文凭，颁发此类文凭须与大学合作来开展远程高等教育业务。CNED 在全法国投资建设了 130 个接收站（辅导站），并设置了 8 个分院，按照专业划分承担着不同的培训任务。国家远程教育中心同时也和法国的大企业合作，对企业员工开展短期技能培训和资格培训。中心集成了法国各级各类的教育资源，包括从幼儿到成人的 3000 多种初学和继续教育课程。

CNED 如今已经从最初的一个函授学校发展成为欧洲最大的远程教育提供者，在促进法国国民教育和终身教育的进程中发挥了重要作用。近年来随着机构的扩展和新战略的实施，该中心在欧洲社会产生了重要影响。

在网络教育方面，法国国家远程教育中心于 1997 年成立了自己的网站

（http://www.cned.fr/）。2009 年，在教育部发起下，中心成立了网络学院，免费为中小学生和家长提供可下载的从小学到中学的各个学科的学习资源，既辅助中小学生学习，也方便家长更好地掌握孩子的学习进度。

法国国家远程教育中心共有员工 6000 名，其中教师 4800 名。2011 年法国有超过 100 万人接受远程教育，20.2 万人在国家远程教育中心注册，其中三分之二是成人，50%接受高等远程教育（新华网，2012）。

（二）CNED 从公立性质开始向赢利模式转变

Olivier Marty（2014）对 CNED 的管理模式采用参与式观察法进行了三年的质性研究。研究发现，CNED 由教育部管辖的公立教育机构正朝营利性、货币化的机构转变。这主要表现在课程培训的设计开始像企业一样对可能的回报进行成本核算和报表预算，工作人员的聘用不再看其是否能够上课，而是面向一些赢利机构，如出版社等进行招聘……这在宏观上反映了法国远程教育服务正由一种具有公益性的教育服务转向具有营利性的教育产品（培训课程）。这背后也受 1971 年法国有关继续职业培训法律规定的影响，[①] 同时也受到整个欧洲高等教育效仿美国高等教育市场化的影响。

二、双重模式大学个案

在全法 80 多所传统公立大学中，开设远程教育的大学目前约有 50 所，以下是几所典型的双重模式大学开展远程教育的情况。

（一）雷恩大学

雷恩大学（University of Rennes）现任校长为 David Alis。雷恩大学有四个主要研究领域：数学科学和技术、物质科学、生命科学及人类和社会科学。

雷恩大学是终身学习（无论是初始的还是持续的）的领先者。2004 年开始采用博洛尼亚宣言推广的 LMD 三级学位制度。继续教育学院开展远程教育，认可学生的先前学习/工作经验。

---

① 相关法律要求 10 人以上公司要拿出员工总工资的 1.6%用于培训，而实际上法国企业的这一投入水平为 2.8%，比其他欧洲国家的平均水平要高，德国只有 1.25%。

教学模式综合采用函授、多媒体、广播电视、网络课程、视频会议等各种手段，每门课程都有相应的课程计划和大纲以及进度安排，配有主讲老师和辅导老师，学完后学生就近到学习中心进行考试。目前开设的专业层次覆盖了大学预科学习、专科、硕士等。

(二)斯特拉斯堡大学

斯特拉斯堡(法语：Strasbourg，德语：Straßburg)，也译作史特拉斯堡，位于法国国土的东端，与德国隔莱茵河相望，是法国东部阿尔萨斯大区(Alsace)和下莱茵省的首府。斯特拉斯堡大学①成立于1538年，在很多领域都享有盛名，拥有22名诺贝尔奖得主，1名菲尔兹数学奖得主；是法国规模最大的大学，是公立大学，2014—2015年有4.66万名学生，研究人员近3千人。斯特拉斯堡大学主要有37个院系，开设有32个学士学位(L)专业课程，63门硕士学位(M)专业课程以及37门博士学位(D)专业课程，另外还开设有8个学士层次和3个硕士层次的完全在线的专业。

(三)巴黎第十大学

巴黎第十大学②是法兰西岛上唯一提供所有人类和社会科学学位课程的大学。有3.4万名学生，研究人员1000多人。开设有5门完全在线课程，包括1门完全在线的硕士专业课程"语言、文学与异域文明"，以混合学习模式开设的3门专业课程(1门学士层次，2门硕士层次)。

大学的各个部门提供继续教育和职业培训。其中一个研究所和三个联合事务处在组织、培训和学习支持等方面发挥着重要作用，继续教育服务研究所(Service de la Formation Continue，SFC)提供学士和硕士层次的课程及技能培训，其中硕士层次有155门课程；IPAG主要负责一般行政、国家和地方公务员资格考试培训；SUFOM主要负责教学竞赛培训；PST de Ville d'Avray负责为工程、图书、企业管理、行政以及社会职业提供与科学有关的培训。

---

①　http://en.unistra.fr/。

②　http://www.distancelearningportal.com/universities/11333/universite-paris-ouest-nanterre-la-defense.html。

（四）图尔大学

图尔大学原名弗朗索瓦·拉伯雷大学，[①] 成立于 1970 年，2017 年 12 月正式更为现名（Université de Tours），是公立大学，学生 2.7 万人。有两个以混合学习模式开展的硕士专业。

（五）巴黎第六大学

巴黎第六大学每年招收约 300 名新生，目前全校约有 1000 名远程教育学生，占学生总数的 3.1%，其中本科生约占 75%。约有 180 名教师不同程度地参与远程教育的教学，约占全校教师的 1%。

三、远程教育联盟

在法国，规模较大的 37 所双重模式大学于 1987 年组成了法国大学远程教育联盟（FIED，以下简称"远程教育联盟"），是协会组织，各成员大学由法国高等教育部管辖。各校远程教育具有自身特色，可在一定程度上统一对外开展业务（如发布招生信息等）。

（一）教师与学生人数

远程教育联盟与远程高等教育密切相关。目前联盟成员大学共有远程教育学生 4.5 万人，占全法大学生人数的 1.7%，大部分是本科生，其余为硕士生及拥有大学技术文凭、工程师文凭及其他文凭的学生。

（二）学科专业与学习模式

根据远程教育联盟的资料，联盟在 12 大领域共 70 多个专业提供远程教育。学生可通过通信、电话、电子邮件、音像制品或网络参加学习。网络通常提供一些免费公共学习资源，交纳注册远程教育费用的学生可凭借个人账号密码进入远程教育信息平台，获取更多的学习资源，除了自学外，还可通过聊天、论坛等多种形式进行互动，以提高学习效果（张为宇，2013）。

[①] https://www.distancelearningportal.com/universities/734/universite-de-tours.html。

四、国家对远程教育的管理与政策

2002 年 4 月，法国颁布《关于发展法国高教体系建设欧洲高教区的法令》，借助信息交流技术和远程教育，推动教育发展。

2009 年 2 月，法国颁布了《关于公立机构开展远程教育的法令》，进一步规范对远程教育的管理。其主要内容有：

（1）国家远程教育中心是开展远程初始教育和终身职业教育的机构。

（2）国家远程教育中心的业务涵括从基础教育到高等教育多个层次，涉及高等教育时，中心须与综合性大学或其他高教机构合作。

（3）除了义务教育外，注册远程教育可以收取一定的费用，所收费用不能超过远程教学所需的支出。

（4）由教育部、高教部以及预算部负责法令所规定的涉及本部门的有关内容。

第五节　小　　结

一、法国历来重视成人教育，高等教育的发展在欧洲处于中等水平

在欧洲高等教育一体化进程中，法国高等教育的体制改革和远程教育的发展开始与英国、德国等其他领先国家接轨。远程教育特别是 e-Learning 发展是落后于欧洲许多国家的。2009 年法国雇佣工人中只有 24% 的人学习网络课程，而西班牙则是 51%。

二、CNED 和 FIED 是远程教育两大办学组织

法国国家远程教育中心（CNED）是该国最大的远程教育办学机构，FIED 是普通高校的远程教育联盟。

CNED 没有高等教育学位授予权，政策规定其只能与普通大学合作联合授予，这与我国国家开放大学在获得本科学位授予权之前的情况相似。尽管如此，CNED 为法国教育部直属机构，为学生提供服务和教学，占法国远程教育学习者总数的 1/5，而且学生中有 10 多万人又是接受高等教育的，对国家高等教育的贡献很大。

法国大学远程教育联盟（FIED）的成员学校有许多业务通过联盟可以集中办理，成员大学共有远程教育学生 4.5 万，其发展步伐还是比较稳健的。

在法国，学生选择就读远程高等教育，除交纳费用和学习方式不同外，其他各方面与到传统高校学习相同，颁发的文凭也没有特殊标记。

三、远程教育会逐步受益于高校行政体制改革

法国高等教育在 20 世纪 90 年代以前沿袭的是拿破仑时期定下的中央集权式管理模式，此后特别是自 2007 年以来政府逐步下放公立大学的自主办学权，这对开展远程教育比较有利。

法国远程高等教育的一些发展值得关注：一是新的《高教与研究法》将促进远程教育发展。它要求大学必须实行"数字化教学"，政府将进一步推进大学数字化建设，提供更广泛的数字化资源和教学服务。这一举措将给法国远程高等教育发展带来新契机。二是远程教育联盟将扩大规模。目前联盟成员大学只有 37 所，约占大学总数的一半。联盟成员将有所增加，不仅是综合性大学，更多是吸纳一些远程教育开展得较好的大学校，尤其是一些商校，使其成为联盟的新成员。三是远程高等教育将惠及更多普通在校生。为了充分利用远程教学资源，同时也让学生在学习方式上有更多选择，政府允许在校学生选择部分乃至完全的远程学习（张为宇，2013）。①

---

① 本章参考的网站还有：

http://www.distancelearningportal.com/universities/11333/universite-paris-ouest-nanterre-la-defense.html。

http://www.eaea.org/media/resources/ae-in-europe/france_country-report-on-adult-education-infrance.pdf。

http://www.fmprc.gov.cn/mfa_chn/gjhdq_603914/gj_603916/oz_606480/1206_606844/。

http://www.infonet-ae.eu/country-overviews/france。

http://www.mastersportal.eu/universities/11375/eu2p-european-programme-in-pharmaco vigilance-and-pharmacoepidemiology.html。

http://www.mastersportal.eu/universities/786/universite-de-strasbourg.html#studies。

http://www.ouchn.edu.cn/Portal/Category/CategoryList.aspx? CategoryId=b94e13a8-53ec-42f9-9f52-b27f67b21217。

http://www.praxmatrix.com/digital-strategies/e-Learning-in-france-anything-new/。

http://www.univrennes1.fr/english/home/academics/accreditation_of_prior_learning/。

https://www.univrennes1.fr/english/home/academics/distance_learning/。

http://www.niad.ac.jp/english/overview_fr_e.pdf。

http://halshs.archives-ouvertes.fr/docs/00/77/65/81/PDF/distance_education_engineering.pdf。

http://www.edu.cn/rd_xin_wen_5672/20120807/t20120807_823554.shtml。

http://www.education-ambchine.org/publish/portal116/tab5722/info1051 56.htm。

http://www.distancelearningportal.com/countries/10/france.html。

本章参考文献

[1] Jim Gallacher, Michel Feutrie. Recognising and Accrediting Informal and Non-formal Learning in Higher Education: an analysis of the issues emerging from a study of France and Scotland[J]. European Journal of Education, 2003, 38(1).

[2] Johanna Witte, Marijk Wende, Jeroen Huisman. Blurring boundaries: how the Bologna process changes the relationship between university and non-university higher education in Germany, the Netherlands and France[J]. Studies in Higher Education, 2008, 33(3).

[3] Olivier Marty. Monetizing French Distance Education: A Field Enquiry on Higher Education Values[J]. The International Review of Research in Open and Distance Education, 2014, 15(2).

[4] 王善安. 法国成人教育概述及启示[J]. 中国成人教育, 2018(23).

第八章　美国远程教育

美利坚合众国(The United States of America)，简称美国，1776 年 7 月 4 日通过《独立宣言》，正式宣布建国。美国位于北美洲中部，领土还包括北美洲西北部的阿拉斯加和太平洋中部的夏威夷群岛。北与加拿大接壤，南靠墨西哥湾，西临太平洋，东濒大西洋。面积 937 万平方公里(其中陆地面积 915.8960 万平方公里)，全国共分 50 个州和 1 个特区(哥伦比亚特区)，有 3042 个县。联邦领地包括波多黎各和北马里亚纳；海外领地包括关岛、美属萨摩亚、美属维尔京群岛等。美国人口 3.3 亿，为世界上人口第三多的国家。首都华盛顿位于哥伦比亚特区，人口约 70 万。美国人口中，白人占 62.1%，拉美裔占 17.4%，黑人占 13.2%，亚裔占 5.4%(2018 年)。通用英语。据 2018 年估算数据，54.6%的居民信奉基督教，23.9%信奉天主教，1.7%信奉犹太教，1.6%信奉摩门教，2.5%信奉其他基督教，不属于任何教派的占 15.7%。2017 年人均寿命为 78.5 岁。

政府实行总统内阁制。总统是国家元首、政府首脑兼武装部队总司令。总统通过间接选举产生，任期四年。美国经济发达，2018 年人均 GDP 为 62641 美元。

美国远程教育无论是其发展历史还是办学实践模式、质量认证和政策监管体系乃至远程教育自身的学科专业和理论发展都是世界上远程教育发展图景中最具特色的。

从远程教育的学术研究来看，美国远程教育的研究资料最为丰富。不论是斯隆年度报告还是教育部的年度教育报告，或是办学院校的年度报告还是新闻媒体和学术著作期刊论文，都可以让研究者全面直接地把握到美国教育包括远程教育发展的脉络和动态。

美国的远程教育学术研究是世界上最活跃的，可以说美国是世界上挖掘本国远程教育史最深入的国家。在学科建设和领域发展方面，穆尔主编的《远程教育手册》以及后来 Michael Allen 自 2008 年每年编写出版的《网络教育年鉴》都是世界同行非常喜爱的案头书。基于如此丰富的资料，本章将对其进行深入分析。

第一节 美国教育体制概况

一、教育概况

美国教育主要由政府提供，由三级政府：联邦政府、州政府和地方政府（学区）控制和资助。在小学和中学，课程、资金、教学和其他政策都由当地选举产生的学区委员会决定。教育标准和标准测验通常由州政府制定。

美国教育部成立于 1979 年，主要在国会的授权下为高等教育学生提供联邦资助和贷款项目，借此间接地对高等学校施加影响。对教育的管辖权主要由地方各州来执行。

19 世纪 80 年代美国联邦政府和各州政府拨出大量公有土地，建立公立中小学校，实施义务教育，到 1918 年全国 48 个州的初等教育都已实行了义务制。

2018 年美国公立中小学学生数有 5070 万，公立中小学学校数 2015—2016 年度有 9.83 万所，高等教育学生在学学生数 2018 年有 1990 万（其中本专科生 1700 万，研究生 290 万）。

美国最知名的大学是哈佛大学和麻省理工学院。常春藤联盟的八所大学是美国的顶尖高校。

二、高等教育概况

（一）数字与规模

美国的高等教育事业发达。一是其规模和种类庞大复杂。全国有四千多所高等学院，在校本科学生达两千多万人。二是注重使学生获得新知识，培养学生的分析能力和独创精神。

美国是世界上第一个实现高等教育大众化的国家，2019 年高等教育毛入学率达到 87.89%（高中毕业应届生比例为 66%）。25～29 岁人群中具有学士学位以上学历的人口占 34%(NCES，2018)。

　　美国高校按照不同划分维度有不同种类，按照学制分两年制和四年制，按照财政来源分公立和私立，按照运作模式分盈利和非盈利。

　　2016—2017 年，美国具有学位授予权的高校有 3895 所，这包括 2395 所本科以上层次的大学和 1500 所两年制授予副学士学位的专科学院(以社区学院为主)(NCES，2014)。高等教育院校数量前五名的州依次是加利福尼亚州(262 所大学，154 所专科学院)、纽约州(234 所大学，65 所专科学院)、得克萨斯州(共244 所)、宾夕法尼亚州(218 所)、佛罗里达州(176 所)。

　　美国最大的大学生助学金项目是佩里助学金项目(Pell Grant Program)(NIAD-UE，2009)。四年制有学位授予权大学的本科全日制学生中(首次接受高等教育)获资助比例逐步增加，2015—2016 学年达到 85%，其中非营利性私立四年制大学此比例最高，达到 89%(NCES，2018)。

(二)去中心化的教育行政管理制度

　　美国联邦政府教育部的职权是十分有限的，其主要职责是按国会意图向各州分配教育拨款，以及向美国国内学生提供奖学金等。美国各州设有州督学或教育厅长，负责制定全州的教育政策，并领导所属机构在州内贯彻这些政策。私立大学由主办机构遴选的校董会掌管行政权。公立大学校董会对决定本校的方针和各项规定也有很大的自主权。美国的大学各有特点，从教学方针、专业设置、考试项目到诸如 TOEFL 录取分数、收报名费等小问题，都各不相同。学校要定期接受相应认证机构的审查，符合要求的才取得被认可的资格。

(三)学位制度与社区学院

　　美国的学位制度是在借鉴英国、德国经验基础上形成的，是其高等教育质量的指示器，善于借鉴又勇于创新是其独具特色之处。学位结构总体分为 4 个层次：副学士、学士、硕士、博士。这四个层次的学位修业时长一般是：副学士学位是在社区学院学习 2 年后毕业时授予；学士学位是大学本科 4 年毕业后授予；硕士学位是本科后学习 1~2 年授予，分学术型和专业型两类；博士学位是获硕士后再学习 3 年以上可授予。

美国学位制度中副学士学位的设立就是美国的首创。在美国，副学士学位制度是随着社区学院的产生而发展起来的。1892 年，被称为"美国初级学院之父"的芝加哥大学校长哈珀在总结他人的思想后，将大学分为一、二年级和三、四年级两个部分，前者成为"基础学院"，后者成为"大学学院"。1896 年，又将此两部分改称为"初级学院"（Junior College）和"高级学院"（Senior College）。1899 年，芝加哥大学决定设置副学士学位，以授予完成初级学院学习的学生。20 世纪 40 年代后期"社区学院"这一名称逐渐取代"初级学院"。二战后 50—70 年代是社区学院发展的黄金时期。20 世纪七八十年代，社区学院一度出现衰落局面，进入 80 年代，随着美国经济回升和终身教育观念的确立，社区学院又再度兴盛。

据 2018 年 AACC（美国社区学院协会）统计数据，美国目前共有 1103 所社区学院，其中有 980 所是公立社区学院，美国社区学院协会 2016 年有 1200 多万学生注册，积累学分准备升四年制大学的占 59%。社区学院的学生平均年龄是 28 岁，21 岁以下的学生占 51%，22~39 岁占 39%，40 岁以上占 10%，其中 63% 的学生是边工作边读书。这些数据表明社区学院在美国高等教育中占有一席之地，众多受教育者和劳动者从这里产生（王逾西，2019）。

社区学院在美国被公认为最成功的高中后学术和职业教育的模式之一，副学士学位及其所修的学分被越来越多的四年制大学所承认，社区学院的转学教育功能使美国高等教育机构中不同学校之间的流动成为可能。美国学分转移制度主要是随着社区学院及副学士学位的产生而不断发展的（张秀梅，2009）。

（四）认证制度

1. 认证的意义

美国各州之内的远程教育监管依靠两极力量，除了州教育行政部门，就是质量认证委员会。一所学院或大学是否通过认证是非常重要的。首先，学生在通过认证的学院读书，意味着可以获得政府贷款或者政府的其他资助；其次，学校能否得到企业或公司的认可和资金支持要看该院校是否通过了认证；最后，学院或大学通过认证是学校和在该校就读的学生申请州政府财政资助的必要条件，同时该校学生能否参加州政府组织的某些专业领域的证书考试也取决于此（潘康明，2008）。这一系列的"诱人"条件促使学院主动提出申请，自愿接受认证机构的认证。

2. 认证制度的由来

美国高等教育认证始于 19 世纪末，为人们鉴别高等教育质量提供了重要的参考。美国二战后颁布了《退伍军人安置法》，鼓励退伍军人和家属接受高等教育。联邦政府为此开始提供雄厚的资金给予支持。这就需要有机构来证明哪些学校有资格获得这笔拨款和贷款。1952 年联邦政府认可了一些认证机构，凡是通过这些认证机构认证的学校和专业其学生都有资格获得联邦的资助和贷款。政府没有设立一套质量标准，而只是管哪些机构具有认证资格。随着 1965 年《高等教育法》的颁布，联邦的学生助学金和各种贷款又多了起来，此后认证制度逐步发展起来。

3. 认证的机构

美国对高等院校的评估分成六大区域进行，各区成立地方性的大中学校联合，对该区的学校进行评估。审查的内容通常包括学校的师资、课程、教学质量、设备、管理等各个方面的情况，经过较为全面的审查后决定该学校是否获得认可。除对学校的评估外，对某些专业的课程也要经过专业评估团体审查和认可，有些专业领域，如医学、法律、牙医等，学完专业课程领取执照许可方可上岗入职。

认证机构总体来看包括三大类：六大地区高校协会的七大院校认证委员会、① 专业/职业认证机构以及全国性认证机构，均在获得美国高等教育认证理事会和美国教育部评估和认可后成立。

(1)地区性认证协会：主要负责美国某一地区或海外领地及其他国家的院校认证，主要认证对象是开展学历教育的公立院校或非营利性院校，对其开设的专业、教学点、招生人数等作最低要求的认证(UMUC，2013)，满足要求则通过认

---

① 六个地区性高等教育协会分别是：中部州院校认证协会(the Middle States Association of Colleges and Schools，MSACS)、新英格兰地区院校认证协会(the New England Association of Schools and Colleges，NEASC)、中北部州院校认证协会(the North Central Association of Colleges and Schools，NCACS)、西北部州院校认证委员会(Northwest Association of Schools and Colleges，NASC)、南部州院校认证协会(the Southern Association of Colleges and Schools，SACS)及西部州院校协会(the Western Association of Schools and Colleges，WASC)。其中西部州院校协会下设两个认证协会，分别是西部州院校协会之初级学院认证委员会(WASC Junior)和西部州院校协会之大学认证委员会(WASC Senior)。

证，一经认证，通常 10 年有效。

（2）职业教育专业认证：对某一具体职业教学领域进行认证则由全国性的职业认证机构来负责。比如教师执照委员会通常要求申请者获得的学位是获得全国师范教育理事会认可的专业。州律师执照管理委员会要求学生获得法律学位专业是通过美国律师协会认证的。工程师执照一般要求获得工程学学位专业是美国工程技术认证委员会认证的。

（3）全国性的认证：对于三大类认证机构之一的全国性认证机构，它通常面向营利的、非学历、职业院校进行认证，代表机构有远程教育与培训理事会（DETC）、独立院校认证理事会（ACICS）和职业院校认证理事会（ACCSC）。目前得到全国性认证机构认证的学校有 3933 所，70%是开展非学历教育的，90%是营利性院校。通常地区认证协会对教学质量的要求比全国性认证机构的要严格，而全国性认证机构对学生就业率有一定的要求（the Senate HELP Committee，2012）。

第二节　美国远程教育历史

一、函授教育

（一）尝试阶段：早期函授教育与大学拓展运动

在欧洲函授教育的影响，以及美国国内工业发展、自由思想发展、人口快速增长等因素的共同影响下，美国的函授教育应运而生，它对于实现教育机会均等、促进工业化大生产、解决因地理和时间上的障碍而无法参与传统教育的人获得学习都起到了重要作用。正如其他新生事物的出现要经历曲折一样，美国的函授教育也经历了从尝试到兴起的发展阶段。

在美国，最早尝试函授教育的人是被称为"函授教育之母"的 Anna Eliot Ticknor。在询问了英国相关组织后，1873 年 6 月 Anna Eliot Ticknor 在波士顿成立了私人的慈善机构 Boston-base Society（协会），鼓励学生在家学习，由志愿者提供函授教育。在美国，她首次采用教师和学生交换信件的做法，教师每月给学生寄送阅读指南和常规测试卷。该协会有六个系（历史、科学、艺术、文化、法语和德语），总共提供 24 门课。协会的大部分学生是妇女。到 1882 年，注册人数达到 1000 人的高峰，但由于缺乏宣传和教育质量上的不能满足，协会从 1873 年开办到 1897 年 Anna Eliot Ticknor 去世结束，在 24 年间培养了 1 万多名学习者。[1]

继 Anna Eliot Ticknor 的尝试后，位于布鲁明顿的 Illinois Wesleyan 大学在 1873 年也开始提供函授教育，成为美国第二个提供函授教育的机构。它为学生提供大学考试的非在校课程，包括教育文学士、哲学学士、教育硕士和哲学博士。

1877 年伊利诺伊州的卫斯理大学为非住校学生安排了一系列的课程。这是美国历史上首个仿照牛津大学、剑桥大学和伦敦大学提供函授教育课程的大学，是美国高校函授教育的发端。当时主要是为全美国因为职业和经济的原因不能参加大学学习的人开设学士、硕士和博士课程。

美国早期大学层次的函授学习来源于 19 世纪英国教育的兴起。当时的大学扩展运动蔓延到了整个英语区，其中包括欧洲大陆、澳大利亚以及美国。当时的美国，几次成人教育的尝试加速了大学扩展运动的进程。在费城，George F James、George Henderson 和 Herbert Baxter Adams 于 1891 年组建了一个大学教学扩展协会。该协会于 1891 年召开了第一次全国扩大会议。美国全国范围内大学层次的扩展运动，是由 Herbert Baxter Adams 领导的，另外他还帮助建立了美国历史协会。

1881 年 2 月，浸信会神学院(Baptist Theological Seminary)的年轻教师 William Rainey Harper 采用函授的形式给犹太人提供教学。Harper 的犹太人函授学校经历这样的发展过程：1884 年，受美国犹太人组织的管理，教授学生达 70 人；1886 年，Harper 到耶鲁神学院任犹太语教授，函授学校也一起搬到这里；几年后，函授学校发展成为美国宗教文化学院；1885 年，组建了语言学校后，Harper 成为 Chautauqua 自由艺术学院的负责人，他对美国早期的函授教育进行了详细的分析，包括过程、成就和缺点的分析；1891 年，由 William Rainey Harper(耶鲁大学的教授)主持的自由艺术学院获准纽约州的授权可给学生提供学位课程。William Rainey Harper 被称为美国函授教育之父。[2]

---

① http://iml.jou.ufl.edu/projects/spring01/declair/history.html。

② 学校官网：https://www.uchicago.edu/。

（二）兴起阶段和发展阶段

1. 大学函授教育的兴起

（1）芝加哥大学①

William Rainey Harper 创建了学院式的函授教育后，于 1890 年开始组建新芝加哥大学。Harper 认为，函授教育应该与大学联系在一起，而不应当只有函授职能。在洛克菲勒的资助下，芝加哥大学于 1892 年成立了，并且在同年实现函授教育的首次招生，还设立了继续教育部（University Extension），对当时美国大学来说这种机构是很新的。芝加哥大学的首任校长 William Rainey Harper 由此被称为美国函授教育之父（确切地说是美国大学函授教育的创建者）（Von Pittman，2003）。

（2）威斯康星大学

威斯康星大学早在它 1845 年的报告里面就提出了"将教育的优势惠及最广大的人群"的办学宗旨。1885 年学校开设了"短期课程"并进一步创办了农民学院，由此威斯康星大学迈出了大学扩展的第一步。Turner 预见了建立一个"系统的、有组织的课程"的必要性，他提议对扩展部和函授部进行重组。

1891 年，威斯康星大学发表了一份声明，开始了其函授教育的新征程。

1892 年，威斯康星大学在其校史目录中使用"correspondence course"这一术语，因此这一年就被定为美国远程教育诞生之年。

1894 年，Jerome Raymond 任大学扩展部秘书的时候，开发了一系列的函授教育课程，并于 1896 年宣布对外招生。两年之后，仅招到 22 个人。

1906 年，威斯康星大学成立了函授教育部，这是第一个效仿芝加哥大学建立专门的函授教学系的大学。威斯康星大学扩展了原有的课程来适应学生所需要的职业培训。和芝加哥大学不同的是，威斯康星大学的函授教育很大部分是职业培训。

1908 年，威斯康星大学的 35 个系，已经注册提供了 1040 门函授教育课程。在 1906 到 1916 年间，函授教育部共有注册学生 24555 名。

到 20 世纪 20 年代，威斯康星大学已经成为美国函授教育的领军学校。

---

① 学校官网：http://www.wisc.edu/。

1958 年威斯康星大学函授教育部共"开设有 150 个专业近 450 门课程，每年在学学生数有 12000 名，批阅作业 8 万次，并与美国军事学院（U. S. Armed Forces Institute）签约合作帮助其开发课程。①

（3）堪萨斯大学②

紧随芝加哥大学和威斯康星大学之后，俄勒冈州也于 1907 年开展函授教育。堪萨斯州、得克萨斯州、内布拉斯加州以及明尼苏达州在 1909 年也加入了这一行列。堪萨斯大学早在 19 世纪 90 年代就尝试过从事扩展服务（extension service），当时没有成功，而到了 1909 年，其已开设了 87 门函授课程，到 1919 年招生人数已上升到 1000 人，五年后又达到 2000 人。

在第一次世界大战爆发之前，美国有 12 个学院或大学提供函授教育。宾夕法尼亚州立学院（Pennsylvania State College）采用函授教育方式为宾夕法尼亚州的农民提供了 30 门农业和家政课程的免费培训。1897 年，得克萨斯州韦科（Waco）市的 Baylor 大学也开展了函授教育。同时，康涅狄格州 Willimantic 公立师范学校也开始了函授教育。在康奈尔大学，Martha Van Rensselaer 于 1900 年着手开始为纽约州的农村妇女提供经济学方面的继续教育课程。到 1903 年，共开设了 3 门通过函授学习的学分课程，2 年后开设了 1 门非学分课程。五年当中，这个项目招收了 2 万名妇女。1911 年，Martha Van Rensselaer 和她的合作伙伴 Flora Rose 晋升为全职教授，这是康奈尔大学史上职位最高的女性（Vahid Motamedi，1999）。

在高等学校里通过函授教育进行课程改革的领导者是 Sidney Mitchell。1923 年，他通过函授的形式对将要毕业的学生进行职业培训。他没有开发自己的课程，而是和函授教育学校合作。学生可以从 400 门职业课程中进行选择。Mitchell 把这种形式叫做监管函授教育。随后，有 100 多个公立高校借鉴监管函授教育的形式。其中，Nebraska 大学——第一所借鉴监管函授教育的学校，在 1927 年率先在日常教育中实行监管函授教育。

1965 年，NUEA（National University Extension Association）的 64 个成员大学中就有 42 个提供高等教育水平的函授课程，几乎一半的大学提供无学分课程。函授教育的课程大约有 9000 门。

---

① http://iml.jou.ufl.edu/projects/spring01/declair/history.html。

② 学校官网：http://www.ku.edu/。

大学是高等学校函授教育的领跑者，政府和地方学校系统及其管辖下的中等教育和初等教育都似乎没有能力开展函授教育，但凤凰城联合高中（the Phoenix Union High School）例外，1936 年它开始提供自己的函授教育并取得了成功（Vahid Motamedi，1999）。

2. 私立与公立函授教育院校的行业组织和监管：NHSC 和 NUEA

美国函授教育阶段主要以私立函授学校办学为主，1924 年私立函授学校的学生是所有住宿学院、大学和职业学院学生总和的 4 倍（Noffsinger J S，1926）。20 年代由于过多的私立函授教育滥发文凭、质量低下，促成政府于 1926 年成立了专门的行业组织，即美国家庭学习理事会（the National Home Study Council，NHSC），也就是现在的"远程教育培训理事会"（Distance Education and Training Council，DETC），1994 年 NHSC 更名为 DETC。协会的主要任务是制定行业（私立函授学校）办学的最低标准，是非营利性的组织。1956 年美国联邦教育部成立，3 年后将 NHSC 纳入教育部行政架构，成为一个专门对远程教育实施认证的、全国性的机构。至今 DETC 都是美国远程教育行业中一个重要的组织，认证学校有 100 多所。

与此相对应的大学函授教育院校的行业组织是美国大学继续教育协会 NUEA（National University Extension Association），但不具备认证的功能。1915 年成立，早于 NHSC，至今每年都举办年会，有 404 家成员院校。

1930 年，有 39 所美国大学开展了函授教学（Mckenzie，Christensen，Rigby，1968）。到 50 年代，已经有 60 所 NUEA 的会员大学开展了函授教育。其中 45 所大学在 1958—1959 学年，大学层次的课程注册人数为 9.87 万，高中层次为 5.55 万，非学历课程注册人数为 6631 人。当时大学函授教育招生每年都有 10 万人左右。大学更偏重学术型课程，私立函授学校偏重贸易、金融等实用型专业。

60 年代，由 NHSC 和 NUEA 的"函授学习处"共同资助的"函授教育研究项目"（CERP）统计显示，有近 300 万名函授教育学生。其中，一半是军队人员（in the Armed Services），20%是私立学校的，近 10%是大学继续教育的，9%是其他类型的（Mckenzie，Christensen，Rigby，1968）。

1968 年，大学函授教育的教师决定将他们开展的函授教育称之为"独立学习"，并在 NUEA 下成立了（后来的 NUCEA）函授处。该处出版了供成员函授教育自查的指南《条件和标准》以及包括 64 所大学函授院系招生信息的《大学函授教育专业指南》。

1980 年，NUEA 更名为 National University Continuing Education Association，NUCEA），1999 年因业务面向全球，所以去掉了 National，而更名为 UCEA，后又更名为"大学职业与继续教育协会"（University Professional & Continuing Education Association，UPCEA）。

大学函授教育阶段代表人物有内布拉斯加州的 Gayle Childs 和 Knute Broady、威斯康星州的 Charles Wedemeyer、加州的 Alice Rowbotham、明尼苏达州的 Lloyd Hansen、爱荷华州的 John Davies（Michael Grahame Moore，2003）。

（三）私立函授教育的衰弱

1960 年美国教育部披露了 30 多所"文凭工厂"（这个问题 100 年前就已存在）。1966 年，美国邮政部披露，美国欺诈的函授学校在三年内增加了 3 倍。到 1966 年底，美国有 800~1000 所私立函授学校，只有 91 所得到 NHSC 的认证（Mckenzie，Christensen，Rigby，1968）。

从监管体制上来说，州政府对函授学校的控制权力最大，可以决定是否颁发或取缔营业许可和执照。有一半州对其境内函授学校采取发许可准入的办法（Mckenzie，Christensen，Rigby，1968），但事后惩罚监管并不奏效，一般只是邮政部（Post Office Department，POD）和联邦贸易委员会（Federation Trade Committee，FTC）有警告监管的职能，不甚奏效。同一时期，随着各种成教中心、社区学院的建立，更多成人可以就近入学，校车和交通的便利，加之整个函授行业面临"新媒体"（60 年代广播电视教育的兴起）竞争，60 年代美国私立函授教育开始走向衰弱（Mckenzie，Christensen，Rigby，1968）。

二、广播和电视教育阶段

（一）广播教育到电视教育的过渡

20 世纪头 20 年里无线电广播尝试用于教育中，但结果都失败了，部分原因在于投资不足，主要原因还是大学教师对此技术重视不够，将机会拱手让给了私立机构。远程教育使用无线电教学最早开始于 20 年代的威斯康星大学的广播电台 WHA。之后不久，公立广播和有线电视被用于远程教育。1918 年至 1946 年间联邦政府共批准教育机构成立了 202 家广播公司。但该技术没能够获得大众青睐。到 1940 年，就只剩下一门大学学分课程是以教育广播方式提供的。①

1934 年，赠地学院之一——爱荷华州立大学成为第一个使用广播教育电视的大学，此外一些商业电视台也提供电视教育。

比起无线电，电视广播激起了人们更大的兴趣，取得了更大的成功，这主要是因为 50 年代福特基金会开始提供资助。40 年代和 50 年代，电视广播和录像带开始用于教师的远程培训（Mckenzie，Christensen，Rigby，1968）。60 年代当福特基金会转向关注公共广播时，联邦《教育电视设施法》（*Educational Television Facilities Act*）的实施帮助建立了许多教育电视台。1965 年，卡内基教育电视委员会的一份研究报告促成了 1967 年《公共广播法》（*Public Broadcasting Act*）的立法，建立了 CPB（公共传播集团，Corporation for Public Broadcasting）。PBS（Public Broadcasting Services）也是在同一时期成立的。

1961 年"中西部空中电视教学项目"（the Midwest Program on Airborne Television Instrution）在六个州开展教育电视节目的设计与制作，然后通过发射站进行广播。这个项目持续了 6 年，为后来的卫星教育电视广播奠定了基础。

（二）魏德迈的 AIM 项目：多种媒体组合的系统试验

60 年代和 70 年代，电话会议系统和有线电视应用在远程教育中。1964 年，查尔斯·魏德迈得到卡内基基金会的资助开展 AIM 项目。这个项目使得远程教育的理论和实践有了质的飞跃。他将现代工业思想用于教育当中，将教育过程分解为一个个小的环节，每个环节都有专业团队负责实施，这些环节通过各种各样的技术（函授、无线电和电视节目、录音带、电话会议以及当地教学点的图书馆资源、辅导课和学习小组等）组合连接起来，这样远程授课可比以前手工作坊式的课程教学获得更高的质量和更小的成本。AIM 首创了课程设计团队的思想，将教学设计师、技术人员和课程专家组合在一起。辅导教师和学生支持人员也专门独立出来，共同为学生提供远程教育。这个项目的经验直接指导了英国开放大学

---

①　http://iml.jou.ufl.edu/projects/spring01/declair/history.html。

的成立，开启了现代远程教育的大门。后来由于卡内基基金会停止资助以及学校内部教师惧怕其对正统教育带来的威胁，AIM 项目终止。魏德迈除了在这个项目中积累了设计和教学技巧，更重要的是得到了很多关于政策和组织管理方面的经验。他特别建议要避免这个项目的三个弊端：在资金方面没有自主权、缺少教师、学术不认可。

(三) 对英开模式的学习和效仿

由于开放大学规模大、成本高、服务对象面向全国，因此需要全国性的政治领导。而美国缺少这样一种集中的政治领导，不过在 60 年代末和 70 年代也创建了一些具备某些开放大学特征的学校。第一个就是诺瓦高等技术大学(Nova University of Advanced Technology，后来更名为 Nova Southeastern Unviersity)，1964 年成立，非营利性大学，同时开展校园面授教育和远程学历教育(在佛罗里达州设有地区学习中心)。1971 年，纽约的帝国州立学院成立，开展学士和副学士的远程学历教育，每年招生 6000 人。Goddard 学院和 Syracuse 大学开设了特殊成人教育，1970 年 Regents 大学开设了校外学位专业，1972 年 Thomas Edison College 开设了校外学位专业。到 80 年代末，三所大学(Rutgers 大学、休斯敦大学和马里兰大学)已使用英国开放大学的课程(Wright，1991)。

受英国开放大学的影响，80 年代美国一些大学也注重改善课程学习指南的设计与制作。开展有线电视教学实验的大学有宾夕法尼亚州立大学、琼斯国际大学、密苏里大学，以及马里兰大学的国际大学联盟(International University Consortium)(Wright，1991)。

威斯康星大学拥有世界最先进的音频会议系统。1986 年，宾夕法尼亚州的成人教育使用双向压缩视频系统以及音频会议系统开展了硕士学位教育(Wright，1991)。

这一时期远程教育在高等教育领域颇受关注，但公立大学的远程教育比起私立函授教育机构的规模仍然小得多。NUCEA 成员大学的远程学生数有 30 万，但是 NHSC 却有 400 万，其中军队人员就有 70 万人。到 1984 年，美国大约有 400 所"单一模式"的私立家庭学习学校(函授学校)，提供 600 多门专业，主要开展商业、职业教育等领域(电子学、商学和计算机等)的继续教育。

（四）卫星电视教育阶段

尽管在单一模式开放大学的建设方面美国落后于其他国家，但卫星直接广播以及其他形式的远程会议教学使得常规大学开展群体远程教育成为可能。另一个重要的合作是 80 年代发展起来的视频会议系统"美国大学远程会议系统网络"（National University Teleconference Network，NUTN），它位于弗吉尼亚州的欧道明大学（Old Dominion University），自 1982 年开始，它为成员大学提供远程教育和视频会议资源，当时有 67 所成员大学和 10 个专业，后来增加到 250 个成员，提供或接受 100 多个各种各样的专业。随着信息技术的发展，该网络从依赖卫星和远程直播课堂过渡到网络教学。①

卫星电视手段在大学继续教育、企业员工培训以及政府和行业系统都有所采用。

函授教育或开放大学的模式通常是个别化的"家庭学习"，而卫星电视广播教学是以班级教学形式开展的。随着有线电视的进一步发展，其他许多电视大学兴起，开展了更为个性化的教学。到 80 年代中期，各类电视教育机构（包括大学、社区学院、私营节目制作商、公立和商业广播电视台）制作的"远程电视课程"（telecourses）有 200 多门，它们或由制作单位负责传输，或由 PBS 成人学习服务部（Adult Learning Service，ALS）负责传输。1000 多所中等后教育院校每年都与 PBS 的 ALS 签署传输电视课程的合同，招收了 60 多万名成人学习者。Annenberg/CPB 项目于 1981 年启动，为大学层次的课程开发提供了 200 万~300 万美元的资金，主要是开发电视课程。除此之外还有教科书、学习指南以及供管理人员和教师使用的教学手册。这些课程向全国大学经销，用来辅助面授教学或函授教育，课程开发人员主要是大学教师。

另一个有关的技术是教学电视固定服务，即 ITFS（Instructional Televison Fixed Service）。不论在哪一个地理区域，它都能传输多达 4 个频道的电视画面，不过传输半径只有 75 里。学校以及其他教育组织使用一根天线就可以接收这些课程了。这个技术主要用来提供教师继续教育。1984 年，加利福尼亚州立大学 Chico

---

① http://www.cdlponline.org/index.cfm? fuseaction=whatis&pg=3。

分校付费使用 ITFS 来向分布在五个州的所有分公司的员工传递有关计算机科学的课程(Wright,1991)。

在企业的继续教育里,视频会议系统备受青睐。1987 年,500 强企业中有一半在使用这种传输系统。

"公立服务卫星联盟"(Public Service Satellite Consortium)就是一个合作联盟,由许多通信用户构成,比如美国议员协会、美国法律研究所、美国教育协会、美国商务部,它们都会定期使用卫星会议传输系统开展继续教育。

在州范围内,美国州长协会报告称,"已有 37 个州开展了远程学习"。在国家层面,远程教育特别是学校开展的远程教育得到了"明星学校项目"(Star Schools Project)的大力推动,它促进了各州教育行政部门的合作,跨州开展远程教育如火如荼。

三、电视教育阶段的办学院校

自 20 世纪 70 年代中期开始美国人口生育率下降,人们担心高等教育生源过少,配合着技术发展的节奏和潮流,电视教育理所当然地成为教育机构扩大规模增加创收的选择。

最早使用计算机会议系统开展远程教育的先驱之一是"网络大学联盟",学生可以通过学习 19 所大学设计的课程获得新泽西州的 Thomas Edison College 的本科学位。类似的还有纽约理工学院。

美国大学也通过相关技术与国外的大学连接起来,代表性的有"全球大学联盟"(Global University Consortium,GUC)和"世界大学"(the University of the World)。GUC 主要是针对太平洋周围国家的大学院系开展多点到多点的交互远程会议系统。1988 年,环太平洋湾地区的名为"远程学习"的项目包括了美国 3 所大学、澳、加、日、韩各一所大学。"世界大学"是采用计算机、通信技术和电视技术将全球的大学连成一个网络,传递课程、科研数据、科学文献以及其他材料,具体包括两个电子邮件系统:北美的 BITNET 和欧洲的 EARN。1988 年 9 月,来自 11 个国家的 50 人组成了国际远程教育基金会(Wright,1991)。

(一)芝加哥"电视学院"(Chicago's TV College)

福特在电视教育阶段资助的对象很多,它不是要单一地使用某种媒体,而是用新媒体来促进更有效的课堂教学(James Zigerell，1991)。① 利益于福特资金在头三年的资助，1956 年芝加哥"电视学院"成立，主要尝试用开路电视开展两年制大学教育，有 400 多名学习者以完全通过电视教学的方式获得了文科副学士学位。60 年代恰逢师资严重缺乏，许多学员通过学习"电视学院"课程将学分转移到公立的二年制师范院校，从而获得教师资格，有力地补充了当时师资短缺的困难(James Zigerell，1991)。"电视学院"后来成为可以独立运营，存在时间最久的一所教育电视学校。80 年代初调整并入更大的芝加哥城市学院系统，之后又持续开展基于电视的教学近 20 年。在当时获得媒体的高度评价(James Zigerell，1991)。它培养了 20 多万学员。

(二)中美大学(University of Mid-America)

受英国开放大学的影响，加上美国国会的提议，1973 年美国教育部下属全国教育研究院(National Institute for Education，NIE)大力支持远程媒体教学，用电视、广播和计算机来开展教学。1974 年，在科罗拉多州成立了美国第一个具有联盟性质开展远程教育的中美大学(University of Mid-America)，成员为 11 所中西部的大学，初衷是建立一个"美国开放大学"(American Open University)，从而可以分担制作购买电视教学节目的高昂费用。它尝试借鉴英开的做法，特别是课程开发团队方面的做法。教学手段除了电视外，还有广播、有线电视、FM 广播、录像带、电话甚至还有报纸。十年间招收的学生有 1.5 万人。但由于开设的课程由成员高校随机提供，过于零散不成体系，而求学者多为要提升学历的从业人员，所以渐渐地中美大学因缺乏规划管理和学校之间的协调(Wright，1991)而招不到足够的学生来维持运营，8 年后，于 1982 年被教育部合并到了纽约理工学院(James Zigerell，1991)。

---

① 福特这一时期资助的大学有马里兰大学、休斯敦大学、南伊利诺伊大学等。这些大学的电视教学项目多数比较"短命"，只有马里兰大学较长，它既有自己的校外教学部，也是 IUC(国际大学联盟)的成员学校。IUC 最初只有美国的几所大学，后来加拿大的大学加入进来，所以更名为 IUC。当时主要想整合一些大学已有的校外学习项目，从 1980 年开始用六年的时间提供文学学士学位的教育，课程资源是通过购买(如英开的)、自己开发来获得的。但报读人数太少，之后不了了之。

(三)国家技术大学(NTU)

国际知名的国家技术大学(NTU)于 1984 年成立,也是成员联盟性质的,非营利性大学,主要基于卫星开展工程学类的硕士远程教育。80 年代的时候租用卫星很贵,这样成员联合起来可以分担成本。当时有大约 50 所顶尖大学上传卫星电视节目,既有学位专业课程,又为工程师和科学家提供继续教育。与 NTU 合作的企业有波音、柯达、GE(通用电气)、IBM、摩托罗拉和施乐公司(Wright,1991)。

到了 90 年代末由于互联网的使用,各大学都有能力开展网络教育,NTU 很难招到学生来支撑下去,2002 年被 Sylvan Learning Systems 购买并于 2004 年并入 Walden 私立大学(主要开展网络教育)。

(四)琼斯国际大学(JIU)

琼斯国际大学(JIU),当时名为 Mind Extension University(MEU),是 Jones 在 1987 年创立的有线电视网络,位于科罗拉多州丹佛市,私立营利性质,当年就有 30 多所大学加盟,招收了 3 万多名学员,主要以有线电视教学形式来开展。1993 年 Jones 成立了完全在线的虚拟大学 JIU。

1999 年至 2016 年 2 月,琼斯国际大学经高等教育委员会区域认证,可提供商业和教育领域的副学士、学士、硕士和博士学位课程。目前已经关闭不再招生。

四、电视教育阶段借鉴英开模式办学失败的原因

在 1980 年代由英国开放大学引导的单一模式大学在全世界各地纷纷开花,美国曾试图模仿,但都未能成功,主要原因在于,英开是一所完全独立的、可以自己颁发文凭的大学;其次它不是一个完全只靠电视开展教学的大学,英开更多的还是依赖印刷教材,而且由于电视节目的开发模式耗资巨大,所以它尽量减少电视教学的比例,辅之以 2 周的暑期在校面授学习;再次它实行开放入学,学生要在 21 岁以上;① 最后,尽管开放入学,但英开还设置了免费试学的环节,让

---

① 后来实行过招收 18 岁的学生,但因为他们缺少远程学习的自主能力,所以后来还是恢复到 21 岁。

报读者先体验一下，如果合适他们才正式开始学习，这样保持了学生的成功率。所以英开 1971 年入学的学生到 1974 年末有 54% 的人获得了学位（James Zigerell，1991）。这些经验都是美国同行所没有注意到或难以学习的，因而当时很多引入英开课程、模仿英开模式的学校都失败了。

美国当时已有学校开始给那些以非常规方式完成学历教育的学生颁发学位，比如 NTU 就在当时开展了硕士学历教育。还有其他一些大学也允许学习者通过电视课程学习获得硕士学位。但是在本科学历教育方面，电视教育就很难开展了。因为电视教育有很多是通识教育的课程，而成人更喜欢职业类的课程。加之，在当时完全通过非常规方式获得学历名声也不好，即便在社区学院，电视授课与面授教学一起使用，其学费也低廉，但报读人数仍不多（James Zigerell，1991）。在电视教育阶段，只有不到 2% 的学生会用电视手段进行远程学历教育。

五、学分互认的兴起

1970 年代美国一些非传统大学开始成立，逐渐重视学分的折算。帝国州立大学就是一个很好的例子，它成立于 1971 年，允许学生把有关的生活和工作经验和各种独立学习等非传统学习方式获得的学习成果以及在其他学校获得的学分等转换为常规大学认可的学分，以帮助学生获得学位。帝国州立大学和其他一些教育机构一样，角色就是大学中介机构。

80 年代美国曾讨论过"美国开放大学"的构想，即成立一个学分转换机构（就是学分银行，不是实体大学），它可以把学生从不同学校获得的学分、生活经验、专业技能考试、独立学习和非常规学习的成果进行学分转换。但后来的发展证明，单一模式的全国性公立的开放大学在美国是行不通的，好在美国基于社区学院发展起来的学分互认机制为学生在不同教育类型间互通提供了条件。

六、互联网时代的网络教育

(一)网络教育的兴起

20 世纪 80 年代末 90 年代初公共广播电视教育势微，电脑兴起，正式孕育新的远程教学范式变革——电视教学开始转向网络教学。虽然计算机和互联网的产生是 70 年代左右开始的，但是大规模用在远程教育方面却是从 90 年代开始的。远程教育开始整合应用各种新媒体手段，包括卫星、电话、电视、计算机技术、电子邮件、万维网等。90 年代又进一步引入了视频会议系统和多媒体桌面系统。

一些大学在 80 年代就开始了尝试。早在 1986 年，PSU（宾夕法尼亚州立大学）就开展了成人教育专业的远程教育，主要借助计算机传播系统，辅之以音频会议系统。开始只是面向州内学员开课，1989 年开始向墨西哥、芬兰和爱沙尼亚推广（James Zigerell，1991）。1995 年，美国成年人只有 9% 可以上网，到 2002 年则达到 60%，多数人是在工作单位上网的，平均每周上网时间为 8 小时。

90 年代开始就有大学开设完全的网络教育专业课程。比如纽约理工学院、纽约的新社会研究学校（New School for Social Research）、国际信息管理学校。PSU 通过"World Campus"开设了第一个网络教育形式的成人研究生学位课程。90 年代末，84.1% 的公立大学和 83.3% 的四年制公立学院开设了网络课程。74% 的社区学院也提供了网络课程。

网络技术的兴起也催生了一种新的、单一模式的大学——虚拟大学。

（二）美国网络教育早期探索

一些传统大学尝试成立独立的营利性网络公司，如 Temple 大学成立了"Virtual Temple"，纽约大学成立了"NYU Online"，但也有一些成立不久就快速消失的网络教育机构。美国第一个完全在线的 Cardean 大学于 2000 年成立，但招生规模太小，入不敷出，最后关闭。

美国其他知名大学在 2000 年左右开展网络教育，但由于处于互联网泡沫危机时期，相继倒闭关门。

公立教育方面的网络远程教育代表是 eArmyU 项目，士兵可以注册学习 24 所不同的高等教育院校的课程。学生获得学分可以在学校之间认可和转移，先前学习经验以及军队服役经验都可以折算一定的学分。

90 年代末一些新的网络公司成立了，如 Digital Think、Element K、eMind、Netg 和 Smartforce，还成立了其他一些开发网络学习工具和平台的公司，如 Blackboard、WebCT、eCollege 等。

90 年代开展线上考试发证书的公司也兴起了，主要有三家大公司：Prometri、

CatGlobal 和 Virtual Universal Enterprises(VUE)。

随着越来越多的公立学校和私立机构提供网络课程，一些帮助营销推广宣传网络教育的公司和门户网站也出现了，比如 Hungry Minds、Learn2.com、Smart-Planet.com(James Zigerell，1991)。

第三节　美国远程教育的基本概况

一、美国远程教育机构的类型

(一)单一模式的院校以私立为主，规模较小

美国没有像欧洲、亚洲和非洲等地区那样出现全国性的虚拟大学，但也有单一模式的远程教育院校，不过远远成不了主流(Moore，Kearley，2005)。一些州有自己的公立虚拟大学，比如新泽西州的托马斯爱迪生州立学院和纽约州的帝国州立学院。

美国大多数的单一模式大学是私立的，特别是 20 世纪 90 年代，互联网经济的发展推动了许多中小型的虚拟学院如雨后春笋般发展起来。

美国单一模式院校提供的专业一般侧重实用性，主要开设市场热门的专业，比如教育、医疗、宗教、公共安全和商学(DETC，2006)。比如，美国公共大学(American Public University)主要开展公共管理、国土安全以及其他军人、公务员感兴趣的职业课程。美国目前规模较大的、以开展网络教育为主的营利性大学具体情况见附录二。

最突出的单一模式大学就是美国凤凰城大学(UPX)，它开展了从副学士到博士各个层次的远程教育，很长一段时间里是美国最大的私立网络大学，学生规模曾达 40 万人以上，但近十年来生源明显下滑。2020 年，在校生 8.38 万人，其中专科生 7600 人，本科生 5.83 万，硕士研究生 1.58 万，博士生 2100 人，学生平均年龄 37 岁。[1]

---

[1]　https://www.phoenix.edu/content/dam/altcloud/doc/about_uopx/Academic-Annual-Report-Digital-2020.pdf。

（二）双重模式院校以公立为主，规模较大

单一模式院校的突然崛起远远比不上几千所实体院校开展远程教育的规模。

宾夕法尼亚州立大学通过 World Campus 提供网络课程。许多大学在其分校，特别是位于乡镇边界的分校开展远程教育，提供面授辅导，如新墨西哥大学（the University of New Mexico）就在其分校设立了远程教育中心。许多中小型的大学一般与当地的社区学院合作，利用它们的师资和场地开展远程教育。远程教育形式既有网络教育也有电视课堂同步直播等。

二、基本管理体制

（一）联邦的影响和资助

联邦政府逐渐对高等教育施加影响还是从 19 世纪早期开始的，主要通过制定一系列法律政策来施加影响。联邦对高等教育包括远程教育施加影响的最主要途径是通过认证、赠地、拨款、给学生提供经济援助来实现的。

1. 地区认证

美国有六大地区认证机构，它们都是经过教育部批准认可的认证机构，此外还有一个全国性的"高等教育认证理事会"（Council for Higher Education Accreditation，CHEA）。

除了地区认证机构，一些院系和专业还寻求专业方面的全国性认证，这主要是由 62 个专业认证机构来实施的，认证的学科领域包括商学、教育学、法学和医学。比如"高等商学学院协会"就是对各大学商学院进行认证的专门机构。认证是自愿的，付费的。认证后高校除了拥有高质量教育的声誉，便于毕业生就业，还有资格申请联邦各种财政补贴，包括给学校和给学生的。为了避免"文凭工厂"的低劣教育，认证机构一般都要求教育机构提供详细全面的办学报告，而且偏向对职业类学校的认证，因为职业类学校可以给学习者提供真才实学的教育。

认证的一个重要促进力量，是《美国新闻与报道》2012 年开始发布网络教育

类的本科院校和研究生专业排名，后者包括教育学、商学、工程学、信息技术、护理学等五个专业类别的排名。此排名为报读者提供了一个良好的指南。质量排名所依据的评估指标有三项：学生学习情况（学生的满意度和教师的反馈），权重 50%；教师资格和培训（优质远程教师的比例），权重 25%；学习支持服务和技术（经济、技术和职业方面的支持服务），权重 25%。排名靠前的多是传统大学开办的网络教育。此外其他一些组织如 Get Educated 公司提供的网络学历教育专业信息平台也为报读者提供了很好的甄选渠道。

2. 赠地形式的资助

联邦赠地给州的做法起源于 1802 年的《俄亥俄州建州法案》，该法案中联邦给这个新加入的州赠与了两个城镇用作建立大学。1862 年《莫里尔法案》确立了一个更重要的赠地项目，联邦将 3 万亩地赠给各州用来发展农业、工程以及其他新兴产业和相关的大学。在拓展各州的网络教育方面，联邦也有一定的作为。

3. 直接的财政支持（Direct Fiscal Assistance）

《莫里尔法案》之后，联邦还制定了很多法律来从经济上帮助各州的教育事业。这些拨款和补助金是直接拨付到学校和学生个人，而不是给各州政府，这有别于加拿大。还有一些法律强化了联邦对各州办学的监督权，比如《史密斯·休斯法案》就成立了一个董事会来评估各州如何使用联邦经费开展职业培训。

20 世纪以来，联邦的资助更加强调直接到人、到项目。比如针对军人接受教育方面，就出台了很多政策，提供直接补贴给退役或服役军人，使其可以免费接受教育。最著名的就是《服役军人转业法案》（Servicemen's Readjustment Act），这个法案的成功使得后来又出台了很多直接为学生个人提供资助的法案，比如佩里助学金、斯塔福贷款（Stafford Loans）以及其他财政资助项目，为经济方面有困难的学生提供帮助。

联邦资助经费的另一个用途是资助高校开展研究。1950 年，"美国科学基金会"（NSF）成立，政府增加在物理学和行为科学的研究经费投入。《美国国防教育法案》于 1958 年颁布，主要针对冷战和军备竞赛的国际形势，重点支持科学教育。

在立法方面，美国在 21 世纪初作了两项重大改革，扩大了远程教育接受联邦财政资助的机会。2002年，美国教育部废除了"12小时制"。这个法规原来要求学生至少每周参加12小时的课堂学习才可以申请联邦经费资助。2005年的《降低赤字法案》也废止了"50%制"，原来这个法案规定如果院校招收的远程教育学生规模超过了全日制学生规模或者开设课程一半以上是通过远程教育开展的话，就没有资格申请联邦资助项目。这使得远程学习者和远程教育办学机构可以比较容易地获得联邦财政资助。

(二) 州级层面的管理和财政资助

美国宪法规定教育权由各州保留。就像加拿大一样，联邦只负责少数民族、军人的教育。

虽然各州政府的教育投入近几年有所增加，但是相比同期的学生增长率以及通胀率来说，实际投入是下降的。比如，科罗拉多大学2007年的财政收入中，只有8.1%是州政府拨款的，相比之下，学生学费占39%，联邦资助的经费占24%，比州政府的拨款都要多(Mark Smith，William Bramble，2008)。

各州给远程教育的投入一般都是通过短期的战略规划项目拨款的，而且远程教育也没有纳入各大学的核心战略中，各大学的主要任务依然是校园设施建设，为全日制学生服务以及科研攻关。远程教育在高校不受重视，只是在经济不景气的环境下，能够自负盈亏，得以维系下去而已。高校远程教育的经费都上交给学校财政，只留有很少的经费用来再分配和持续发展，一般都是高校创收的一种渠道。

一些州的远程教育拨款除了支持大学的远程教育外，还支持中学层次的远程教育。例如，密歇根州、北卡罗来纳州、佛罗里达州等许多州都创办了中等教育层次的虚拟学校项目，它们主要借鉴高校开展远程教育和成人教育经验来办学。还有一些州也很重视教育技术的发展。比如，2006年，弗吉尼亚州在"州高等教育委员会"下设立了"学习技术办公室"这一部门，为公立和私立院校开展教育技术应用提供管理和服务(Mark J Smith，William J Bramble，2008)。

在美国，办学相对成功的是那些实施扁平化管理的办学机构，① 而不是集中体制的、类似英开的单一模式院校。

有的高校将远程教育职能设在一个专门的系或办公室（双重模式），有的则是由多个分散独立的远程教育办学实体（混合模式）来承担，比如爱达荷大学有三个独立开展远程教育的办学实体：Virtual Campus、Independent Study in Idaho、Engineering Outreach，每一个部门都有独立的学习支持服务和课程注册机制。在霍普金斯大学，多所院系和一个校外教育中心也是各自独立地开展远程教育。

（三）联盟

大多数联盟是在一个州的范围内开展的。同一个州的远程教育办学机构联合起来开展远程教育，成立虚拟联盟，这在美国非常普遍。这些联盟的成员高校通过一个共同的门户网站招生，集中管理，既可以实现规模经济又可以避免课程重复建设。

EARMYU（www. earmyu. com）是美国最成功的虚拟远程教育联盟之一。该联盟制定了非常细致的合作协议，拥有共同的远程学习技术，有 27 个成员院校，通过远程教育开设有 145 个证书和学位专业，服务对象是美国陆军士兵（Mark J Smith，William J Bramble，2008）。

三、当前发展规模

（一）斯隆报告

斯隆联盟自 2003 年起连续发布了 15 份关于网络教育的年度报告，历年数据如表 8-1 所示。

---

① 扁平化管理是企业为解决层级结构的组织形式而实施的一种管理模式。当企业规模扩大时，原来的有效办法是增加管理层次，而现在的有效办法是增加管理幅度。当管理层次减少而管理幅度增加时，金字塔状的组织形式就被"压缩"成扁平状的组织形式。

表 8-1 2002—2016 年高校网络教育数据变化(斯隆报告)

年度	高等教育 总人数	增长率	网络教育 总人数	网络教育 增加人数	增长率	占比(网络/高教 总人数)
2002	16611710	—	1602970	—	—	9.6%
2003	16911481	1.8%	1971397	368427	23.0%	11.7%
2004	17272043	2.1%	2329783	358386	18.2%	13.5%
2005	17487481	1.2%	3180050	850267	36.5%	18.2%
2006	17758872	1.6%	3488381	308331	9.7%	19.6%
2007	18248133	2.8%	3938111	449730	12.9%	21.6%
2008	19102811	4.7%	4606353	668242	16.9%	24.1%
2009	20427711	6.9%	5579022	972669	21.1%	27.3%
2010	21016126	2.9%	6142280	563258	10.1%	29.2%
2011	20994113	0.1%	6714792	572512	9.3%	32.0%
2012	21253086	1.2%	7126549	411757	6.1%	33.5%
2013	20680352	-2.7%	5611551	-1514998	-21.0%	27.1%
2014	20506812	-0.8%	5828826	217275	3.8%	28.4%
2015	20266367	-1.2%	6022105	193279	3.3%	29.7%
2016	20124203	-0.7%	6359121	337016	5.6%	31.6%

根据斯隆联盟 2018 年度第十六个年度报告 *Grade Increase：Tracking Distance Education in the United States* 的统计数据,[①] 从 2002 年秋季到 2016 年秋季,至少选择一门在线课程的学生数量从 160 万增加到 636 万人,选择在线学习课程的大学生人数连续 14 年增长。

即使在提供远程教育的学校数量和参加这些课程的学生数量大幅增长了十年之后,教师的怀疑程度仍然很高,所有学术领导者中只有一小部分"接受在线教育的价值和合法性"。过去几年这一趋势并没有发生很大的变化。

---

① https://onlinelearningconsortium.   org/read/grade-increase-tracking-distance-education-united-states/。

全美远程教育学生有很大一部分仍然是公立教育机构招收的。虽然招生数字令人刮目相看，但是在线学习对其学校长期战略发展将带来良好影响的认可度并不高，而且仅有29%的教师认可"在线教育的价值和合法性"（Babson，2015）。

(二)美国国家教育统计中心(NCES)报告

美国高等教育显著的特点是拥有数千所各自独立的、分散的、归属各州管理的高等院校。根据NCES2020年度报告，2019年，美国全国1660万本专科学历教育学生中，至少选学一门网络课程的学生比例为36%（600万）；完全以远程教育形式攻读学历学位的学生占总比例的15%（240万人，其中150万是就读于本州的大学）。从学历层次上看，远程教育学生中攻读学士学位的占比为42%，攻读博士学位的占27%。

如果撇开副学士学位学生（专科），将学士后学位学生（硕士、博士）与学士学位学生一并统计，则2019年美国高校学历教育学生为1964万，至少选学一门网络课程的学生比例为37.2%（731万）；完全以远程教育形式攻读学历学位的学生占总比例的17.6%（345万人）。

私立营利性大学的纯远程教育学生最多，占所有纯远程教育学生总数的62.8%。四年制大学的公立大学、私立非营利性大学以及私立营利性大学中完全以远程教育形式就读的学历教育学生占学生总数的比例分别是10%、17%、68%，即四年制私立营利性大学的远程教育学生占比达七成；而在二年制学院中，则是15%、45%、8%，私立非营利性的二年制学院远程教育就读学生最多。①

美国高中生中，每天使用网络学习工具的占比为64%，使用数码设备上网课的学生占45%。在线教育的市场份额预计到2025年将达到3250亿美元。

第四节　美国远程教育"铁三角"监管制度

美国高等教育（含远程教育）行政监管是一个"铁三角"（triad）体系，这三个监管实体分别是联邦政府、地方州政府和美国教育部认可的认证机构。联邦

---

① 　https://nces.ed.gov/programs/coe/indicator_cha.asp。

政府起主导作用，其中国会负责《高等教育法》的修订，教育部则依据《高等教育法》第四款来拨款和制定具体的政策法规，国防部和退伍军人事务部依据相应法令向现役军人、退伍军人以及军人配偶提供学费补助，问责办公室（Government Accountability Office，GAO）负责监督审计教育经费使用，等等；地方政府监管力量包括各州教育行政部门、州级立法机构以及大学系统协会等，配合联邦政府，负责分拨经费，制定适合本地方的教育政策；认证机构则以社会第三方身份对高等教育质量进行评估和认证。

美国远程教育办学院校主要有四类：公立大学（四年制）、公立学院（多为二年制社区学院）、私立非营利性大学（四年制）和私立营利性大学。在2015—2016学年中，公立学校首次在远程教育学生增长率中呈现最高。在过去，私人非营利性机构增长最快，每个时期的增长率都达到两位数。2015—2016年，私人非营利性院校的增长放缓至7.1%，而公立院校的增长为7.3%。与其他两种院校的持续增长不同，私立营利性院校每年都在减少，最近的变化是-4.5%。2016年，公立院校远程教育（至少学习一门网络课程的学生）人数占全部远程教育人数的68.9%，私立非营利性院校为18%，私立营利性院校最低，为13.1%。可见，公立大学是远程教育办学的主体。

在讨论之前，先将1992年至2013年美国远程教育政策法规演变情况和美国远程教育"铁三角"监管格局予以绘图，以便对照（图8-1、8-2）。

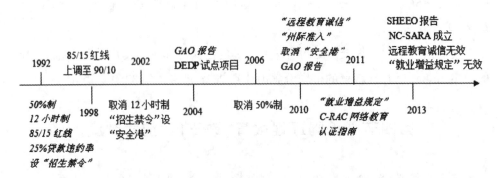

图8-1　1992—2013年美国网络远程教育政策法规演变图

注：斜体字部分为"严管"措施

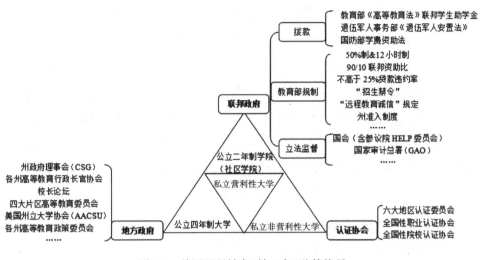

图 8-2　美国远程教育"铁三角"监管格局

一、美国远程教育的政策背景：1992—2006 年政策演变

美国立国时宪法规定，联邦政府无权干涉各州的教育，因此美国教育是地方自治的。二战之前，联邦对各州的教育是没有实际监管权的，二战以后才有所改观。随着联邦政府所掌握的教育经费不断增加，特别是 1958 年以来几部教育大法使中央政府的教育政策逐步渗透到州和地方，对全国教育的影响越来越大（丁新，张秀梅，2003）。1965 年《高等教育法》通过向各州拨款/贷款间接地对各州的高校行使管辖权。教育权在一定程度上收回到了联邦政府手中。1979 年美国联邦政府设立了教育部，但各州的教育委员会和下属的地方学区委员会，与基层学区委员会仍然分别掌握各地的教育大政、发展计划、经费分拨等实权。除了教育部通过《高等教育法》拨付给高校的联邦学生贷款和资助外，美国国防部一直都有专门为军人提供学费补助和低息贷款的法案《国防部学费资助法》，美国退伍军人事务部有《退伍军人安置法》《9·11 后学费补助法》等，现役军人、退伍军人及其配偶可以获得联邦配给的学费补助和贷款。

（一）1992 年《高等教育法》修订：50%制和 12 小时制出台，对远程教育加强监管

1992 年，针对当时许多函授学校欺骗和滥用国家的学生财政补助，美国国

会修订《高等教育法》，对高等院校开展函授教育提出了两个限制政策——12 小时制和 50% 制。所谓"12 小时制"就是规定每周至少要保证的面授教学时间，即远程教育类的非正规教学方式每周教学时间不得少于 12 小时，且每学年要保证至少有 30 个教学周。"50% 制"则要求开展函授教育的学校其远程学习者比例不能超过全日制学生总数的 50% 或者学生以远程方式所学课程比例不能超过总课程的 50%，方可申请《高等教育法》第四款规定的联邦学生资助；反之，如果院校招收的远程教育学生规模超过了全日制学生规模或者开设课程一半以上是通过远程教育开展的，就没有资格申请联邦资助项目。这两项规定，通俗点理解就是一个要办学机构确实有实体存在，不是空壳学校，另一个要求学生必须确实是参加学习了，有学习过程，不是挂名混文凭。

此次修订《高等教育法》，除了这两项针对远程教育的——"50% 制"和"12 小时制"外，还有三个重要的规定，即要求获得联邦贷款的学校贷款违约率不超过 25%；禁止高校按招生人头数的多少支付招生员佣金；学校年收入中联邦资金比例不得超过 85%（"85/15 红线"），若连续两年超过则丧失资助资格等。

（二）1998 年《高等教育法》再次修订：开始放松"紧箍咒"

1998 年修订的《高等教育法》开始放松要求，将资金比例占学校年均收入比例不超过 85% 上调至 90%。

2002 年教育部放松了 1992 年出台的"禁止按招生人头数支付佣金"的禁令，划定出一个"安全港"，有 12 种报酬支付方式不再算作违规。在这个规定下，如果院校招入不合格的学生，但能保证其完成学业而支付老师相应的佣金则不算违规。此后营利性大学规模急剧扩张，所获得的联邦资助持续攀升，多数网络教育院校年均收入中联邦学生资助经费所占比例逼近"90/10 红线"。①

---

① 按"90% 红线"的规定，各高校所获得联邦政府的各项贷款和资助总额不能超过其年收入的 90%，但许多营利性高校几乎触顶，比如 2010 年阿波罗集团（凤凰城大学的母公司）是 88.7%，卡普兰教育集团（卡普兰大学的母公司）为 87.9%，Bridgepoint（阿什福德大学的母公司）已过红线，达 93.7%。

（三）"50%制"政策豁免试点项目 DEDP（1998—2005 年）：取消 50%制的试点

到了 20 世纪 90 年代末，网络教育的兴起让 1992 年增加的两个"限量"规定（"12 小时制"和"50%制"）显得不合时宜。2001 年 10 月 10 日众议院讨论修订《高等教育法》并通过了《互联网公平 2001 年教育法案》（*Internet Equity and Education Act of 2001*），放宽了对"12 小时制"和"50%制"的限制。2002 年，美国教育部废除了"12 小时制"。在取消"50%制"前，教育部比较审慎地先开展了一个试点项目，即 1998 年国会批准的"远程教育示范项目"（Distance Education Demonstration Program，DEDP）。负责 DEDP 项目的是教育部主管中等后教育的副部长莎莉·斯特鲁普（Sally Stroup）。项目实施目的是看取消束缚远程教育发展的"50%制"是否会对高校造成影响。试点学校有 13 所，2003 年底又有 5 所加入。这些学校中有营利性远程教育高校，如凤凰城大学、卡佩拉大学、琼斯国际大学等，也有私立非营利性远程教育大学，如西部州长大学、国家技术大学，还有公立远程教育大学如马里兰大学学院。① 其中 8 所试点高校可以豁免"50%制"而获得联邦学生贷款和资助。此 8 所学校的在读学生数在试点六年的时间里增加了七倍。2005 年教育部报告却认为，DEDP 项目试点结果表明取消 50%规定不会产生负面效果，他们甚至还要求修订联邦学生助学金的有关法规，以扩大远程教育规模。

（四）"50%制"正式取消及其带来的不良后果

2006 年美国通过了《削减赤字法案》，其中一项内容是决定在 2006 年 7 月 1 日正式废止"50%制"（Dillon，2006）。此前美国问责办公室对是否在 DEDP 项目结束后取消"50%制"的风险作了评估。在对 14 所大学领导访谈以及对 2000—2001 财年的学生贷款数据库调查后 GAO 发出警告，如果不加任何附带条件和限制地取消 50%规定，滥用联邦贷款的风险会大幅增加；取消对申请联邦贷款的学校的资格限制，将导致贷款额大幅增加。

---

① 美国问责办公室发现有 14 所学校总计有 22.5 万名学生会受此限制政策的影响。不过，其中的 8 所学校却从教育部 DEDP 项目拿到了豁免权，可以不受此政策的影响。

实践结果是，2004—2010 年间营利性高校颁发的副学士文凭数量增长了 77%，学士学位增加了 1.36 倍（Harkin，2012a）。2008—2009 学年入学的学生，到 2010 年夏季，就有 50% 以上退学，攻读副学士学位的学生辍学率则高达 63%。DEDP 项目开展以前这些营利性高校的不良贷款率一般只有 5% 左右，现在则高达 23%。取消"50%制"的直接后果就是网络本专科学生规模与不良学生贷款率同时猛增。实践发展最终应验了 GAO 的警告。

在小布什政府期间，教育部这个面向 18 所院校开展的 DEDP 项目以及取消"50%制"的决定，放宽了私立远程教育学校使用联邦贷款的限制，导致了居高不下的高贷款违约率和盲目的掠夺性招生。实践证明这一政策是失败的，受到许多非营利性高校的指责（Blumenstyk，2006）。

随着 1992 年《高等教育法》增订的严格规定被逐步放松和取消，政策阀门从此"开闸"，美国远程高等教育（特别是私立远程教育）的监管放松，使得各种问题层出不穷。

二、美国远程教育的一度失序

美国远程教育在 2010 年左右遇到的问题主要有三大方面，表现为营利性大学网络教育过度增长，高等教育（含远程教育）质量认证制度本身存在缺陷，地方政府监管不力等。

（一）营利性网络高等教育过度增长，哈金报告敲响警钟

2010—2012 年，在美国参议院"健康、教育、劳工和退休金委员会"汤姆·哈金（Tom Harkin）主席①的主持下，专门对以《高等教育法》名义获得贷款和拨款的 30 所私立营利性高校②进行了为期两年的调查审计，参考数据全部来自各高校上报给联邦教育部的年度报告（从未公开过的内部资料），于 2012 年 7 月发布了题目为《营利性高等教育：不能守护联邦投入，不能保障学生学业成功》的报告。调查对象全部是大型上市公司或私募股权公司旗下的营利性大学，且大部分

---

① 汤姆·哈金主席来自俄亥俄州，是最为资深的参议员，任期为 2009—2015 年。

② 从 1972 年开始，美国营利性高等教育院校可以和公立院校一样申请联邦学生资助经费。

为网络大学(包括凤凰城大学、卡普兰大学、德瑞大学、瓦尔登大学、卡佩拉大学、斯瑞尔大学等)。报告指出,2008—2009 年仅 11 家营利性教育公司的网络学历教育学生数就达 43.5 万。每年联邦政府拨给这 30 家营利性高校的助学金有几百亿,2011—2012 年多达 320 亿美元,占所有联邦资助额的 24%。这 30 所高校 2010 年收入中,79%是来自联邦的贷款和拨款(2006 年还是 69%)。如此巨资投入不但没有换来高质量、可信赖的网络高等教育,反而衍生出诸多令人触目惊心的问题,主要有如下几个方面:

(1)教学低投入。花在招生宣传广告和利润方面的经费多于教学投入,招生员数量是支持服务人员的 2.5 倍以上。

(2)校董高薪酬。私立营利性大学校长或其母体公司总裁的人均年收入是 1610 万美元,是私立非营利性大学校长(均为常春藤大学)的 5~6 倍,是五所年薪最高的公立大学校长的 16 倍。

(3)高辍学率。据统计,这 30 家教育公司 2008—2009 年在读副学士、学士的学生数为 109.6 万人,到 2010 年夏季,就有 54.4%的学生退学,尤其是攻读副学士学位(一般二年制)的学生,辍学比例多达 63%。

(4)高学费。多数营利性学校平均副学士的学费是同层次公立社区学院学费的 4 倍;学士学历教育的学费比同层次公立大学贵 19%。①

(5)高贷款违约率。高学费迫使 96%的学生贷款。每三人就有一人在毕业或辍学后的三年中贷款违约,无法按期还款,三年贷款违约率在 33%以上。

(6)大规模招收军人学生,竭力抽取联邦资助。大多数私立营利性高校将矛头指向军人及其配偶,将其作为主要招生对象大展攻势。结果是,营利性高校所获得的军人教育拨款最多:"9·11"后《退伍军人安置法》拨款的 37%和《国防部学费补助》的 50%都流向了营利性高校(Harkin,2012b)。

非常糟糕的是以上问题不是个别现象,整个营利性高等教育领域的风气皆是如此。营利性高等教育(特别是网络教育)过度疯狂的增长及其不断出现的问题暴露了国家质量监管体系"铁三角"的缺陷,其不能有效保护学生的利益、不能

---

①　学费定价高,即便在学生还不起贷款的情况下学校至少还有学生本人上交的学费以及已获得的联邦学生资助。只要有联邦的贷款给学生,学生转手又上交给学校作为学费,这些营利性高校至少是保本的。

保证学术质量、不能看管好联邦和州纳税人的钱。

(二) 认证制度存有漏洞

美国远程高等教育认证制度和体系本身也存在缺陷, 教育部建议统一远程教育的认证标准, 参议员哈金建议从严加强认证标准。

1. GAO 报告的认证建议: 各地区认证机构出台统一的、关注过程的远程教育质量标准

美国问责办公室在 2004 年 2 月提交给国会一份报告《远程教育示范项目的效果与质量认证要求》, GAO 要求教育部就豁免"50%制"的代价和后果提供数据 (GAO, 2004)。

报告认为, 各认证机构不论是地区的还是国家的, 彼此之间的认证标准并不一致,① 而且也不全都设置了专门的远程教育认证标准。在已有标准中, 各认证机构主要差异体现在两个方面: 一是是否有明确详细的规定让远程教育机构拿出可信的证据(学生学习成果评价、学生保持率、课程完成率、毕业率、就业率、学生满意度调查、有可测量和可量化的目标等)来说明其教学质量与传统高校是可比的。二是远程教育开课比例达到多少才可以申请机构认证。有的认证机构要求院校某专业课程中 25% 以上是远程教育开课就可以申请专业认证, 有的认证机构则要求 50% 以上, 标准差别很大。

另外, 在以下三个方面认证内容中, 多数认证机构都无法达到: 认证机构要求远程教育机构制定出可测量和可量化的目标; 为了达到这些目标要制定相应的策略; 要求远程教育机构将绩效数据公布于众。对此 GAO 建议美国教育部要在认证机构和学校的帮助下制定一套统一的远程教育质量指南或者手册; 必要时教育部还需要向国会请求授权要求各认证机构将统一的质量指南用于各自的认证实践中。②

2. 采纳 GAO 建议, 教育部出台了统一的《区际远程教育评估指南 (网络教

---

① 《高等教育法》赋予了认证机构这种灵活性, 只要求认证要覆盖一些关键领域, 比如学生取得学业成就、课程、教师等方面, 而没有具体指出该怎样审查远程教育项目、具体的认证标准等细节问题。

② 美国教育部对认证机构的监督权是有限的, 所以他们提出的 guidelines 仅作为参考。如果教育部非得要争取对认证机构的管辖权, 让其接受并采用自己的 guidelines, 那么也只能在《高等教育法》修订的时候提请审议。

育)》

针对建议，教育部中等后教育办公室组织访谈了全国七个地区院校认证委员会和五个全国性认证协会的 19 位认证专家，对质量标准进行全面的调研，于2006 年 3 月发布了调研报告《远程教育质量的证明：来自对认证人员的访谈结果》。各地区认证机构的执行主任都提出要仔细研究西部教育通信合作组制定的《网络教育证书和学历最佳实践指南》(*the Best Practices for Electronically Offered Degree and Certificate Programs*)，① 建议远程教育办学机构以此标准来严格自律。2011 年联邦教育部最终采纳了前面提到的美国问责办公室(GAO)报告的建议，专门对远程教育类院校认证机构追加了三点新的要求，即要求各认证机构首先要能有效地评价远程教育专业或远程教育院校的质量，尽管可能没有专门针对远程教育的标准；在首次认证或再认证以及两次认证之间要能持续跟进该校开设的远程教育专业，看其是否发生了变化，如有变化要向教育部备案；要确保能监督到报读的学生和参加课程学习考试的学生是同一个人。

到 2010 年，GAO 的建议 80%得到了采纳，但直到 2011 年教育部才颁布统一的网络教育指南，这个标准没有在取消"50%制"后及时颁布，也不足以改变整个认证制度体系存在缺陷的局面。

3. 哈金报告——美国远程教育质量认证管理制度存在缺陷，应从严加强认证标准

哈金尖锐地指出目前美国高校认证体系存在的缺陷主要有以下几个方面：

(1)几乎所有网络教育院校在申请认证的时候一般都可以达到认证机构规定的基本标准，但在运作过程中，经常会降低标准，甚至违规操作。虽然偶尔会受到认证机构的警告或者有些分校会被取消认证资格，但多数营利性网络高等教育院校都可以游刃有余地在政策法规外获得足够的发展空间。

(2)由于认证是付费制，学校自愿申请，认证委员会的运营收入依赖于被认证学校的多少，所以面对资金雄厚的营利性大学认证机构也不一定会从严认证。如果某学校在一个地区认证委员会的认证申请不能通过，它会转向另外一家要求相对较低的认证委员会继续申请认证。这样一来，实施低认证标准的认证协会，

---

① 其倡导要用学生的保持率、学生的基础技能和素质(如交流、理解和分析)等要素来衡量整个远程教育项目的有效性。

自然会吸引一些高校专门将总部设在其辖区内以便获得该地区认证委员会的认证。如美国中北部州院校认证协会(NCACS),其认证会员就有相当多的营利性网络教育院校,其认证效力也会受损。①

(3)营利性院校投机取巧,收购合并已经通过地区认证的非营利性院校,借此自然获得相应的认证资格。

(4)认证程序有一定问题。认证过程中,学校提交的自检报告以及同行评审给院校留下了人为操作的空间,导致认证结果的公正性和可信性受到影响。

(5)有两个针对私立高校认证的全国性认证协会——独立院校认证理事会(the Accrediting Council for Independent Colleges and Schools, ACICS, 主要面向私立非营利性院校)和职业院校认证委员会(the Accrediting Commission of Career Schools and Colleges, ACCSC, 主要面向私立职业院校),但这两个认证机构的委员会委员几乎半数都是私立院校校长,其认证结果可信度自然备受质疑。

(6)院校仅仅通过地区认证协会的认证还不够,某些职业类的专业,如律师、医生、教师等,如果没有拿到全国性的专业认证协会的资格,学生最后获得的文凭也不被承认。有些院校会利用获得的其他认证来麻痹报读者,最后导致这类学生获得的文凭不名一文。

(三)州教育行政部门监管不力,消费者利益表达渠道不畅

美国网络高等教育监管"铁三角"中,除了联邦政府和认证机构,还有一极监管力量——各州的教育行政部门。州教育行政部门负责监管本州范围内的教育事务,但是它们却主要指望另外两极力量。责任推诿的结果就是地方政府对网络高等教育的监管不到位。有些州对院校认可或准入的要求很低,有些州负责监管院校的行政人员与所要监管的院校数量相比严重不足,有些州负责监管私立高等教育的委员过半是私立院校校长。各州制定的政策法规也会受到营利性院校的干

---

① 中北部州院校认证协会认证标准较松,比如凤凰大学和 Walden 大学都把大学总部迁到中北部州,以获得认证。Argosy 教育集团(其 Argosy 大学在南部田纳西州)在 2001 年把属下的三个独立的院校合并成一个营利性院校,把其中的两所也迁到中北部州,而不是寻求所在区域南部州院校认证协会(SACS)的认证。

扰，而不能出台有效的监管政策。① 多数州的学习者申诉渠道也不顺畅，体制不健全。

这些地方政府监管不力的问题迫使联邦教育部出台了一个新的规定，要求各州政府对总部在其他州但来本州开展远程教育的院校实施准入要求。这一条针对远程教育的规定由教育部直接下达给各州政府，督促其履行好自己的职责。

三、应当收紧的远程教育政策

(一)教育部的政策调整

1. 实施跨省/州远程教育准入制度，收紧招生禁令

2010 年教育部取消了招生"安全港"的宽松政策，恢复了 1992 年禁止高校按照招生人头数支付工作人员佣金的规定。这个举措大大遏制了高校特别是营利性网络大学的不良招生现象，多数网络大学的招生规模开始下降。需要提及的是，在出台这项新政策之前，《高等教育机会法》授权 GAO 做了一次调研。数据主要来自 1998—2009 年教育部的数据库、认证材料和审计报告，就招生禁令及后来的变更在实际操作中出现的问题进行了评估和报告。

由于出现较严重的远程学习者毕业后拖欠贷款还款、滥用联邦学生贷款等问题，2010 年 10 月 29 日，国会再次修订《高等教育法》，增加了"(远程)教育诚信问题，州准入"等款："如果某高校通过远程或函授教育向另一个州的学生提供高等教育，而在那个州又没有实体机构②或者按照那个州的要求接受其司法审查，那么该高校必须满足那个州的任何要求才能合法地在那个州开展远程或函授教育。"简单来讲，"教育诚信"的目的是要监督那些获得联邦教育经费的学校确实履行了应尽的责任，保证网络学历教育学生的学习成功率(保持率)不致太低。

2011 年 4 月教育部又发函对此条文加以补充解释："在 2014 年 7 月 1 日之前，只要高校确实努力确认并获得必需的州准入许可，教育部将不催还贷款，或

---

① 比如华盛顿特区的地方法庭就否决了一项旨在加强远程教育监管的政策条文，即便教育部对此决定予以上诉，但最终还是遭到否决。

② 某个州的远程教育机构在另一州若设有教学点或者管理教学的办公室则视为有实体存在，而广告宣传、员工宿舍、某些混合学习的课程或体验学习都不算有物理实体存在。

者不对就读其远程教育学生的资格做出限制。"这些努力包括：学生入读远程教育后，学校要有一套专门的远程教育管理流程档案来跟踪和记录学生住址的变化；学校就是否需要准入许可而直接联系其他州，这过程当中产生的文字材料要有归档；提交给其他州的准入申请函，即便没有获得批准也要提供有关材料；若申请还在获批当中，也要提供对方州的文字证明，并有归档。如果有些州没有对远程教育进行准入的法律法规，教育部就不要求高校申请准入也不用归档和提交有关材料。

鉴于每个州的法规不会一成不变，而各高校还要随时与之保持一致，申请程序就要耗费大量的时间和成本，教育部鼓励各州政府、各地区高等教育协会与高校一起合作，共享各州有关的准入要求和流程信息。这一倡议得到了地方大学系统的积极回应，消除各州之间政策壁垒实施准入制度本身对他们推广网络教育大有益处。

2. "就业增益规定" (Gainful Employment Rule)：从严要求营利性网络大学，遏制不良贷款

2011 年 6 月美国教育部通过一项政策旨在遏制营利性高校不良贷款(高贷款率、高违约率)。对于那些达不到教育部规定标准的学校，联邦将削减或取消贷款与资助。这个法律几十年前国会就已通过，当时要求那些接受联邦资助的职业教育培训机构要确实能够培养学生谋生的本领。新规定不但关注学生是否真的贷款违约，而且还关注他们是否在积极工作，努力赚钱以偿还贷款。是否给营利、非营利、州立学校的职业培训专业提供资助主要取决于连续三年内的贷款违约率是否超过 30%，任何一个年度贷款违约率都不超过 40% (在此之前是 35%)，至少有 35% 的贷款学生在偿还贷款；毕业生年均贷款偿付额度不能超过其可支配收入的 30%，并且不能超过他总收入的 12%。

据估计，这些措施会迫使一些营利性大学倒闭，从而使营利性大学学生总数减少 1/3。后来事实证明，许多大学如凤凰城大学、琼斯国际大学就都关闭了。

(二) 州际准入制度的酝酿：美国各州准入互惠公约理事会成立

建立州际准入制度既是教育部的要求也是各州远程教育发展的需要。由于各州教育政策不统一，远程教育院校在办理准入手续时会遇到制度壁垒，因而需要

建立一个全国性的协调委员会来消除制度壁垒，互通和共享信息，同时保护学生这一消费者的利益，将低质、欺诈的远程教育拒之州外。因此响应教育部"教育诚信"对各州实施远程教育准入制度的新要求，各州大学系统和州教育行政部门联合起来准备成立全国性的协调机构。各州高等教育行政长官协会为此专门成立了"远程高等教育规制改革委员会"，① 大力解决州之间远程教育准入过程中的高成本、低效能、手续繁琐的问题(同时又要保持或提高远程教育服务质量)。目前该委员会已经汇总整合了各州的准入政策和联系方式，方便有关学校尽快获得招生所在地/州的准入许可。

2013年9月，国家协调委员会成立，取名为"美国各州准入互惠公约理事会"，有22位委员，主任是马歇尔·希尔(Marshall Hill)。它以现有的四大片区为基础开展州准入许可工作，各片区将按照相关规定制定地方细则和政策。

2018年，美国全国共有1979所高等教育机构提供远程教育。其中，通过地区性认证机构认证的有1708所 (占86%)，通过全国性认证机构认证的有271所 (占14%)(张仕华，2018)。

四、美国远程教育监管政策调整比较分析

美国国会(立法)、教育部(执行)、问责办公室(监督)和地方政府共同构筑了远程教育行政监管体系，并有第三方认证机构来补充政府的监管职能。一般重要的政策法规是在国会修订《高等教育法》时补增立法的，在具体实施过程中教育部仅能够就法规的实施细节问题出台相关的政策和规定，政治体制决定了教育部的政策监管权力非常有限。在教育部授权之下的认证协会、地方教育行政部门和各区域高等教育系统联合会又相对独立行使自己的职能。只有加强联邦政府的监管，整个美国的远程教育持续、健康发展才能得到保证。

在远程教育立法方面，美国在21世纪初作了两项重大改革，取消了"12小时制"和"50%制"，大大扩大了高等教育入学机会。取消"50%制"以前教育部专门开展了DEDP试点项目，美国问责办公室也对DEDP试点效果作了评估并提供了许多需要教育部出面协调的认证措施，但由于教育部没有及时要求各地区认证机构采取更加具有针对性、严格的远程教育质量认证标准以及对贷款违约率做出

---

① 2012年5月成立，有21位委员。

限制，加之认证体制本身存在缺陷，导致小布什政府期间政策"开闸"以后，出现私立营利性高等教育过度增长的混乱局面。可以说，21世纪的头十年美国网络教育大发展过程中涌现的诸多问题充分暴露了政策监管的滞后、低效等弊端。自奥巴马政府以来政策监管似乎出现转机。有赖于国会较好的监督机制，2010—2012年参议院哈金的调研报告振聋发聩。教育部自2010年开始采取措施遏制事态的恶性发展，出台了要求对质量把关的"教育诚信"规定以及收紧联邦贷款、设定院校申请资格的门槛（贷款违约率要保持在一定的比例以下）等措施。随着美国各州远程教育准入互惠公约理事会的成立，各州之间的准入机制也在酝酿之中。

通过梳理这些政策和监管措施的演变，我们不难发现，美国最近20年的远程教育政策主要是教育部、国会以及GAO等政府组织、第三方认证机构与远程高等教育办学主体特别是私立远程高等教育之间的较量/博弈。

由于美国的民主制度，教育部"一厢情愿"未经多方审议就出台的"教育诚信和州准入"和"就业增益"两个新规定被法庭宣告无效，2013年8月教育部只好宣布取消这两个针对远程教育的规定，美国远程教育政策监管刚刚出现的好势头似有倒退的迹象（WCET，2013）。教育部表示要运用多方磋商的政策流程来制定长期监管政策。政策制定必然会触及某些人的利益，为尽早出台政策增添了更大的难度。将来要出台的远程教育政策法规到底是收紧还是放松要过多年才能见分晓（Nelson，2013）。

美国远程教育发展过程体现出来的政策与实践互动缠绕性、政策的被动响应性在中国亦存在。相较于美国内源性发展来说中国体制的优势在于教育集权，政策的制定和实施要容易得多，具体表现在以下四个方面：

（1）教育部一旦出台有关远程教育的政策文件，办学机构就必须遵守，其政策效力是美国教育部所不能及的。在美国教育部的权力非常有限，它只能在几部教育法和宪法的授权下，执行有关拨款的任务和制定一些非常具体的政策细则来间接控制教育事务，凡是重要的政策法规都要提交国会讨论，而两党之间的反复磋商往往会延误法规颁布的最佳时机。相较而言，中国教育政策法规制定的效率要高于美国。

（2）我国远程教育的主体全部是政府支持的公立大学，不存在私立大学搅局远程教育的问题，政策的制定过程也不会像美国会较多地受到私人资本的影响。

（3）对于跨省开展远程教育的问题，在中国各试点高校只需报当地教育行政部门审批，报教育部备案即可，跨省开展远程教育较为容易。

（4）中国网络教育体系有统一的基本科目考试、统一的网院准入和管理规定，不致太混乱。

以上几点体现了我们教育制度的优越性，但也存在一定的弊端：

（1）由于缺少市场竞争，由一家公共服务体系垄断，服务质量难以提高，办学院校特色不易彰显。

（2）按照试点准入制度，试点高校一经准入就可以自主办学、自主确定招生规模，自主权力很大。实际操作中，有些试点高校急于扩大规模（网络教育学生总规模已达570万人，每个试点网院学生平均为4万名左右），但办学质量一般。

（3）在我国只有两级监管主体——教育部及专家组和各地方教育厅，缺少美国的第三方认证，质量评估全部依赖于教育部及其授权的专家组，监管事务量大面广，反而影响了监管效率。一旦监管不到位，产生的问题就不会是特例，波及面会非常大。

综上可见，完善我国远程教育监管的关键在于是否有合理的监督机制和第三方认证制度，监管主体是否能够积极主动规范引导实践并在政策实施过程中根据出现的问题及时做出政策响应。

第五节　远程教育学术发展与理论建设

一、远程教育学术发展

远程教育学术研究的学科意识觉醒是在1972年，当时在美国的弗吉尼亚州召开了ICCE国际会议，当时魏德迈担任ICCE主席。会上，穆尔汇报了他与魏德迈开展的为期两年的研究成果。研究发现，远程教育除了要关注实践，还要关注宏观因素，也就是说要对这个领域进行描述和界定，区分该领域的不同组成部分，确认各种教学形式的关键要素。总而言之，就是要建立一个理论框架，涵盖这个领域的所有实践。从此，美国远程教育理论研究正式受到了重视（Michael

Grahame Moore，et al，2003）。

（一）基本概念的界定和交互影响距离理论的产生

欧美国家的远程教育学者在 1970 年代交流密切。"远程教育"这一术语最早出现在德国（德语是"fernstudium"），穆尔与说德语的瑞典学者霍姆伯格交流时注意到对方使用了这个词。霍姆伯格当时是瑞典一家私立函授学校的主任，对德国函授教育界学者的成果非常熟悉。[①] 他和美国魏德迈对这种新形式的教学有着一致的理解。魏德迈通过与苏联和德国学者的交流，形成了有关远程教育的工业化教学理论，这种理论是一种组织管理理论，而交互影响距离理论则是一种教学理论（Michael Grahame Moore，et al，2003）。

学习者自主性这个概念的起源可以追溯到魏德迈在 1971 年尝试对独立学习的界定。当时他任威斯康星大学麦迪逊分校的函授教育主任。他在美国远程教育界人士之间引发的讨论促使美国的 NUEA 将 CSD（函授学习处）更名为 ISD（独立学习处）。

师生分离对培养学习者的独立性是有益的。学习者有"自主"的能力，当时成人教育教授 Howard McCluskey 以及其他一些人文主义心理学家特别是卡尔·罗杰斯（Carl Rogers）和亚伯拉罕·马斯洛（Abraham Maslow）的理论也支持了这一观点。"自主学习者"这个概念也与成人教育家 Malcolm Knowles 和 Cyril Houle 以及 Houle 的学生 Alan Tough 的看法一致。

"对话"和"结构"这两个概念是穆尔在与其同在威斯康星大学的成人教育教授 Robert Boyd 的讨论中学到的。Boyd 通过对成人学习者群体的研究，建立了两个概念，他选择使用"对话"而不是"交互"，因为他认为后者一般是指师生的交流是操控性的，通常是负面消极的，而前者则是建设性的和正面积极的。

1980 年，Boyd 邀请穆尔为成人教育协会组织编写的《成人教育手册》专门写一章关于远程教育的内容。书中内容是按照主编的成人教育模型（其主要特点是"交互作用模式"）来组织的。于是穆尔又将"交互影响距离"这一术语用到自己的理论当中。通过对几十年来的文献进行研究，穆尔断言，"教学包括两种类型：

---

① 德国研究界的顶尖人物之一是 Otto Peters。早在 1965 年，Peters 就用德文出版了《远程教育：试论一种新形式的教学》。但遗憾的是，这本书直到 80 年代才有英文版。

一种是'接触性教学'，另一种是'远程教学'，后者就是指教学行为与学习行为的发生是独立开来的，因此学习者与教师之间的交流需要借助媒体手段"，于是他构造了包含"结构""对话""学习者自主性"三个概念的远程教育理论，后来该理论被称作"交互影响距离理论"（Michael Grahame Moore，et al，2003）。

后来 Saba 和 Twitchell（1988）、Saba 和 Shearer（1994）等人运用系统动力学原理以及计算机模拟方法验证了这个理论模型，即：交互影响距离随着对话频率和课程结构的程度而变化。学习者自主性增加，对话频率增加，则交互影响距离水平就会下降。

（二）学术研究逐渐受到重视

NHSC 首任主任 J. S. Noffsinger 在其新书中指出，人们对当时的函授教育实践"没有一点研究……甚至没有一点思考"。到了 60 年代也没有什么改观，仅有一些零星的博士论文和研究报告，比如 1956 年 NUEA 就做了一项关于结业率的调查研究，调查对象是 34 所院校的 69519 名学生。这被 Childs 视作"NUEA院校开展的、首个重要的函授学习研究项目"。Childs 本人曾得到福特基金会36.5 万美元的研究资助，任务是研究内布拉斯加大学函授教育中电视的应用效果问题。

1968 年由 MacKenzie、Christensen 和 Rigby 撰写的《美国的函授教学》（*Correspondence Instruction in the U. S.*）是美国函授教学研究领域的典型代表作，填补了当时历史研究和文献研究的空白。

70 年代开始出现了具有创新性的理论观点，但学者数量仍然不多，而且基本上来自国际上不同的国家。当时的"国际函授教育理事会"（ICCE）主席魏德迈（美国）和副主席霍姆伯格（瑞典）及研究助理穆尔（英国）大力倡导学术研究。

到了 80 年代仍然有人抱怨缺乏清晰的研究范式，也就是缺少设计良好的、系统的、实证的研究。当时最流行的研究就是多媒体在远程教育中的应用研究和不同教育形式的效果比较研究（把函授教育与其他形式成人继续教育形式予以比较）。

90 年代最为重要的研究就是对远程教育教学效果的持续研究以及对"无显著差异"的进一步完善。

Koble 和 Bunker 在 1999 年对《美国远程教育》的论文进行了分析，发现 9 年当中，实证研究的论文不到一半。2001 年，Berge 和 Mrozowski 分析了四本国际远程教育杂志的 1419 篇论文，发现只有 890 篇是建立在理论基础上的研究。

从上可见，60—90 年代，远程教育学术研究逐步得到重视，但大部分研究还不够严谨，缺少实验研究（一个领域成熟与否的标志）。

(三)学术研究的外在条件和土壤

1. 文献目录、期刊和书籍等出版物

1960 年代倡导函授学习研究的 Besty Powell 提到，"教育类期刊和大多数教育类院系没有时间搞函授教育研究"。而 60 年代之后，以函授教育为代表的研究逐步兴起。

60 年代出版的文献中最有价值的是魏德迈根据一系列研讨会整理编写的 *Brandenburg Memorial Essays*(1963，1966)。50 年代早期在 NUEA，伊利诺伊大学的 Neil Garvey 发行了第一个函授学习通讯。1971 年，魏德迈发起创办了 ICCE 的通讯。1960 年 Childs 编写了第一个函授学习文献目录，之后霍姆伯格(1968)和 Mathieson(1971)也分别编纂了文献目录。

在这期间，最有影响的著作，一本就是 Bittner 和 Mallory(1993)合写的《大学函授教学》(*University Teaching by Mail*)；第二本就是魏德迈和 Childs(1961)合写的《大学函授学习新视野》(*New Perspective in University Correspondence Study*)，该书评价了新技术的效果。从那之后第三本力作就是 MacKenzie、Christensen 和 Rigby(1968)合写的《美国函授教学》(*Correspondence Instruction in the U. S.*)。1991 年，为了纪念大学远程教育诞生 100 周年，Watkins 和 Wright 编写出版了文集《美国远程教育基础》(*the Foundations of American Distance Education*)，书中阐述了自 1892 年芝加哥大学远程教育项目开展以来的 100 年间大学远程教育的历史、成绩、思想、问题以及学术研究情况。1996 年，Moore 和 Kearley 合作出版了一本教材《远程教育系统观》(*Distance Education：a System View*)。2003 年，美国邀请 55 位作者编写了迄今为止国际远程教育界最为著名的书籍——《远程教育手册》(*Handbook of Distance Education*)。以上这些著作都是美国远程教育史上不可忽略的重要成果。

2. 会议、研讨会、论坛、研修班

ICCE① 第二届会议和第四届会议分别于 1948 年和 1953 年在美国举行。

80 年代末期，NUCEA 的 ISD 也通过开设函授教育研修班，对函授教育经验进行了总结。两年后，ISD 成立了常任委员会专门负责组织每年一度的研修班。

如前所述，90 年代的研究的新阶段是由 1988 年 7 月在 PSU 举办的首届美国远程教育研究论坛开启的，当时 540 人参会。

3. 专业建设与专门人才培养

最早的专业进修活动之一是 1960—1961 年魏德迈在威斯康星大学主持的函授教育系列讲座，当时函授学习的一些专家作了不同方面的报告。

70 年代早期，魏德迈为威斯康星大学成人教育专业学生定期举办研究生研讨会，穆尔助研和助教，1976 年魏德迈退休后由穆尔接替主持研讨会，一直持续到 1986 年。

1986 年穆尔转到宾夕法尼亚州立大学工作，立刻创建了远程教育硕士专业，连续两年开设了 3 门课程，吸引了 50 多名博士、硕士来参加学习。②

到 1992 年，NUCEA 的教育通信处(Educational Telecommunications Division)已经能够编录一系列提供远程教育、教育技术以及相关领域专业学位和证书的学校。

4. 远程教育专业协会

美国大学职业与继续教育协会(University Professional and Continuing Education Association，UPCEA)：1915 年协会成立(当时叫 NUEA)，并在威斯康星大学召开了首次会议。1924 年正式制定了函授学习的质量标准。由于大学与私营企业之间竞争激烈，50 年代 NUEA 决定不再参与私营企业的远程教育评价。1979—1980 年，NUEA 变为 NUCEA。1996 年又更名为 UPCEA。NUEA 的函授学习处(CSD)是第一个为从业人员提供专业培训的机构，并成功地在大学继续教育领域奠定了独立学习的独特地位。CSD 制定了第一个优秀实践标准体系，并应用了 30 年。1969 年函授学习处更名为独立学习处(Independent Study Division，ISD)，以体现以学生为中心的思想。1998 年 ISD 撤销。

---

① 1938 年，一些函授教育家在加拿大的温哥华组建了 ICCE。1969—1972 年查尔斯·魏德迈任 ICCE 主席。1982 年 ICCE 更名为 ICDE。1988 年 ICDE 在挪威奥斯陆设立了永久秘书处，Reidar Roll 被任命为总秘书。

② 最早开设远程教育研究生专业的国家是澳大利亚。

NHSC(DETC)：1926 年 Better Business Bureau 创立了 NHSC，主要对私立函授教育机构进行管理，聘请 Noffsinger 担任首任主任。NHSC 的标准非常权威，以法律的形式制定。1994 年更名为 DETC。

USDLA：成立于 1986 年。早期得到商业和企业培训部门的认可，后经过努力获得了高等教育界的认可(Michael Grahame Moore，et al，2003)。

二、美国远程教育的理论创新

(一)独立学习理论

1. 查尔斯·魏德迈提出独立学习理论

基更认为，把"独立学习"作为一个教育领域比较全面的术语的提议者是魏德迈。查尔斯·魏德迈被誉为美国远程教育之父。他出生于美国威斯康星州，在威斯康星大学麦迪逊分校获得英语专业学士和硕士学位。第二次世界大战爆发后，他中断博士学位的学习，加入美国海军。魏德迈在这段军旅生涯有意外的收获——选择了他毕生热爱的事业：远程教育。战争结束后，他带着通信技术在成人培训中的作用和思考回到了威斯康星大学。1967 年他被评为教育学教授，主持威斯康星大学函授学习项目，同时任威斯康星大学麦迪逊分校继续教育学院教育学教授。从此他将人生都奉献给了远程教育理论研究和实践探索。1968—1972 年他担任国际函授教育理事会协会主席，并担任了多个国家和组织的客座教授、访问学者和顾问。

1987 年 8 月 3 日，在第三届远程教育会议上他倾出一生所得设立和颁发了以他命名的"魏德迈奖"。该奖项每年奖励一位在远程教育领域中有突出贡献的研究人员或者实践工作者，是远程教育从业人员梦寐以求的荣誉。魏德迈教授对早期远程教育理论和实践发展做出了突出贡献，因此获得了包括牛津大学荣誉博士学位和埃塞俄比亚大学荣誉博士学位在内的很多荣誉学位。他是第一个获得英国开放大学荣誉博士学位的外国人。

2. "独立学习"理论要旨

1971 年魏德迈提出"独立学习"的概念——独立学习包含许多教与学的安排形式，在这些形式中学生和教师相互分离，他们以各种方式进行沟通以完成和履行各自的基本任务和责任。独立学习能够把校内学生从不适当的学习进度或模式中解放出来，也能为校外学生提供在他们自己的环境里继续学习的机会，同时促使所有学生发展自主学习的能力。

魏德迈对独立学习系统下的教与学做了大量研究，他提出学生在独立学习过程中心理会依次经历以下七种不同的变化：(1)学生被动地学习，他认为自己的学习足以生存，没有学习新知识的需要。(2)学生渴望学习，他认为知识还有所欠缺，开始考虑为了满足需求他是否需要学习以及学习哪些知识。尽管他的需求还是模糊的，但是他已经开始有追求目标的行为。(3)学生想方设法得到满足他的需求的学习机会。他的需求很明确并已转变为学习目标。当失去可能得到的学习机会时，他的学习欲望变得更加强烈。(4)学生根据自己的目标寻求求学的机会，直接或间接地进行有目的的学习，并不断修正目标。一旦学生开始正式学习，他就会根据教学计划和入学需要修正学习目标。(5)学生成为某个教学计划的学生，开始学习。(6)学生坚持(或放弃)学习。(7)学生达到(或者没有达到)他自己和教学机构制定的目标。学习欲望如果得到满足就会被放弃，否则会更加强烈，接下来进行下一步的目标设定，就这样，七种角色行为反复循环。

(二)交互影响距离理论

1. 迈克尔·穆尔提出了交互影响距离理论

迈克尔·穆尔(Michael Moore)，1956—1959年在伦敦经济学院获得经济学硕士；1959—1960年在伦敦Goldsmiths学院进修，获得中等后教育证书(PGCE)；1970—1973年于美国威斯康星麦迪逊分校师从查尔斯·魏德迈，于1973年获得成人教育博士，是美国宾夕法尼亚州立大学教育学荣誉教授，美国远程教育研究中心创始人兼主任。

穆尔在美国远程教育事业发展中拥有数个"第一"：第一个尝试构建远程教育理论体系；第一个身体力行地在自己的教学中通过远程教育方式向国外学生授课；1972年发表了奠定"远程教育"理论基础的第一篇学术论文；第一次提出"远距离教育"这个术语的英文形式distance education；1986年创办了美国第一本远程教育杂志the *American Journal of Distance Education*；1987年开设了第一个远程教育研究生课程，等等。他以经济学的出身背景和长期的发展国际远程教育的经验从事国际性的培训、评估工作，并提供咨询建议。

穆尔的许多理论思想特别是"独立学习"承传于导师——查尔斯·魏德迈。魏德迈曾说，"尽管开拓吧，后人会帮我们清理的"（Just break the ground. Others will come behind and do the tidying-up）。正是在他这种开拓精神的激励下，穆尔才站在巨人的肩膀上，把"独立学习"凝练提升为一门新的学科领域——远程教育学。

2. 交互影响距离理论的要旨

穆尔的学术创新主要表现在他于 1970 年代初对"远距离教育""独立性学习"的界定和"对话"（dialogue）"结构"（structure）"交互影响距离"（transactional distance）这三个概念的提出及关系的阐述上。

穆尔认为："远距离教学可以定义成教学方法大全。在这个教学方法大家庭中，教学行为与学习行为是分开实施的，也包括有学生在场进行接触的情况。学生和教师之间的交流必须通过印刷的、电子的、机械的和其他手段来促进。"同时他也提出了"独立学习和教学"（independent learning and teaching）这个概念，认为它是一个教育系统，其中学习者是自治的并且与教师在空间和时间上分离。独立教学系统包括三个子系统：学习者、教师和传播方法。这几个子系统使它与其他教育形式中的学习、教学和传播有了关键性的区别。要理解学习系统，我们就要建立一个"自主学习者"概念。要理解传播系统，我们就要考虑"远距离教学"。要理解教学系统，依据距离和自主性所带来的挑战和机会，我们必须改变传统教学的观念。可以看出他的"远距离教育"和"独立学习和教学"的实质是完全一样的，只不过它将后者的独立性凸显出来，他还假设"那些距离更远的学习和教学方法会吸引那些自主性更强的人。因此在距离相异的课程计划中可以找到学习者不同的自主水平"，他由此得出这样的观点："学习者自主性会由于距离的存在而得到加强。"

接着穆尔提出了其理论体系的三个核心概念："对话""结构"和"交互影响距离"。他提出独立学习的两个关键因素是结构和对话。"结构"就是"某个教育计划能够反馈学生个人需要的量度/大小"，而"对话"是"任何一个教育计划中，学生和教师能够彼此回应的程度"。换句话说，结构是指教学计划的设计容许改动的程度，而对话是指师生之间通过交流进行的互动。

至于"交互影响距离"这个概念，穆尔先后从两个角度来界定：（1）从描述性定义的角度："交互影响距离是由物理距离导致师生在心理/传播上产生潜在误解的距离。"(2)从数学函数定义的角度："交互作用就是结构和距离双方的相互交换。"穆尔承认交互影响距离不单存在于远程教育中，在传统面授教育中也适用。他认为在结构化程度高的课程里，比如纯讲座式的课程，师生之间的对话一般很少，而且交互影响距离是最大的。相反，当对话增加，结构减少，师生之间的交互影响距离也随之降到最低程度。

综合以上分析，穆尔的远程教育理论主要建立在三个概念上：对话(参与者之间的)、结构(课程设计的要素)和自主性(与学习者控制能力有关的学习要素)。当对话和结构最大而自主性较弱时，交互影响距离最小。自主性和交互影响距离是正相关的。当已知学习者的独立性水平后，这三个变量可以达到最佳组合。

3. 三种交互类型

1989 年穆尔又提出了"三种交互类型"的观点，他把远程教育中的交互划分为学习者—内容交互，学习者—教师交互和学习者—学习者交互。

首先，学习者—内容交互是教育的一个定义性特征，没有它就不成其为教育。因为它是学习者与学习内容交互的智力活动，结果将改变学习者对事物的理解，即我们常称的观念的改变或者学习者心理认知结构的改变。

其次是学习者—教师交互，它是第二种交互类型，是学习者与准备课程材料的专家进行的交互，或者与其他担任教学的专家的交互。许多教育工作者认为这种交互是必要的，而且是最受欢迎的。

最后是学习者—学习者交互，也是第三种交互类型，也是在 90 年代对我们的思考和实践具有挑战性的一个新的维度。这是一种学习者之间的交互，也就是一个学习者与其他学习者进行单独的或以小组形式的、教师在场或不在场的交互。

(三)均等理论(或等效理论)

1. 迈克·西蒙生人物介绍

迈克·西蒙生博士是位于美国北迈阿密的诺瓦东南大学的教学技术与远程教育系统的执行教授，同时担任《远程教育和远程学习》季刊的主编，也是研究与理论部(Research and Theory Division，RTD)的副主席。诺瓦东南大学的远程教育在 1970 年代第二代远程教育发展阶段有较大的影响，在这里迈克·西蒙生博士和他的研究伙伴一起提出了源于美国远程教育实践的远程教育理论——均等理论(Michael Simonson，et al，1999)。这一理论源于美国远程教育的实践情况和信息技术对远程教育带来的一系列变化，这一理论对其他国家和地区的远程教育理论研究和实践发展也产生了一定的影响。

2. 均等理论的要旨

美国的教育实践在某些方面是非常独特的，比如课程教员团队、小班教学、师生之间的信赖、高度个别化的教学，等等，因而应有相应的理论。均等理论就是这样一种美国本土原创的理论，其关键范畴包括：等效性(均等)、学习活动/体验、恰当应用、学生和学习结果。

(1)均等

均等理论的核心是"均等"这个概念。常规学习者与远程学习者的学习环境是完全不同的，所以远程教育者为学习者设计的、能提供均等价值的学习经历在具体形式和获取方式上可能不同，但是给学生的学习经历和体验应该是相等的，即常规教育的学习者和远程学习者的学习过程、学习活动和学习经历可能不同，但是他们却能在教育过程中获得相同的学习成就。

(2)学习体验

均等理论的第二个核心是学习体验。学习体验是指在学生学习过程中进行的、促进学习的活动，如观察、感觉、聆听和实践等。处于不同学习地点、时间、环境中的不同学生很可能有着并需要各种不同的学习经历。远程教育教学计划的目标应该为每个学习者提供总量均等的学习经历，因此教学设计应该尝试给不同学生或学习小组提供适合他们情况的一系列学习体验。例如，如果在某个课程或学习单元中，图书馆资源非常重要，那学生一定要能获取和使用这一资源。这并不简单意味着远程学习者因课程要求需要获取现代的研究型图书馆资源，而是意味着在图书馆资源的使用上，不管是通过电子图书馆、当地的普通图书馆，还是通过给远程学习者传送图书馆电子资源的形式，都要为远程学习者提供与常规学习者均等的使用图书馆资源的体验。

（3）恰当的应用

恰当的应用是指学习经验应该适合个别学生的学习需要，虽然学习情境是通用的，但可以让学生适当地和及时地获得有效的学习体验。为远程学习者和常规学习者所提供的学习体验应该使所传递的教学思想适合于期望，并符合学习者可获得的技术和手段支持范围。例如，对于利用互联网进行远程学习的学习者来说，桌面视频会议系统就不适当了。

（4）学生

在远程教育课程的学习中，学生的情况很复杂。他们的具体情况应该由他们所参与的课程，而不是由他们的学习所在地来决定的。他们必定要找寻那些获得批准的、有办学许可的、由一定机构组织的远程教育课程。

（5）学习成果

均等理论的最后一个重要组成要素是基于一定学习经历而产生的学习成果。这里的学习成果是指那些在学生参与课程学习后，发生在认知上和学习效率上，可观察到的、可测量的和明显的变化。学习成果的产生主要受以下两个方面因素的影响：教育者和学习者。在以教为中心的学习中，学习成果通常被描述为课程目标，并根据学习完成后学生的学习完成情况来体现。在学习者为中心的学习中，学习成果是个人化的，不很具体，且与学习者期望自己参与学习后达到的目标紧密相关。当学生参与了某课程后，在工作或学习中应用了所学到的技能，学习成果就能体现出来了。

在以上五个因素中，均等的概念是远程教育能被广泛接受的核心所在。如果教师、学生和公众认为远程教育的学习成果是与常规教育均等时，远程教育将被人们接受并能成为教育的主流。如果公众不能形成这种认识，那么远程教育将继续被人们认为是常规教育的一种外围活动或一种补充，这也是技术的发展和应用给远程教育带来变化和机遇的体现。

迈克·西蒙生博士均等理论的最核心思想是：远程学习者在学习中获得的学习经验与那些常规学习学生在学习中获得的经验越相等，则两者所取得的学习成果也越接近。

均等理论的主要观点如下：

（1）不管远程学习者获得学习资源的方法如何，参与远程教育的方式怎样，运作中的远程教育系统都应尽力为所有学生提供相当的和均等的学习经验和经历。

（2）学生个体有着自己独特的学习需要。

（3）学生个体的独特学习环境对于取得均等的学习经验和效果来说是一个重要的变化因素。

（4）远程学习者和常规学习者的学习环境是不同的，因此远程教育者有责任为远程学习者或学习群体设计足以让他们取得相等学习经验和效果的学习环境和学习资源。

（5）尽管远程学习者和常规学习者的具体学习过程、活动和经历都不同，但他们的学习体验及学习成果应该相等。

（6）"个别化的教学"和"本地控制"是获得均等的重要途径。

均等理论现已经被一些远程教育教学者和研究者认可并接受，被他们应用于各种研究和实践当中。

第六节　小　　结

一、美国历史悠久，研究史料颇为丰富

美国本土兴起的大学推广运动是推动美国远程教育萌芽和成长的重要力量。正是从这一运动之后，很多大学开始考虑在学校内设立函授部进行函授教育，像芝加哥大学、威斯康星大学等都是一些先驱学校。远程教育的发展历史背后反映了美国主流社会的实用主义思想。

美国远程教育发展至今是建立在丰厚历史基础之上的，诸多学者对远程教育发展历史非常尊重，他们对史料进行了辛苦发掘和整理，这包括早在1893年美国费城的大学校外教育教学协会编写的《大学校外教育手册》（*Handbook of University Extension*）、1926年 J. S. Noffinger 撰写的《函授学校》（*Correspondence Schools*）、1939年密歇根州 Benton Harbor 地区公立学校学区总监 Sidney Mitchell 专门对其本区开展的高中远程教育进行了详细的介绍并撰写的《针对个别学生需要的督导式函授教育》（*Supervised correspondence study for individual pupil needs*）、

1986 年 Pittman① 专门对美国爱荷华大学在 1925—1930 年实践教学广播遇到的挫折进行了介绍并撰写的《美国教学广播的先锋：爱荷华大学的五年挫折 1925—1930 年》(*Pioneering Instruction Radio in the U. S.：Five Years of Frustration at the University of Iowa，1925-1930*) 等。这些成果颇为突出，令人赞叹。

二、私立远程教育院校规模较大，不易监管

美国私立大学的远程教育规模居于主导地位。2008—2009 年仅 11 家营利性教育公司的网络学历教育学生数就达 43.5 万。联邦政府拨给每年 30 家营利性高校的助学金在 2011—2012 年多达 320 亿美元，占所有联邦资助额的 24%，在认证制度存有漏洞和政策出台缓慢不到位的情况下大额拨款会衍生许多问题出来。

三、远程教育认证监管体制相对完善，但监管政策易受利益群体影响

美国远程教育最大的特点是适应社会需要而自由发展起来的。美国远程教育的发展是受社会、高校、民众、不同党派利益团体左右的。私立教育机构和公立教育机构的力量势均力敌，特别是私立远程教育的发展反映了美国市场经济和民主社会这两大根本特点。

四、远程教育各种数据信息公开透明

美国教育部及其国家教育统计中心、美国世界新闻与报道、斯隆集团以及认证机构是美国政府、社会、第三方机构发布信息的最好代表。这种全方位的信息收集和报道除了韩国可以比拟，其他国家较少能做到。

五、远程教育学科建设特别繁荣

一门学科或领域的发展成熟度所表现的外部特征有协会、期刊、人物和专业等，内部属性主要是理论的建构是否完善。

美国与远程教育相关的协会有美国远程教育协会、美国联邦政府远程学习协

---

①　Pittman 现在是密苏里大学教授，2009 年又发表一篇论文专门讲述 20 世纪 30 年代美国最臭名昭著的两个银行劫犯如何在伊利诺伊州的一个监狱里向爱荷华大学成功申请到函授课程"微积分"以及监狱为此专门为犯人成立一所函授学校的历史故事，此则史料非常有趣。

会、美国大学继续教育学会、美国远程学习协会以及各个州的远程学习协会。期刊较多，包括《美国远程教育》①《成人教育季刊》《远程教育管理》《在线学习与技术》等。国际知名的远程教育学者有查尔斯·魏德迈、迈克尔·穆尔、迈克尔·辛普森、法哈德·萨巴、赞恩·伯格(Zane Berge)、华莱士·汉纳姆等。

魏德迈时期开展的独立学习研究和后来穆尔的交互影响距离理论,是美国较早的远程教育理论。穆尔本人的推动作用是美国远程教育制度化过程必不可少的力量。美国本土第一本远程教育杂志的创办、最早的研讨班开设、最早的远程教育硕士专业开设、最全面的远程教育手册,等等,都是穆尔亲自推动达成的。

不论从内部属性还是外部特征来看,美国远程教育学术研究和专业发展水平与英、澳、加都处在世界前列。

六、远程教育与高等教育逐步走向融合

从每年大学生至少注册一门网络教育课程的数量占学生总数的 1/3 以及美国高校良好的信息技术环境和教学平台建设这两点我们可以判断,美国的远程教育正在有效地渗透融合到高等教育的方方面面。随着网络教育在高等教育领域的渗透,美国每个州都有自己的远程教育联盟,全国 45 个州有 61 个虚拟联盟。

私立营利性大学和社区学院是规模最大的远程教育两类办学主体。对于一个高等教育水平非常发达的国家来说,远程教育发展能这样强劲尚不多见。②

---

① 　http://www.tandfonline.com/loi/hajd20? open=29&repitition=0。

② 　本章参考的网站还有:

http://nces.ed.gov/pubs2014/2014083.pdf。

http://www.anshan-edu.gov.cn/fao/main/News.asp? id=1047。

http://www.lppm.ut.ac.id/htmpublikasi/Article_6_Park.pdf。

http://sloanconsortium.org/publications/survey/going_distance_2011。

http://www.onlinelearningsurvey.com/reports/gradechange.pdf。

http://indstate.edu/studentsuccess/pdf/SEMPlan-January2013.docx。

http://www.aascu.org/policy/publications/policy-matters/topten2013.pdf。

http://www.help.senate.gov/imo/media/for_profit_report/Executive Summary.pdf。

http://sloanconsortium.org/publications/survey/going_distance_2011。

http://kpk12.com/cms/wp-content/uploads/EEG_KeepingPace2011-lr.pdf。

http://www.niad.ac.jp/english/overview_us_e.pdf。

http://www.onlinelearningsurvey.com/highered.html。

本章参考文献

［1］Allen I E, Seaman J. Going the Distance: Online Education in the United States ［EB/OL］. ［2013-10-02］. http://www.babson.edu/Academics/centers/blank/going-the-distance.pdf.

［2］Blumenstyk G. Company Offers to Help Colleges Capitalize on End of "50-Percent Rule" ［EB/OL］. ［2013-10-02］. http://chronicle.com/article/Company-Offers-to-Help/9716.

［3］Daniela Torre. Virtual Charter Schools: Realities and Unknowns［J］. Journal of Distance Education, 2013, 27(1).

［4］DeLaina Tonks, Sarah Weston, David Wiley, et al. "Opening" a New Kind of School: The Story of the Open High School of Utah［J］. The International Review of Research in Open and Distance Learning, 2013, 14(1).

［5］Dillon S. Online Colleges Receive a Boost From Congress［EB/OL］. ［2013-10-02］. http://www.nytimes.com/2006/03/01/national/01 educ.html? pagewanted=all.

［6］Harkin T. Report Reveals Troubling Realities of For-Profit Schools ［EB/OL］. ［2013-10-02］. http://www. help. senate. gov/newsroom/press/release/? id = 45c8ca2a-b290-47ab-b452-74d6e6bdb9dd.

［7］Harkin T. Tom Harkin's Official Website［EB/OL］. ［2013-10-02］. http://www.harkin.senate.gov/.

［8］James Zigerell. The use of television in American higher education［M］. Praeger Publishers, 1991.

［9］Michael Grahame Moore. Towards a theory of independent learning and teaching［J］. Journal of Higher Education, 1973(44).

［10］Michael Simonson, Charles Schlosser, Dan Hanson. Theory and Distance Education: A New Discussion ［J］. The American Journal of Distance Education, 1999, 13(1).

［11］Nelson L A. Trying Again on Gainful［EB/OL］. ［2013-10-02］. http://

www. insidehighered. com/news/2013/04/16/us-announces-rulemaking-gainful-employ-ment-state-authorization-and-long-term-agenda.

[12]Noffsinger J S. Correspondence schools, lyceums, chautauquas[M]. New York Press, 1926.

[13]Ossian MacKenzie, Edward L Christensen, Paul H Rigby. Correspondence instruction in the United States: a study of what it is, how it functions, and what its potentials may be[M]. New York Press, 1968.

[14]Ozdemir D, McDaniel J G. Evaluation of the State Authorization Processes for Distance Education[J/OL]. [2013-10-02]. http://www. westga. edu/~distance/ojdla/spring161/mcdaniel_ozdemir.html.

[15]Poulin R, Chaloux B, Fong J. Colleges Moving Slowly Toward State Authorization Compliance or Opting Out of States[EB/OL]. [2013-10-02]. http://wcet. wiche. edu/wcet/docs/state-approval/UPCEA/WCET-UPCEA-SloanC _ StateAuthorizationSurveyPressReleaseMarch2013.pdf.

[16]Radford A W. Learning at a Distance: Undergraduate Enrollment in Distance Education Courses and Degree Programs[EB/OL]. [2013-10-02]. http://nces. ed. gov/pubs2012/2012154.pdf.

[17] UMUC. Accreditation Frequently Asked Questions [EB/OL]. [2013-10-02]. http://www.umuc.edu/accreditation/index.cfm.

[18]Vahid Motamedi. An Overall View of Distance Education in the United States [R]. Mid-South Educational Research Association, 1999.

[19] WCET. State Authorization: Updates on SARA, the Military, and the USDOE Regulation[EB/OL]. [2013-10-02]. http://wcetblog. wordpress. com/2013/09/13/state-authorization-updates.

[20]丁新, 张秀梅. 美国远程教育的政策环境与实践发展[J]. 开放教育研究, 2003(3).

[21]迈克尔·博杜安. 数字时代远程开放教育: 美国篇[J]. 肖俊洪, 译. 中国远程教育, 2019(8).

[22]潘康明. 美国远程高等教育质量认证制度研究[D]. 西南大学, 2010.

［23］宋姝颖. 中美"MOOC"发展综述及未来展望［J］. 今传媒，2016（3）.

［24］王雪. 美国凤凰城大学办学模式对我国网络教育学院的办学启示［D］. 陕西师范大学，2014.

［25］王逾西. 美国社区学院模式对我国成人教育的启示［J］. 太原城市职业技术学院学报，2019(4).

［26］张仕华. 略论美国远程教育质量保障政策的执行［J］. 广州广播电视大学学报，2018，18(1).

［27］张秀梅. 美国远程高等教育政策演变——铁三角监管制度及问题分析［J］. 开放教育研究，2014，20(1).

［28］张秀梅. 美国中等后教育领域学分转移实践机制分析［J］. 中国远程教育，2009(3).

第九章　加拿大远程教育

加拿大地处北美，素有"枫叶之国"的美誉，首都是渥太华。加拿大政治体制为联邦制、君主立宪制及议会民主制（美国则是议会共和制），是英联邦国家之一。加拿大是典型的英法双语国家，也是一个移民国家。

加拿大国土面积998万平方公里，居世界第二位，其中陆地面积909万平方公里，淡水覆盖面积89万平方公里。人口有3741万（2019年6月），主要为英、法等欧洲后裔，土著居民约占3%，其余为亚洲、拉美、非洲裔等。英语和法语同为官方语言。居民中信奉天主教的占45%，信奉基督教的占36%。

加拿大政府十分重视教育，在教育上的拨款占到GDP的7%左右，教育质量位居世界前列。加拿大和其他国家相比，拥有最高的大学入学率。它的大学在世界上享有很高的声誉，所颁发的学位和各类证书在全球均被认可。

加拿大全国分为10省3地区，① 人口密度最低，每平方公里只有2.6人，约有89%的国土无人永久性居住。其中魁北克是面积最大、人口最多的省份，也是经济最发达的省份。由于历史原因，魁北克主要是法语区。

加拿大是个具有现代化工业及科技水平的发达国家，能源资源充足，依靠自然资源发展本国经济。2013年人均GDP 52100美元（中国6900美元，美国52800美元），根据2013年经济合作和发展组织生活幸福指数排名，加拿大国民幸福指

---

① 历史上，1763年的《巴黎和约》使加拿大正式成为英属殖民地。在美国革命之后，许多英国保皇党人移民到加拿大。英属北美条约通过之后，英国议会在1867年7月1日通过《不列颠北美法案》，将安大略省、魁北克省、新不伦瑞克省和新斯科舍省等四省合并为一个联邦，英廷承认其为独立的王国，由英裔和法裔殖民者共同统治，成为英国最早的一个自治领，称加拿大自治领。此后的1870年至1949年，其他省也陆续加入联邦。虽然加拿大已是一个国际公认的独立国，此特殊的自治领关系一直存在。1982年，加拿大国会通过新宪法，并得到英国国会的同意，加拿大于是把7月1日的自治领日改名为加拿大日（国庆）。

数位列世界国家前三名。

第一节　加拿大教育概况

一、教育体制

加拿大政府很重视教育，是世界上教育经费投入最高的国家之一。加拿大没有联邦教育部或类似的教育机构，教育由各省政府负责，因而全国没有统一的教育制度，学校大多数是省立的，各省法律对该省的教育组织机构、学制、考试制度和经费等都有明确的规定。各省均设有教育部，负责全省的教育事业管理。由10个省的教育部长组成的"加拿大教育部长理事会"（CMEC），负责促进和协调各省间的教育合作。联邦政府只负责组织、管理印第安人、因纽特人、武装部队人员及其家属，以及监狱犯人的教育。联邦政府向各省提供部分教育经费，并向一些特定学生提供额外资助，以维护他们的学习。

加拿大教育体系大致可分为：学龄前教育体系和学龄后教育体系。学龄前教育体系包含儿童保育和全日制幼儿园。学龄后教育体系包含：初等教育（Elementary）、中等教育（Secondary）和高等教育（Post-secondary）。其中，初等教育包括：1年级到8年级（Grade 1-8）；中等教育包括：9年级到12年级（Grade9-12）；高等教育包括：大学、大学学院、社区学院和私立职业培训学院。但各省份又有细微的不同。各省都提供12年的免费中小学教育，但魁北克除外，是11年。在大多数省，16岁以下的教育是义务性质的。就中小学而言，传统的学制一般为小学8年、中学4年，但目前多实行6、3、3（即小学6年、初中3年、高中3年）和6、3、4制。学士学位时间一般3~5年，硕士学位为1~2年，博士学位为3~5年。

二、高等教育概况

（一）院校体制和规模

加拿大联邦负责高等教育事务的部门是人力资源与技能开发部（Human Resources and Skills Development Canada，HRSDC）下设的学习部（Learning Branch），该部门负责管理全国大学生的贷款和奖学金、教育储蓄、中等后教育、交换学生和学术流动。中等后教育是由公立和私立教育机构提供的。这些机构有的是经政府"认可的""注册的"或者"颁发执照的"，有的不受政府管制。

加拿大共有95所公立大学，大部分是大学学院，大学学院被定性为本科分校的专门机构（研究或研究生院）；其他的附属于大学系统下，处于半自治的状态。

在经济合作与发展组织成员国中加拿大高等教育人均投入排名前三。2013年QS大学排名中，加拿大有3所大学排名世界前50名。世界著名的顶尖一流高等学府有：多伦多大学（University of Toronto）、麦吉尔大学（McGill University）、英属哥伦比亚大学（University of British Columbia）、西安大略大学（University of Western Ontario）、麦克玛斯特大学（McMaster University）、女王大学（Queen's University）、滑铁卢大学（University of Waterloo）、阿尔伯达大学（University of Alberta）等。

其中，坐落于加拿大第二大城市蒙特利尔的麦吉尔大学多年来一直处于加拿大大学学术排名第一，2022QS加拿大排名第二，是加拿大最难申请与最国际化的大学，长期以来，在欧美声誉崇高，极受青睐。它的教学及研究水准被认为可媲美美国八大常春藤盟校，被称为"北方哈佛"或"加拿大哈佛"。

加拿大的高等院校分为两类，一类是有授予学位权的大学和大学学院，其中大学约有66所。这些大学和附属学院至少设有文理科或其中一个学科的学位课程，通常还可授予研究生学位。

另一类是对学生进行职业或技术教育的院校，通称"社区学院"，其专门的协会组织是"加拿大社区学院协会"。这些学校的另一个更为特定的名称是CAAT（应用艺术和技术学院），是1960年代受美国影响相继建立起来的，全加有200多所。这些学校多属省立，在各省的称呼各不相同，课程设置侧重于美术、工科、商科及其他职业学科。学制一般为1~3年，学业结束时学生获得毕业证书或文凭，但不能获得学位。社区学院还开设一些可以转读大学的转读课程（Transfer Program），修业期为1~2年，程度相当于大学一、二年级。学生修完这些课程后，可以转读大学二、三年级，继续攻读学士课程。海外留学生，尤其是高中毕业生多愿就读这类学院选修转读课程。社区学院等于是将大学和职业学校的功能合二为一，目的是使各地区人民有更多的教育机会。由于社区大学带有地域色彩，所以也是以本国人优先为原则。

"学院"(Colleges)在加拿大泛指社区学院(Community Colleges)，主要区别于"大学"(Universities)，各省具体有不同的称谓。社区学院有公立和私立两种。公立社区学院一般都得到政府的财政支持，规模大、师资足、设施齐全、课程设置多、学费也较低廉；而私立社区学院，虽然独立于公立系统之外，但也必须提供符合省政府教育部定的课程，并有权颁发证书。

加拿大大学没有全国统一的大学入学考试。学生入学主要凭高中毕业成绩。各科成绩及格，主科成绩在 65~70 分以上者均可入学。由于各省学制不同，入学条件也不一样。绝大多数省实行 12 年一贯制，学生中学毕业后就可入学。比较特殊的有两个省：安大略省的学生必须读完 13 年才能上大学；魁北克省的中小学学制为 11 年，中学毕业必须先上两年预科方可进入大学，具体的入学条件各校不尽相同。

入读本科学习的普遍要求是要具备高中学历。学士学位一般需要 3~4 年的全日制学习，这主要看各省的不同要求和专业是普通专业还是特别专业。荣誉学士学位一般表示对所学专业付出的更多努力。在一些大学，荣誉学位可能需要额外多学一年。硕士学位一般需要两年的学习时间，获得荣誉学士后可以攻读。尽管攻读博士学位一般要求具有硕士学位，但也有从学士直读的。博士学位一般需要 3~5 年的学习时间。一些特殊领域也有专门的博士学位，如音乐博士(Dmus)或法学博士(LLD)。在一些法定的职业领域，如医药、法律、教育和社会工作等职业方面，欲获得营业执照一般都需要有实习经历。

1911 年加拿大的大学组建了"加拿大大学和学院协会"，目前成员包括加拿大公立和私立非营利性大学，2009 年这些大学的在学学生(折算为全日制学生)达到 89 万名。此外，社区学院也有自己的协会，即"加拿大社区学院协会"，1972 年成立，目前有 136 所成员院校。该协会除了社区学院外，还包括技工、理工类学院、大学学院，这些成员院校长期以来都只颁发文凭和证书，而不授予学位。①

---

① http://www.accc.ca/english/colleges/。

2010 年，加拿大高等学历教育学生大约有 120 万，其中本科生 75.5 万人，研究生 14.34 万人，业余制学生 27.58 万人。女生多于男生，占总学生数的 56%。1992—2007 年，加拿大全日制本科生人数增长迅猛。受婴儿潮一代的影响，2011—2012 年加拿大 18~21 岁的大学生人数再创新高，该年龄段的全日制学生入学率为 52%，大学生总数达到 199.62 万人，其中全日制 146.6 万人，业余制学生为 53 万人，攻读学士学位以上文凭的学生占大学生总数的 56.1%。①2017 年，加拿大高等学历教育学生大约有 205 万人，2020 年度人数为 140 万，预计到 2030 年会回升至 2010 年的水平。最近，世界领先电子产品和维修产品的高端服务分销商 RS Components 公司公布了各国接受高等教育的人口比例：加拿大排名第一，57% 的加拿大成年人拥有大学文凭；俄罗斯(53%)；日本(51%)；以色列(51%)；韩国(48%)；美国(46%)；英国(46%)；爱尔兰(46%)；澳大利亚(45%)；芬兰(44%)。

(二)高等教育行政体制和质量认证

1867 年联邦宪法从法律上赋予各省教育立法权和管理权。各省法律规定，省政府直接负责高等教育，根据本省立法审批设立公立大学和其他高等教育机构、规范大学的名称使用标准、批准授予学位、监督大学依法设立董事会和评议会。加拿大大学行政系统的最高权力机构是校董事会，由当地政府、企业界、教育行政官员、教员和学生组成。加拿大大学学术方面的最高权力机构是校评议会，主要由各院校的教学代表组成。校评议会负责一切教学事宜和学术活动。

1967 年，加拿大教育部长理事会(The Council of Ministers of Education, Canada, CMEC)成立。加拿大法律规定，教育由省政府和地方政府负责，联邦政府不设统一管理全国教育事务的教育部，仅靠教育部长委员(CMEC)在各省间起协调作用，而在各州及各级地方政府或私人机构，教育标准和原则都由各州来确立。加拿大各省都有负责教育的行政部门，只是名称有别，工作实质一样，都是管理本省的教育事务，制定教育政策，主持教育拨款和教育事业方面的基本建设，制定本州(省)教育大纲等。

加拿大的综合大学都是公立的，联邦政府主要通过政策法律和经济资助来影

---

① http://www.statcan.gc.ca/tables-tableaux/sum-som/l01/cst01/educ71a-eng.htm。

响大学的办学方向与科研方向，除科研经费外不直接向高校拨款。省政府负责制定全省的高等教育方针、计划并承担向高校拨款等义务。高校实行自治管理模式，学校的行政管理和教学事务由学校自行决定，省政府对此不予干涉。大学的自主权得到了充分体现，主要表现在自主招生、自主设置专业和专业方向、自主设置课程及学分、自主制定收入分配制度等。正因为各自管理自己区域内的事务，这些高校都会依照各省有关立法获得学位授予权，拥有较高的大学自主权。

加拿大意识到拥有一套全国层面的、一致的和统一的教育标准变得越来越重要，为此 CMEC 发布了《加拿大学位资格框架》（the Canadian Degree Qualifications Framework）。框架描述了学位分类，设置了学位层次标准，另外对评估新的学历项目和新的学历认证机构的过程和标准进行了说明。

以下选取阿尔伯达省和安大略省的情况作简要介绍。

在阿尔伯达省，按照该省《高等教育法》成立的"阿尔伯达校园质量委员会"负责对高校实行外部质量评审，凡新设专业都需提交该委员会进行评审并接受该委员会的质量监控。该省负责管理高等教育的行政部门是"企业和高等教育部"（Minister of Enterprise and Advanced Education）。

在安大略省（著名的多伦多大学所在省），有专门的"安大略省质量保证框架"，由独立机构——"安大略大学质量保证理事会"（the Ontario Universities Council on Quality Assurance）负责依照此框架规定的程序对每一个新申请的本科和研究生专业进行评审，并将评审结果提交给该省负责高等教育行政事务的"培训、学院和大学部"（the Ministry of Training, Colleges and Universities），对已通过评审的专业每八年要进行一次认证。任何省外的高校打算在安大略省招生，不论提供该专业的院校是私立或公立、赢利或非赢利都必须经过安大略省的"中等后教育质量评价委员会"（Post-Secondary Education Quality Assessment Board）批准方可招生。多数加拿大公立大学都会申请省级、国家级和国际层面的高等教育质量认证。①

安大略省负责教育的有两个部，一个是专门负责小学和中学教育的教育部（the Ministry of Education），另一个是负责高等教育和成人教育的"培训、学院和

---

①　http://www.aucc.ca/canadian-universities/quality-assurance/canadian-provincial-quality-as-surance-systems/ontario/。

大学部"。安大略省总共有 19 所公立综合性大学和 24 所应用艺术与技术学院,对于学院,有些学校对学生有无高中文凭不作要求,学生选课的学分可以算双重学分即高中学分和学院学分,学分可以累积、转移和互认。

(三)远程教育的行政管理

加拿大的宪法将管理各级教育的权力下放给了地方各省政府,因而没有管理教育的全国性政策机构或全国性的教育院校,尽管有些学校称自己是全国性的高校,比如阿萨巴斯卡大学就称自己是"加拿大开放大学",滑铁卢大学自称是在全国范围内推行远程教育。

加拿大政府对各省教育的支持主要途径是向各省拨款和分配税收。各省政府对经费的分配具有完全的掌控权,可以自行决定如何拨付给高校。联邦政府对教育有责无权,这种经费分配方式一直是联邦政府的痛点所在,但又没有办法改变,宪法使然。

高校经费主要向大学的教学和科研倾斜,远程教育办学机构要获得经费并不容易。以前高校学生的收费要经过省政府批准,现在这个政策取消了,所以远程教育收费标准由办学机构自己设定,其最明显的结果就是昂贵的 MBA 以及其他商科专业开始大规模地通过远程教育方式开设了。

在每个省,大学只要愿意介入远程教育,就有权以自己的方式发展远程教育。然而,加拿大大学远程教育的发展主要还是依靠具有企业家精神的个人来发展的,而不是靠院系规划的,他们通常会使用短期内有效的资金来开设远程教育项目。例如,滑铁卢大学就是从 4 门远程教育课程发展到如今庞大规模的。目前加拿大所有的综合性大学(即公立的研究型大学)都已经成为既开展全日制面授教学又开展远程教育的双重模式大学(其中远程教育不是附加品,而是和常规面授教育一样成为学校另外一种主要的教育方式)(Douglas Shale,1999)。

除了上述政府系统的行政监管体系外,三大院校协会也在一定程度上对远程教育质量起到了保障的作用,它们是加拿大大学和学院协会、加拿大社区学院协会和加拿大认证机构协会。

20 世纪末,远程教育得到了空前的大发展。根据 1994 年的年度报告和加拿大远程教育协会统计,加拿大约有 90 所大学或学院开展了远程教育,在大学、学院注册的远程教育学生约 5 万人，全国估计有 20 万人。在加拿大，不仅学校开展远程教育，其他的组织机构也使用远程教育手段进行各种培训。

第二节　远程教育发展历史

同各国远程教育一样，加拿大远程教育技术的发展也历经广播、知识网络、有线电视、卫星通信和互联网几个时期。

加拿大地域广阔、人口稀少，大多数人口分布在中部地区（占 1/4 国土，有 2/3 人口）。由于地域和人口的原因，发展远程教育需要广泛有效的通信网络。广播是最先建立起来的，在 19 世纪 50 年代后半期，电视开始投入使用。60 年代末 70 年代初，电视技术的发展催生教育电视频道的出现，教育电视极大地促进了远程教育的发展。1968 年，魁北克建立魁北克广播，1973 年安大略省建立教育传播局，1980 年不列颠哥伦比亚成立西部网络通信部。这一时期有线电视发展迅速，至 70 年代初卫星得到发展，与电视和广播形成一体化通信网络是这一时期的显著标志。70 年代晚期到 80 年代初期，电话会议变得十分普及。90 年代初计算机管理会议变得普遍并持续使用于各个领域。20 世纪 90 年代末两种新的技术——视频会议和互联网又使远程教育发生了质的变化。

一、校外学习（函授教育）的出现和初期的远程大学

"加拿大远程教育的传统，特别是满足教育需求和服务偏远地区人群的功能，要比美国远程教育和常规教育更加强烈、更加发达"（Ellen L. Bunker，1996）。

早期的远程教育形式在北美称为函授学习（correspondence study），在澳大利亚和新西兰称为校外学习（extension studies）（Douglas Shale，1999）。由于加拿大是个地广人稀的发达国家，所以，其远距离教育不仅发展较早、较普遍，而且广泛应用各类信息技术。加拿大远程教育是从高等函授教育开始的，函授教育也是加拿大最早的远程教育。①

---

①　第一个真正意义上的函授教育机构是 1856 年在柏林建立的教授语言的图桑及朗根沙伊特学院。

1878 年，女王大学①(位于安大略省多伦多市的金斯顿)准许校外生在家自学后参加大学期末考试。1890 年则正式建立了北美第一个大学校外教学系，成为这一领域的先驱。女王大学的教学资料由邮政投递，不通邮路的地方则由皇家骑警队投递。1889 年女王大学的文理学院首先开设了授予学分的函授课程，是最早开展函授教育的大学。这些函授课程基本都是学分课程，学生学完课程后可以获得学位。

1907 年，萨斯喀彻温大学也开设了校外课程，如"农作物改良技术"课程、"操持家务"短小课程、"加拿大青年职业培训研修班"等课程(Rothe，1986)。

虽然 1960 年前不少大学既有在校教育，又有远程教育，但加拿大远程教育得到长足发展还是从 60 年代以后开始的(吴言荪，2003)。20 世纪 60 年代是加拿大大学和学院远程教育的大发展时期，一些学院为居住在边远地区的人口提供服务。纽芬兰纪念大学、滑铁卢大学、西蒙·弗雷泽大学、维多利亚大学等一大批大学和学院都是在此期间得到发展的。

加拿大最具代表性的函授教育是由滑铁卢大学开展的。1968 年该大学开始开设了物理学方面的四门函授课程。之后陆续扩大专业规模，招生规模也随之扩大，80 年代中期成为加拿大规模最大的远程教育高校，三个学期开设了 435 门课程，注册人次达 18882 名。其成功经验在于两点：一是函授教育作为大学一个独立的部门与学校的其他教学系合作，函授教育部负责从各系选择老师，各系则负责课程的教学环节；二是尽力为学生提供与校园面授教育一样的学习体验(Robert Sweet，1986)。函授课程的教材不仅有印刷教材，也有录音带、录像带等，不论是哪种教材都必须依赖邮政系统在师生之间传递。

在西海岸，不列颠哥伦比亚大学的继续教育中心也开设了学分制的函授专业。1950—1973 年，该中心开设了总共 18 门课程，全部由该校的文学院负责课程的开发和教学。1966 年，里贾纳大学(University of Regina，② 位于萨斯喀彻温省省会里贾纳)也积极开展传统的校外函授学历教育，即教师前往远程学习中心上课。

---

① 目前女王大学负责远程教育的部门是继续与远程学习办公室，在学学生 4000 余人。

② 里贾纳大学目前负责远程教育的部门仍然是继续教育中心(CCE)的远程学习处，开展学历与非学历教育。

加拿大远程教育发展史上另一个主要事件就是 1970 年代成立了三所单一模式的远程教育办学机构，分别是阿萨巴斯卡大学，1972 年运作，1978 年获立法批准；开放学习院(Open Learning Institute)，1978 年成立，后来改名为 Open Learning Agency of British Columbia(不列颠-哥伦比亚省开放大学)；魁北克远程大学，创建于 1972 年(Douglas Shale，1999)。

1980 年加拿大成立了国际函授学校，是一个民间机构，开出的第一门课程是矿山安全工程，第一年就有 400 名学生就读，1998 年注册学生有 4 万人，开设的课程有计算机程序设计和花卉管理等(吴言荪，2003)。

二、广播电视教育以及制度化的远程教育初步确立

加拿大远程教育的产生与其人口分布与地理特点有一定的关系。加拿大人口 80% 聚居在美国和加拿大之间 250 公里范围的地带，这里人口密度高。2/5 的人口又集中在安大略省和魁北克省。由于地理和人口的原因，发展有效的和大范围的远程电子通信网络是情理之中的事。

无线电广播最初使用的是远程通信技术。加拿大使用媒体开展成人开放教育最先出现于"安堤格尼西运动"(Antigonish Movement)中，[①] 该运动开始于 1935 年，由位于新斯科舍省安蒂戈尼什市的圣弗朗西斯科泽维尔大学校外教育部实施，是当时加拿大广播集团、加拿大农业部和加拿大成人教育协会合力推动的结果。活动依照的是该校 Coby 博士提出的六项法则：通过社会组织个人能够发展自己的能力；社会变革一定是来自对公民的建设性的社会行动的教育中；经济是教育的第一条原则；群体行动是成功的必备要素；有效的社会性改革一定是社会和经济环境的彻底变革；每个人都值得过充实有意义的人生。他们把人们分成较小的社群并提供学习材料，采用无线电开展教学，开展的学习项目叫做"Farm Radio Forum"(农场无线之声论坛)，旨在帮助农民在经济衰退时扩大眼界，提高

[①]　该运动在圣弗朗西斯科泽维尔大学的校史上留下了辉煌灿烂的一笔，它倡导教育紧密联系社会，要为社区和社会服务。该运动综合了成人教育、合作社、小额贷款和乡村社区发展理念，帮助加拿大东部三个滨海省(新布伦瑞克、新斯科舍、爱德华王子岛)的小型的、依赖当地资源发展的社区提高经济和社会水平，并建立了农村信用合作社。

农民的生存状况。

20 世纪 50 年代中后期电视开始兴起。至 60 年代末 70 年代初，电视技术的发展和人口特征的变化促使很多省份开始设立专门的电视教育频道。1968 年魁北克省建立了"魁北克之声"（Radio-Quebec）。安大略省建立了安大略教育传播局（Ontario Educational Communications Authorities，OECA），OECA 又架设了网络发射机和"TV Ontario"这一政府机构。这一阶段有线电视也迅猛发展。联邦负责制定通信政策和授权注册的机构——"加拿大无线电和电视委员会"（Canadian Radio and Television Commission）负责审批有线电视公司申请开办的教育电视节目频道，批准后才可以传播教育电视节目。

70 年代初，加拿大开始积极使用卫星开展通信传播，卫星已经融入加拿大的远程通信网络。

三、70—90 年代加拿大建设的主要电视通信网络

70 年代远程教育的发展深受技术革新的影响，很多省份创办了教育电视。其间，政府主导创办的通信网络起到了重要作用。在不同时期这些通信网络组织的主流技术也会发展变化，从远程会议系统、双向视频会议系统到如今的互联网，科技领域不断创新，让人无所适从。

"20 世纪 80 年代中期加拿大远程教育的发展呈现出扩展和健康发展的特点。远程教育由原来的'纯'远程教育，即函授教育过渡到多种媒体组合应用的远程教育阶段。因而，面授教育和远程教育的界限逐步变得模糊起来"（David Kaufman，Ian Mugridge，1986）。

90 年代中后期两种技术开始占主导地位：视频会议系统和互联网。

（一）Telidon

Telidon 是希腊语两个单词的合成，意思是"远程了解"（to know at a distance），是由 20 世纪 70 年代中期位于渥太华的联邦通信部的研究人员策划实施的，综合使用电视、电话和计算机生成一种新的传播和信息处理媒介。电视用来呈现图文，电话用来远程交流，电脑用来快速廉价地存储、处理和检索信息。联邦政府当时希望综合使用新媒体技术，使加拿大成为信息技术的领跑者。成功

试验后，80 年代中期联邦政府因为该项目在商业方面不够成功而削减经费，致使该项目终止。①

(二) TV Ontario

加拿大远程教育领域里提供技术传输支持的机构最著名的当属"安大略教育传播局"。1974 年，OECA 建立了电视发射机网络，命名为 TV Ontario，TV Ontario 也称为 TVO(或 CICA、CICE、CICO)，是安大略省政府自己采用公共支出建设的，与 BC 省的 Knowledge 和美国的 PBS 电视网络类似。OECA 主要由安大略省的学院与大学联合提供运营经费，OECA 传输的节目严格按照联邦枢密院设置的教育电视节目标准执行。因此，从一开始，OECA 的使命就是为远程教育办学机构服务，是一个专门的政府机构(Rothe，1986)。

2002 年加拿大教育部将其开展中小学远程教育的"独立学习中心"(ILC)交由 TVO 接管。白天一般传送原创节目秀、儿童节目和电影，晚上播出适合成人观看的纪录片、戏剧和公共事务节目，深夜则播放一些教师进修的节目。② "独立学习中心"提供高中层次的英语和法语教学，并辅导高中文凭考试，但它是以远程自学为主。每位学生都有一位主要的辅导老师和支持团队，学生入学年龄需满18 岁，课程的开发和提供是由合作学校的老师负责的。

(三) ACCESS ALBERTA

阿尔伯达省效仿安大略省，于 1973 年成立了 ACCESS(Alberta Educational Communications Corporation，阿尔伯达教育传播集团)，主要任务是提供传输技术，比如卫星传输、数字化、远程文本、录像、视盘多路技术、无线电传输等。与 OECA 一样，ACCESS 也是以多组织合作的形式创建的，公司的主要任务是为教育事业提供支持服务，具体包括提供节目播放、节目制作以及获取教育材料等，教学内容和呈现方式由当时的教育部(Department of education)和高等教育与人力资源部(Department of advanced education and manpower)负责决定。

---

① http://www.thecanadianencyclopedia.com/index.cfm? PgNm = TCE&Params = A1ARTA000 7909。

② http://www.tvo.org/TVO/WebObjects/TVO.woa。

四、90 年代至今的网络教育

90 年代中后期两种技术开始占主导地位——视频会议系统和互联网。互联网受宠不仅因为在当时是新鲜事物，更重要的是它方便实用。这一阶段，普通高校里对远程教育历来持批判态度的大学教授开始将其应用到自己的教学中，远程教育的声誉大大改观，批评之声渐少（Douglas Shale，1999）。

在 OECD 国家中，加拿大的教育信息化水平一直处于领先地位（Leslie Regan Shade，Diane Yvonne Dechief，2005）。加拿大从 1993 年开始实施的学校网工程（SchoolNet）是加拿大政府最早的"信息高速公路"项目之一，旨在提高加拿大公立学校之间的"互联性"，借助公立和私立合作者的力量帮助加拿大中小学的教室联网（Leslie Regan Shade，Diane Yvonne Dechief，2005）。

SchoolNet 项目起源于 1993 年渥太华 Carleton 大学的一个学生项目。当时 Karen Kostaszek 带领学生构建了一个网络，打算提高人们使用教育材料的意识。最开始由联邦政府的工业和科学部（后改名为"工业部"）资助，试点学校包括渥太华 Carleton 学区的 12 所学校。Karen 团队是较早的互联网创业团队，并受到了媒体的称赞和奖励。

1999 年 3 月，SchoolNet 建成了世界上第一个全国性的"学校网络"，将加拿大全国 1.65 万所中小学校、3400 个公共图书馆与互联网连接起来，并且于 2001 年 3 月把所有学校的教室也连接起来。

在 1995—2000 年间，联邦政府为 SchoolNet 投入了 8200 万美元。

近年来随着开放教育资源运动在全球的广泛推广，加拿大卑诗省的大学也联合起来共同开发免费的电子课本，这一行动名为 BCcampus，2014 年已推出 40 门公开课程的电子课本（教材作者不限于加拿大），任何人都可以免费下载学习。

第三节　加拿大的中小学远程教育

加拿大中小学远程教育学习人数正逐年增加，学生变化如表 9-1 所示（Michael Barbour，2013）。

表 9-1　加拿大中小学远程教育学习人数变化表

年度	远程教育学生数	所占比例
1999—2000	约 25000	0.5%
2008—2009	约 140000	2.7%
2009—2010	150000~175000	2.9%~3.4%
2010—2011	207096	4.2%
2011—2012	245252	4.9%
2012—2013	284963	5%

自 2008 年开始，每年 Michael Barbour 都会发布一份关于加拿大中小学远程教育开展情况的报告。2013 年度报告显示（第六个年度报告），2011—2012 学年加拿大 K12 网络学习（至少学习一门网络课程）的学生为 24.5 万人，占 4.9%（Michael Barbour，2013）。

2011—2013 年加拿大各省/区 K12 远程教育开展机构总数约 74 个，见表 9-2。

表 9-2　2011—2013 年加拿大各省/区 K12 远程教育专业开设情况

省/区	区域	远程教育开办单位（programmes）	远程教育学生人数
纽芬兰和拉布拉多	大西洋沿岸地区	1	1000
新斯科舍		2	2450
爱德华王子岛		1	66
新不伦瑞克省		2	1841
魁北克	中部地区	3	30000
安大略		29	50000
曼尼托巴	西部地区	8	9000
萨斯喀彻温		9	3285
阿尔伯塔		5	21339
卑诗省		14	88000

续表

省/区	区域	远程教育开办单位 （programmes）	远程教育 学生人数
育空		1	95
西北地区	北部地区	0	20+
努纳武特		0	0

　　加拿大共有四大地理区域，分别是大西洋地区（Atlantic Canada）、中部地区（Central Canada）、西部地区（Western Canada）和北部地区（Northern Canada），四区共有 13 个省/区，各省开展远程教育的层次不同，其中活跃性最高的是不列颠哥伦比亚省，又称卑诗省（同时该州的远程教育监管和制度体系最全面），其远程教育学生注册人数占该省 K12 学生总数的 13.5%，它不仅为学生提供大量具有区特色和省特色的课程，还提供独立和个性化的课程。安大略省和萨斯喀彻温省的课程安排类似，尽管两省间有课程上的高度合作，但大部分课程仍以地区性的为主。另外，有 2 个省份仅提供全省范围内的课程，有 4 个省提供全省范围和地区范围内课程，而北部地区的王公贵族则没有自己的远程课程，而是引进外省的课程（Michael Barbour，2010）。

第四节　远程高等教育的办学实践

　　加拿大远程教育的学校有两种办学模式：单一模式和双重模式。单一模式是指学校专门开展远程教育，阿萨巴斯卡大学是一所典型的单一模式远程大学。双重模式是指学校既开展远程教育，也开展传统课堂教育。目前，绝大多数的学校都是双重模式院校。据统计，加拿大约有 90 所院校开展了远程教育，其中包括一些公立的综合性的研究型大学，还有一些机构的学校。

　　加拿大远程教育的学生只占人口的一小部分，且分布在 998 万平方公里的土地上。1950 年代广播覆盖全国，70 年代许多省份开设教育频道，使用卫星传播远程教育资源。据统计，加拿大远程教育招生人数为 361000 人，在以下的 12 个国家中排名第七（表 9-3）。多年来，澳大利亚、加拿大、德国、印度和美国的远程教育招生人数也一直稳步增长。澳大利亚 2016—2017 年增长 4%；加拿大过去十年每年增长 8.75%；美国 2015—2016 年增长 5.6%（Seaman Allen，Seaman，2018）。

表9-3　各国招生人数统计

国家	招生人数
澳大利亚	261000
巴西	1341800
加拿大	361000
中国	6450000
德国	154300
印度	4200000
俄罗斯	2475500
南非	337900
韩国	298600
土耳其	1374300
英国	173900
美国	6359100
合计	23787400

60 年代开始，加拿大新成立了许多大学，主要是为了满足二战后婴儿潮的巨大教育需求，这种强劲的需求直接促成了 70 年代陆续成立的三所开放大学：魁北克远程大学(1972 年)、阿萨巴斯卡大学(1972 年运行，1978 年立法建立)和开放学习机构(1978 年建立)。

加拿大有两所仅提供远程教育课程的公立大学：

(1)阿萨巴斯卡大学（Athabasca University，AU），1970 年成立，由阿尔伯塔省政府提供经费，是一所开放的、完全远程的大学。AU 有 4 万名学生，其中40%来自阿尔伯塔省外。阿萨巴斯卡大学提供本科和研究生学位层次的完全远程课程。远程教育硕士专业始于 1994 年，迄今仍在正常开课。它还开设了北美第一个远程教育方向的教育学博士学位专业。

（2）魁北克远程大学是一所用法语教学、完全远程的大学，每年招收不超过 2 万名学生，开设完整的学位专业。该大学是魁北克大学的一个校区，可授予学位和毕业文凭。

但是，这两所大学正面临是否能生存下去的挑战，因为越来越多的传统大学正努力提供完全在线课程和专业。

加拿大早在 1983 年就成立了全国性的远程教育专业人员学术性组织——加拿大远程教育协会。90 年代成立的三所远程教育高校：英格兰哥伦比亚技术大学、北部英格兰哥伦比亚大学、皇家路大学，这三所学校采用了电子通信和远程教育的方法实施教学，一时吸引了许多学生的加入（Douglas Shale，1999）。

一、单一模式院校的远程教育

（一）阿萨巴斯卡大学（Athabasca University，AU）

阿萨巴斯卡大学是世界上最早开设远程教育和网上教学的院校之一，对外也称"加拿大开放大学"，它是 1970 年为缓解阿尔伯塔省大学的入学压力而建立起来的，位于阿尔伯塔省，是公立大学，主要开展本科层次文科、理科和教育方面的正规教育。1975 年，阿萨巴斯卡大学获得与普通大学同等的学位授予权，并逐渐发展成为加拿大最主要的远程教育大学，现共开设 500 多门本科生和研究生远程在线课程，每年为 1.6 万名学生提供高质量的高等教育。它是加拿大乃至国际上公认的远程教育领先者，其教学质量得到广泛公认。

（二）魁北克远程大学

魁北克远程大学于 1972 年建校，1974 年开始授课，当时被称作第二个 AU（John Daniel，1986）。如今已发展成为世界十大远程教育中心之一。

魁北克省 1964 年成立省教育部，之后教育逐步发展壮大，显著的标志就是 1968 年魁北克大学的建立。1972 年远程大学开始提供远程教育，然而和其他许多远程教育办学机构一样，该校的决策权有限，由魁北克大学不同校区的代表组成的治理委员会决策机制不灵活。1974 年，远程大学纳入魁北克大学内部，成为其十个分校之一。随后它获得了和其他九所分校一样的决策自主权。

2005 年 6 月魁北克远程大学又并入 UQAM——魁北克大学蒙特利尔分校，在学人数 2 万多名，七成以上是女性，六成学生年龄在 35 岁以上。2006—2007 年学生数增长 12.5%。2017 年，在线学分课程的招生人数占大学层次课程总招生人数的 16% 和学院层次课程总招生人数的 12%。2011—2015 年大学层次在线课程招生人数每年增长 10%，魁北克省以外的学院层次增长率则为 15%。

二、双重模式院校

在双重模式大学内部，远程教育的管理和办学是归属于某一教学学院或继续教育学院/校外学习部（Continuing Education/Extension）的，特别是当涉及学分课程和专业的时候，主要由专门的继续教育学院来代表具体的教学院系行使行政管理职能。1990 年代，双重模式大学开设的远程教育课程通常只是非学分课程和专业，只授予证书或文凭（Douglas Shale，1999）。

大多数大学的教学语言是英语。魁北克远程大学则完全使用法语教学。北不列颠哥伦比亚省大学（University of Northern British Columbia，UNBC）、皇家路大学是 1990 年代末期较早尝试大规模使用互联网开展远程教育的双重模式大学（Douglas Shale，1999）。

（一）纽芬兰纪念大学

纽芬兰纪念大学（Memorial University of Newfoundland）成立于 1925 年，在远程教育方面它很早就进行了尝试。在线课程人数共计 1.7 万多人。

纽芬兰纪念大学有着非常丰富的多媒体远程教学经验。1969 开设了第一个远程教育（基于电视）学分课程。当时主要是提升该省教师的学历，综合使用了录像带（1972 年首次使用）、远程会议系统（1977 年）、录音带、本地辅导老师现场教学等多种媒体支持形式，每个远程学习中心至少招收 15 名学生才开课，并配有一名辅导老师。

80 年代纽芬兰纪念大学的"电视制作部"专门负责开发广播或录像电视教材，1982 年使用有线电视系统播放课程，1988 年第一次在课程教学中使用 e-mail。这一时期，该校的继续教育部门重组，新成立了"教育技术部"，主要负责运用新技术来开发远程教育课程（Robert Sweet，1986）。

纽芬兰纪念大学有一专门的机构负责为全校院系师生提供网络远程教育方面的技术支持、资源开发、课程发布、使用培训等服务，机构名称为"教学创新中心"。1994 年学校开设了第一门在线的网络课程，到 2021 年已经有 475 门本、硕网络课程，37 个完全在线或部分在线的专业。不论是校内全日制课程的网络辅助教学还是纯网络教学采用的都是 Brightspace 教学平台，上面已经有 2100 多门课程。

2019 年秋，纽芬兰纪念大学开设有 300 多个专业，在读学生人数 1.94 万余人，其中就读远程学历教育的学生数为 6914 人（研究生 986 人，完全在线学历教育的本科生 1320 人，混合式学习的远程教育本科生 4608 人）。①

（二）滑铁卢大学

加拿大最具代表性的函授教育是由安大略省滑铁卢大学开展的。1968 年该大学开始开设了最早的远程教育课程——物理学方面的四门函授课程，学生 130人。② 之后陆续扩大专业和招生规模，80 年代滑铁卢大学的远程教育已经成长为加拿大大学层次所开展远程教育中规模最大的，其受欢迎的原因之一是使用了带有讲义的录音教材。滑铁卢大学一学年（三个学期）开设了 435 门课程，函授教育注册人次达 18882 名（Robert Sweet，1986），占全校本专科生的五分之一，其中一半的学生是以获得学位为目的的，其余学生是出于兴趣或自我提升的。

函授课程的开发和教学都是由各教学院系负责的，他们对此有着绝对的控制权，函授部的教学权力很小。另外，学生的入学标准、学费、上课的老师与普通面授学生一样，函授教育仅是另一种教学途径而已（Rothe，1986）。

1995 年开始开设在线课程。目前负责全校远程教育管理和服务的部门是校外学习中心（Center for Extended Learning），开设了完全在线的 25 个专业及 525 门课程，学生可以通过在线学习获得滑铁卢大学的学士、硕士学位。③ 目前每年有

---

① https://citl.mun.ca/about/Dashboard.php。

② https://uwaterloo.ca/extended-learning/about/our-history。

③ https://uwaterloo.ca/extended-learning/。

1.4 万名学生在线学习，在线课程注册人次达 4.1 万。①

(三) 北岛学院

北岛学院(North Island College)是卑诗省的一所公立社区学院，成立于 1975 年，学习对象是成人，主要为当地温哥华岛北部崎岖海岸线上的居民服务，提供升读大学和职业教育两种类型的专业课程。当时是由卑诗省的教育部和四个学区合作共同成立的。成立之初就选择使用远程教育手段开展教学，学生以自学为主，并有当地的辅导教师进行辅导，还有当地的学习资源中心可以访问(John Tayless，1986)。该校 1980 年在开放学习方面已经有非常良好的声誉了，与阿萨巴斯卡大学、魁北克远程大学享有同样的声誉。2004 年，该校开始与其他大学联合授予学士学位。2006 年获得学位授予权——工商管理本科专业，成为该省第一个获此特权的乡村学院。

就使用的学习材料方面，北岛学院在 90 年代以前都是从其他高校引入设计优良、编写良好的学习材料，比如阿尔伯塔省的阿萨巴斯卡大学。在与 AU 合作的最初十年里，当学生选择了 AU 的课程时，要填写两所学校各自的注册表，AU 负责最后的期末考试，北岛学院则负责平时的学习支持和形成性评价，学生毕业后还可以继续攻读 AU 的本科学位。

2013—2014 学年学校有 4685 名学生，开设有 100 个专业。目前远程教育学习方式又细分为三种：固定步调的远程学习(lock-step distance，以自学教材为主，但有统一固定的教学进度)、灵活的远程学习(flexible distance，学生可以自定步调学习，提前三周预约考试)、网络学习(web-based，网络课程学习，有统一固定的教学进度)。②

(四) 不列颠哥伦比亚理工学院

不列颠哥伦比亚理工学院(British Columbia Institute of Technology，BCIT)建于 1964 年，它在加拿大远程教育发展历史上最值得一提的贡献是 1974 年创建了专门开展远程教育的远程教育部，其主要任务是开发教材。1980 年 BCIT 在温哥华

---

① https://uwaterloo.ca/extended-learning/about/our-history。

② http://www.nic.bc.ca/pdf_docs/studentguide.pdf。

的"市中心教育中心"提供了远程学习者可以使用的硬件设施和设备。当时主要用的是印刷教材，但学费却是普通 BCIT 在校生的 3 倍。学费收入以及 BCIT 每年从财政收入拨出 1% 的经费用来支付所有的开销，包括聘请主讲教师、咨询教师的费用，以及开设图书馆服务和课程制作与服务的费用。

在远程教育技术应用方面最值得一提的是，BCIT 加入了 Hermes 卫星试验，这是加拿大远程教育历史上颇有影响力的事件之一。远程教育部在 1977 年成为 STEP(Satellite Tele-education Programme，卫星远程教育)的核心成员。它连续办了 8 个时段约 8 小时的节目，主要开展关于林业方面的教学，将纪录片与多个站点的实时讨论结合了起来。

2012—2013 学年不列颠哥伦比亚理工学院有全日制学生 1.7 万多人，业余制学生 2.9 万多人。业余制学生主要学习方式有业余学习和远程网络学习两种。目前有 418 门网络远程课程。大多数在线课程是统一教学进度的，每周学生基本都要参与网络课堂的互动。

三、远程教育质量监管体系

2001 年 7 月，加拿大教育部长委员会发布了一份在线学习发展说明，受其认可的区域具有优先发展网络教育的权利。网络教育质量保证被国家认为是要优先发展的领域之一。

在各省，每个大学有自由决定远程教育在学校中的地位和作用的权利，从 2010—2011 年远程教育省级管理模式报告中可以看到，有 6 个省通过立法和备忘录的形式来保证远程教育的运行，有 5 个省是通过政府直接引导、政府手册或协议的方式进行管理，而新斯科舍省则采用起草集体协议的方式，但有 3 个省没有出台相应的管理办法。高校自主性的另一个表现是加拿大大学可以接收国际学生，远程教育课程可以传输给任何国家的学生，对国外学生的学费政策也不受国家政策的影响。

第五节　加拿大的远程教育学术研究

加拿大远程教育学术研究在国际上处于领先水平，其中许多都离不开阿萨巴斯卡大学的贡献。

一、刊物

加拿大有两家实行同行评审制度的重要远程教育学术期刊：《国际 e-Learning 与远程教育》(*International Journal of e-Learning and Distance Education*)及《国际远程开放学习研究评论》(*International Review of Research in Open and Distance Learning*)(2000 年创刊)。这两份期刊都是开放获取刊物，由加拿大第一家开放获取出版社阿萨巴斯卡大学出版社出版。

二、协会

全国性的远程教育协会组织有两个：大学继续教育专门的组织——加拿大大学继续教育协会(Canadian Association for University Continuing Education，CAUCE)，1954 年成立；加拿大远程教育协会(Canadian Association for Distance Education Open Learning and Distance Education in Canada，CADE)，1983 年成立，是加拿大全国性的远程教育专业人员的学术性组织，后来与其他组织合并成立了"加拿大教育创新网"。

三、专业

在专业建设和人才培养方面，阿萨巴斯卡大学是世界上最早开设远程教育硕士专业课程的学校之一。1994 年 9 月阿萨巴斯卡大学设立远程教育硕士专业，是目前世界上规模最大的远程教育硕士专业，主要培养远程教育和培训领域的专业人才。课程体系相当完善，所有课程都是通过各种远程媒体(包括互联网)发送，没有面授课。阿萨巴斯卡大学在 2005 年成为世界上第一个开设远程教育博士学位专业的学校，该专业的学生可以通过远程教育方式学习从而获得博士学位。

四、人物

在学术人物方面，总的来看，加拿大远程教育的代表人物包括乔恩·柏格力、约翰·丹尼尔、兰迪·加里森、丹·科德威、伊丽莎白·伯格(Elizabeth

Burge）、托尼·贝茨、特里·安德森等。

2013 年，加拿大的远程教育专家有两位拥有加拿大研究教席席位（CRC）。"加拿大研究教席"是加拿大政府授予优秀科研人员的一项荣誉，① 远程教育占有两个席位可见远程教育研究的卓越程度。特里·安德森（Terry Anderson）2001 年获得远程教育方面的"加拿大研究教席"，汤普森河大学的 Norm Friesen 获得网络学习实践方面的"加拿大研究教席"。此外，伊恩·马德里奇（Ian Mugridge）博士也有着突出的学术贡献。他在牛津大学获得现代历史学专业学士和硕士学位；在美国加利福尼亚大学获得历史学的博士学位。马德里奇在加拿大 Simon Fraser 大学工作 11 年后，1979 年被任命为英属哥伦比亚省当时新成立的开放学习研究院主任。他开展过很多国际项目，还在我国香港公开大学的管理委员会和规划委员会工作过 7 年。研究兴趣主要在远程开放教育的规划与管理、质量保证、学分累积和转移以及学术研究方面。此外 Doug Shale 也有较多高质量的远程教育学术研究论文，为其他国家远程教育研究人员提供了具有较大参考价值的研究资料。

五、理论

加拿大历史悠久的远程教育实践也孕育产生了丰富的远程教育理论。早一点的有托尼·贝茨 1995 年在《技术、开放学习和远程教育》一书中提出的技术应用与远程教育的 ACTTION 模型；近一二十年的新理论有兰迪·加里森和特里·安德森提出的虚拟社区探究学习理论和 2006 年斯蒂芬·道恩斯（Stephen Downes）和乔治·西门斯提出的关联主义学习理论；特里·安德森在 6 种教学交互的基础上，进一步提出了一个包括协作学习和独立学习的在线学习模型（图 9-1）。

六、著作

在著作方面，伊恩·马德里奇和大卫·考夫曼主编的《加拿大远程教育》（1986）及加里森的《关于教与学的交互影响观点：成人和高等教育的框架》（2000）、《21 世纪的网络学习：研究和实践框架》（2001）等都具有较好的代表性。

---

① 2000 年加拿大政府为鼓励教师开展学术研究，决定设立 2000 个研究席位——"加拿大研究教席"。每年投入 3 亿美元来鼓励世界最优秀的学者。

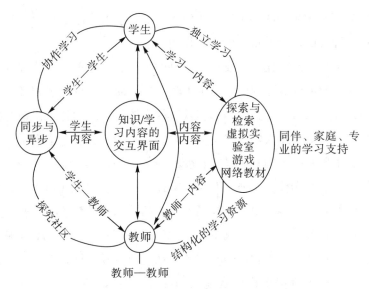

图 9-1　特里·安德森的在线学习模型

第六节　小　结

一、总体特点

加拿大远程教育历史悠久，制度化和非制度化交织发展。加拿大远程教育的发展速度、规模、特点主要与各省高等教育行政体制和高等院校自身使用信息技术的强度有密切关系。联邦资助、地方管辖的行政体制给加拿大远程教育带来了自由充分发展的机会，各省本土特色浓厚，发展水平不一，以安大略省、卑诗省最为突出。加拿大远程教育的发展是一个不断演化的过程，也是来之不易、不断取得进步的过程，其间在 1970 年代出现了较大发展。80 年代各省通信基础设施网络的铺展，有力地推动了各层次教育的发展。70—90 年代，电话和双向视频会议系统是第二代远程教育（20 世纪 80 年代）最显著的技术特征，但主流媒介还是印刷媒体和邮政通信。电话辅导、远程会议系统、卫星教育电视广播、录音带、计算机会议系统以及互联网等技术在这一阶段同时交织使用，只不过不同的办学机构有不同的侧重，但基本的主流媒介还是印刷媒体和邮政通信（Douglas Shale，1999）。90 年代至今，许多使用互联网开展远程教育的新型院校不断涌现，这使得远程教育与传统教育的界限越来越模糊，二者不断走向融合（Douglas

Shale，1999）。该国的阿萨巴斯卡大学不论是在人才培养还是在远程教育学术研究和专业建设等方面都起着重要的引领作用。

加拿大远程教育南方比北方发达，提供的远程教育有单一模式和双重模式两种。单一模式大学的代表是阿萨巴斯卡大学，它同时也是世界远程开放大学的典范和学习的榜样。双重模式大学是远程教育的主体，加拿大各个州都有提供远程教育的相关院校，如皇家大学、多伦多大学、女王大学、渥太华大学等。加拿大的大学出现了由单一模式向双重模式转变的趋势。1999年的调查表明，100多所法语授课的远程教育学校中，96%为双重模式。这种模式的远程教育，其远程教育课程由相应的院系直接提供，学校不设置专门的远程教育学院单独负责。

加拿大远程教育质量保证机制也是多样化的。阿尔伯塔省、不列颠哥伦比亚省、新不伦瑞克省和安大略省已经允许新的私立学位授予机构存在，包括营利性的机构。为了审查课程提供商以及他们的课程，阿尔伯塔省、不列颠哥伦比亚省、新不伦瑞克省和安大略省都有各自的质量评估代理机构。

总体而言，加拿大远程教育的实践发展水平和理论创新程度均走在了世界的前列，可与英、美、德、澳等发达国家比肩。

二、启示

中加两国远程教育最显著的差异在于政治制度和体制的差异导致远程教育的体制完全不同。

中国是中央集权制国家，不论是国家开放大学还是68所网络学院，都代表国家的意志，不论是评估还是监管，都由教育部负责，且各省对远程教育办学机构没有拨款职责，因而也就没有了靠经费左右高校网院发展的杠杆，唯一具有的职能就是对辖区省内学习中心的批准和监控。办学机构基本上是直接受中央管辖的。

加拿大则不同，依宪法办事。宪法没有规定教育属于联邦（中央）管辖，那么统筹管理各级各类教育事务的职责自然就是各省政府的事情，联邦对各省教育是有责无权，只负责向各省政府拨付教育经费，不参与监管。不论是政策制定、经费拨款（不管是来自联邦政府的还是来自本省财政的）还是建立通信基础设施乃至质量认证和评估都是由各省政府平衡决定和负责的。因而可以依据各省的特点和需求来办学，满足地方的需要，各有特色，而不是千篇一律，搞一刀切。

对比之下，我国远程教育从中央到地方再到学校这三级管理体制中，中间的缓冲地带——省政府特别是教育行政部门的职能和自主权较为薄弱。且这种体制重数量、轻质量，重产出、轻投入。与加拿大教育政策相比，我国人口众多，地区差异明显，地区的特殊性要求中央能够同时审视全国各地的经济、社会、人文发展状况等多方面因素，从而制定出适合全国绝大多数地区的教育政策，这给决策者带来了难度，由于缺乏充分的调查和缺少平衡地区差异的有力"杠杆"，往往导致教育政策与地区现实状况相悖，造成决策失误，影响了地区教育的发展。

　　通过比较可以看出，我国远程教育采取自上而下的政策，较之加拿大的教育政策有利于国家的宏观调控，但中央一统教育，也降低了教育政策制定中的灵活性。对比之下我国的远程教育监管效力有待提高，监管体制有待改革。①

---

① 本章参考的网站还有：

http://www.stockq.org/economy/gdp.php。

http://www.educationau-incanada.ca/index.aspx? action = educationsystem-systemeeducation&lang=eng。

http://en.wikipedia.org/wiki/Higher_education_in_Canada。

http://www.statcan.gc.ca/tables-tableaux/sum-som/l01/cst01/educ71a-eng.htm。

https://www.wlu.ca/documents/47007/Information_Section_E2_AUCC_trends-2011-vol1-enrolment-e.pdf。

http://www.aucc.ca/canadian-universities/quality-assurance/。

http://www.aucc.ca/canadian-universities/quality-assurance/canadian-provincial-quality-assurance-systems/alberta/。

http://www.cicic.ca/510/fact-sheet-no-5.canada。

http://www.queensu.ca/cds/index.html。

http://www.uregina.ca/cce/annualreport/CCE.AnnualReport.2008.pdf。

http://en.wikipedia.org/wiki/Antigonish_Movement。

http://www.thecanadianencyclopedia.com/index.cfm?PgNm=TCE&Params=A1ARTA0007909。

http://www.contactnorth.ca/。

http://www.tvo.org/TVO/WebObjects/TVO.woa。

http://www.schoolnet.ca/home/e/documents/SN_evaluationE.pdf。

http://en.wikipedia.org/wiki/SchoolNet。

http://www.openschool.bc.ca/pdfs/state_of_nation-2013.pdf。

http://www.inacol.org/cms/wp-content/uploads/2012/11/iNACOL_CanadaStudy_2010.pdf。

http://www.athabascau.ca/content/aboutau/documents/annual/report2013.pdf。

http://www.tonybates.ca/2013/02/25/whats-going-on-at-athabasca-university/。

http://www.bcou.ca/programs/un_cons/index.html。

http://www.ola.bc.ca/ou/ou.html。

http://files.eric.ed.gov/fulltext/ED350987.pdf。

http://www.nic.bc.ca/about_us/history.aspx。

http://www.cvu-uvc.ca/documents/residencyReport.pdf。

http://www.ctf-fce.ca/archive/docs/bilingual/pdf/VirtualEdFlyerEN.pdf。

http://cauce-aepuc.ca/resources/member-list.aspx。

http://www.cnie-rcie.ca/。

http://cde.athabascau.ca/faculty/ianm.php。

本章参考文献

［1］David R Garrison, Douglas G Shale. Mapping the Boundaries of Distance Education: Problems in Defining the Field［J］. American Journal of Distance Education, 1987, 1(1).

［2］Douglas Shale. Concepts: Toward a reconceptualization of distance education［J］. American Journal of Distance Education, 1988, 2(3).

［3］Douglas Shale, Jean Gomes. Performance Indicators and University Distance Education Providers［J］. International Journal of E-Learning & Distance Education, 1998, 13(1).

［4］Douglas Shale. Higher Education Through Open and Distance Learning: world review of distance education and open learning［M］. London: Routledge, 1999.

［5］Ellen L Bunker. Speaking Personally-with Dan O Coldeway［J］. The American Journal of Distance Education, 1996, 10(2).

［6］Leslie Regan Shade, Diane Yvonne Dechief. Global perspectives on e-learning: Rhetoric and reality［M］. Sage Publications, Inc, 2005.

［7］Muirhead Bill. A Canadian Perspective on the Uncertain Future of Distance Education［J］. Distance Education, 2005, 26(2).

［8］Otto Peters. Learning and Teaching in Distance Education: Analyses and Interpretations from an International Perspective［M］. London: Kogan Page, 1998.

［9］Rothe Peter. Distance Education in Canada［M］. Kent: Croom Helm, 1986.

［10］Sweet Robert. Distance Education for Adult Learners: Developments in the Canadian Post-Secondary System［M］. Canadian Journal for the Study of Adult Education, 2000, 16(1).

［11］Sweet Robert. Post-Secondary Distance Education in Canada: Policies, Practices and Priorities［R］. Athabasca University and Canadian Society for Studies in Education, 1989.

［12］陈娟. 加拿大学分转移制度及其启示［J］. 职教论坛, 2009(6).

[13]黄复生，魏志慧. 高等教育的国际化与多样化——访加拿大高等教育知名学者格兰·琼斯教授[J]. 开放教育研究，2008(3).

[14]吴雪萍，王艳玲. 加拿大远程教育述要[J]. 开放教育研究，2003(5).

[15]吴言荪. 加拿大远程教育研究[J]. 重庆大学学报(社会科学版)，2003(1).

[16]赵宇辉. 当代远距离教育研究译文选集[M]. 国家开放大学出版社，1990.

第十章　澳大利亚远程教育

澳大利亚联邦，简称澳大利亚，面积 768 万平方公里，是全球面积第六大的国家，大洋洲最大的国家和南半球第二大的国家，仅次于巴西。澳大利亚国土包括澳大利亚大陆、塔斯马尼亚岛以及数个海外的岛屿，是世界上唯一一个国土覆盖整个大陆的国家。澳大利亚分为 6 个州和两个地区，分别是：新南威尔士、维多利亚、昆士兰、南澳大利亚、西澳大利亚、塔斯马尼亚、北部地区、首都直辖区。2020 年澳大利亚人口有 2568 万，近年来澳大利亚人口数量有所增加，但人口密度依然很小，每平方公里平均只有 3 人。主要居住在新南威尔士州、维多利亚州、昆士兰州。从经济上看，人均 GDP 为 51692 美元，属于世界高收入国家。人们的生活福利水平高，小学总入学率达 100%，人均寿命 82.9 岁。

第一节　教育体制和环境

澳大利亚实行的是以 6 个州和两个地区为主体、联邦政府进行宏观调控的教育行政管理体制。联邦政府直接负责管辖的只有首都地区和各个岛屿的教育，其余地区的教育分别由各州或地区负责。联邦对军事教育负有直接责任。

一、教育行政体系

（一）联邦教育行政

联邦政府设有教育部和工业部（含高等教育），负责制定全国总的教育政策及教育规划、经费分配、师资配备、课程和考试制度等方面的工作。为了协助教育部的工作，还设有全国就业、教育与培训委员会（NBEET），下设技能训练、高等教育、中小学教育、澳大利亚研究 4 个理事会。

（二）州和地区教育行政

澳大利亚各州及北部地区分别设有教育厅，负责本州或本地区的小学、中学、技术和继续教育。州教育厅下设地区教育办公室。随着近年来教育改革的开展，州教育行政中的一部分权力已经下放到地区和学校。

根据有关立法规定，澳大利亚的大学和高等教育学院是独立和自治的机构。联邦政府主要掌握高等教育的财政和教育方针，而高校的办学自主权很大，在处理各项内部事务中具有较大的灵活性和独立性。

澳大利亚高等教育中的大学和高等教育学院的经费全部由联邦政府负责，技术和继续教育、中小学的教育经费则主要由各州或地区负责，由联邦政府提供补充。①

（三）教育体制

澳大利亚的教育体制分为中小学、职业教育与培训以及高等教育三个部分，其中 10 年级前为义务教育，11 年级和 12 年级为自愿性质。每一部分的学历授予都在全国统一的框架下进行，这一框架称为"澳大利亚学历资格框架"（AQF）。一些学校也提供成人和社区教育计划，但均需执行与 AQF 框架下其他正规教育计划相同的质量标准。

2018 年，65.7% 的学生就读于公立学校，其他就读于天主教学校和私立学校。教师占学校在职员工的 69.5%。表 10-1 显示了 2014—2018 年学生入学情况。

表 10-1　2014—2018 年澳大利亚按学校隶属关系划分的学生人数

	2018 年	2017 年	2016 年	2015 年	2014 年
公立学校	2558169	2524865	2483802	2445130	2406495
天主教学校	765735	766870	767050	765539	757749
私立学校	569930	557490	547374	540304	529857
总数	3893834	3849225	3798226	3750973	3694101

---

① http://www.ubroad.cn。

二、高等教育概况

澳大利亚的高等教育毛入学率 2012 年达到 86.33%，低于美国的 94% 和韩国的 98%，高于日本的 61% 和新西兰的 80%。图 10-1 是 2002—2012 年澳大利亚高等教育毛入学率变化情况，可以看出自 2009 年以来高等教育迎来了快速发展时期，这与后面将要提到的当年澳政府解除大学招生名额限制有密切关系。

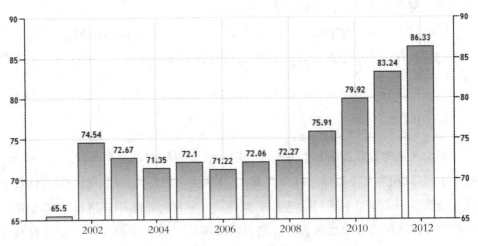

图 10-1　2002—2012 年澳大利亚高等教育毛入学率变化(%)

（来源：世界银行数据，http://www.tradingeconomics.com/australia/school-enrollment-tertiary-percent-gross-wb-data.html）

(一) 高等教育主要改革和目标

1901 年澳大利亚当时六个省组成联邦时宪法就已明确各省保留各自的教育权力，到了 1942 年澳大利亚政府开始逐步干预教育事务，当时为了实施《澳联邦重建培训计划》特地成立了"大学委员会"(Universities Commission)。

1951 年澳大利亚政府开始通过《联邦拨款(大学)法》来为大学提供资助。1967 年为了扩大高等教育规模建立了许多高等教育专科学院(Colleges of Advanced Education，CAE)和综合性创新研究型大学(IRU)。

1973 年澳大利亚开始取消大学教育收费(但 80 年代工党执政的时候又恢复

了收费)。1975—1984 年 CTEC 用了比以往更少的经费却做了更多的事情,联邦对高等教育资助减少了 8%,但学生人数增加了 25%(Kevin Smith,1984)。

70 年代澳政府为了拯救那些缺少竞争力的学校,自 1974 年开始为私立学校学生提供的经费拨款是公立学校的 5 倍。这样一来,许多私立的天主教学校得以生存下来(95%的学校是受政府补贴的),同时也刺激了私立办学机构的热情,许多私立高等教育机构建立起来。这种不平衡的资助差异从 90 年代中期到 2005 年左右更加严重,政府的资助政策对非政府学校有利而对公立学校不利(Gale Parker,2013)。

20 世纪 80 年代末 90 年代初,教育部长约翰·道金斯(John Dawkins)开始合并小规模的学校,高等教育学院被合并或自身升格为大学,理工学院升格为大学,统一了高等教育学位。

澳政府自 90 年代以来开始重视教育公平,1990 年澳政府颁布了《为所有人提供公平的机会》,专门解决六类人群(低收入家庭、土著人、女性、残疾人、母语非英语人群和农村偏远地区人群)的高等教育入学机会(Gale Parker,2013)。

2009 年是高等教育规模增长的拐点,这一年政府规定高校招生名额不再受限制,按照招生规模的大小给予相应程度的经费拨款。在此影响下,高等教育本科生规模大幅增加。

截至 2018 年 5 月,在 20 岁至 64 岁的澳大利亚人中,有 31.4%具有本科学历或更高学位。澳大利亚政府计划在 2025 年前将 25～34 岁拥有学士学位以上人群的比例提高到 40%,澳政府为此已经有切实的资助方案(Gale Parker,2013)。①

(二)院校类型

澳大利亚最早成立的大学位于英国最早殖民的四个省:在新南威尔士州 1850 年建立了悉尼大学、维多利亚州 1853 年建立了墨尔本大学、在南澳大利亚 1874 年建立了阿德莱德大学,在塔斯马尼亚 1890 年成立了塔斯马尼亚大学。

---

① 2009 年,伴随出台的《变革澳大利亚高等教育体制》政策,HEPPP 项目即高等教育参与度和合作计划也开始实施,旨在保证低收入家庭的学生能攻读大学,每年都会向有这类学生的大学拨款。2013 年,每个低收入学生的补助为 1500 美元,学生无须申请即可获得。2012 年,西部悉尼大学为此获得了 900 多万美元的拨款。

1901 年澳大利亚联邦国家建立，此后 1909 年建立了昆士兰大学，1911 年成立了西澳大利亚大学。两次世界大战之间新建了两所大学，分别是堪培拉大学学院和新英格兰大学学院。二战后直到 70 年代陆续新建了一些大学，总数达到 90 所（NIAD-UE，2009）。

自 20 世纪 60 年代起，随着诸多专科学院的成立，澳大利亚的院校格局由原来只有大学和职业与继续教育学院的二元格局变成三元格局，包括三类院校：大学、高等教育专科学院（Colleges of Advanced Education，CAE，如师范学院）和职业与继续教育专科学院（Colleges of Technical and Further Education，CTFE），所以用中学后教育（post-school）来称谓澳大利亚的高等教育更为合适。

这三类院校的情况如下：

（1）大学（具有自我认证的权力，独立自治）。2015 年，共有 43 所大学，其中包括 2 所国际大学和 1 所私立专科大学；大学生 141 万。2003 年颁布的《高等教育支持法》是澳大利亚高等教育基本法，根据此法只有大学才能接受联邦资助拨款。2010 年，公立大学收入的 33.1% 来自联邦政府。与美国的常春藤联盟和英国的拉塞尔集团类似，澳大利亚的顶尖高校联盟是 Go8（八校联盟）①。此外还有 ATN（五所公立大学组成）、② IRU（七所大学）③等（Gale Parker，2013）。在 2021 年 QS 大学排名中，澳大利亚有 7 所位居前 100 名，澳大利亚国立大学、墨尔本大学、悉尼大学位列其中。公立院校本科或同层次的大学生年均学费是 4785 美元，在 OECD 国家中排在第五。

（2）高等教育专科学院（CAE）。60 年代中期建立，开设课程比大学更加实用（Kevin Smith，1984），更加注重教学，而非科研，不设研究生专业，大多数学生接受业余学习。1964 年《马丁报告》建议增加 CAE 学校数量。1980 年 CAE 学生数量一度反超大学的学生数量。1982—1984 年，CAE 经历了"三年裁校"，联邦高等教育委员会对 CAE 进行了合并改革，从 64 所减到 45 所。

（3）职业与继续教育专科学院（CTFE）。主要开展职业专科教育和证书培训。全国 70% 的高中毕业生进入这一类院校学习。澳大利亚各州 CTFE 的体系各不相同，但文凭全国通用。CTFE 学制一般为 2~3 年，绝大多数学校向毕业生颁发专

---

① 1999 年成立，在世界大学排名中位于前 100 名之内。

② ATN 偏重理工类，1999 年成立，只有 1~2 所排名在世界大学 500 名内。

③ 偏重研究的研究型大学，2003 年成立，在世界大学排名中位于 301~400 名之间。

科文凭(少部分学校低于专科水平),极少数学校提供硕士证书和学士学位。CTFE 颁发的学位证书被澳大利亚各大学认可。如果取得专科文凭的 CTFE 毕业生希望进入大学继续深造,一般的大学承认其在 CTFE 中取得的部分学分(Gale Parker,2013)。

有一些高等教育机构是大学和 CTFE 并存,这些学校除北部地区的查尔斯·达尔文大学以外均位于维多利亚州。

澳大利亚高等教育院校按类型的不同,其各自数量如表 10-2 所示:

表 10-2　澳大利亚高等教育院校数量表

自我认证院校(SAI)	大学	公立大学	40
		私立大学	2
非自我认证院校(NSAI)		CTFE 和私立学院等	173

(三)高等教育规模

2011 年澳大利亚高等教育学生总数为 122 万(Gale Parker,2013),到 2013 年为 131.3 万,其中本国学生占 75%。92% 的学生就读的是公立大学。2013 年公立大学学生人数增加 3.7%,私立大学和私立非大学高等教育机构的学生增长率则更大,为 14.4%。[1]

如果将 2001—2012 年间的 12 年划分三个时间段,第一个分段 2001—2004 年澳大利亚本科新生增长率为 -6.7%(下降),第二个分段 2005—2008 年增长 7.8%,第三个分段 2009—2012 年增长 21.3%。2012 年新生总数为 24.85 万,比 2009 年增加了 4.36 万(Edwards,Radloff,2013)。

2012 年,澳大利亚大学新生录取率为 54%。在非应届申请报读大学的学生中,具有职业教育培训学历(也包括肄业的)的学生仅占 7%,可以看出职业教育与普通高等教育的转换通道较为狭窄(Gale Parker,2013)。

自 2013 年起,澳大利亚高等教育学生人数逐步增长,到 2016 年,规模超过 140 万,大学、营利性、非营利性和 CTFE 等类型的高校学生都有所增长,非营

---

[1]　http://docs.education.gov.au/system/files/doc/other/2013studentsummary.pdf。

利性学校和 CTFE 学校的全日制学生人数分别增长了 17% 和 13%。与 2015 年相比，CTFE 的非全日制学生数量减少了 3%（表 10-3）。

表 10-3　2013—2016 年澳大利亚不同类型高等教育院校在校生变化表

		2013	2014	2015	2016	2015—2016 年的变化率（%）	2013—2016 年的变化率（%）
大学	全日制	873714	912423	933225	966228	4%	11%
	非全日制	360496	371085	377001	383505	2%	6%
	总数	1234210	1283508	1310226	1349733	3%	9%
营利性	全日制	39136	48822	55879	59150	6%	51%
	非全日制	19821	20254	22048	23344	6%	18%
	总数	58957	69076	77927	82494	6%	40%
非营利性	全日制	12551	13520	15434	18035	17%	44%
	非全日制	21274	21756	25414	25797	2%	21%
	总数	33825	35276	40848	43832	7%	30%
CTFE	全日制	4136	4215	4660	5285	13%	28%
	非全日制	1577	1355	1399	1362	−3%	−14%
	总数	5713	5570	6059	6647	10%	16%
总数	全日制	929537	978980	1009198	1048698	4%	13%
	非全日制	403168	414450	425862	434008	2%	8%
	总数	1332705	1393430	1435060	1482706	3%	11%

（四）联邦的教育行政管理和质量保证

在联邦行政职能方面，1977 年《高等教育法案》通过并成立了联邦高等教育委员会（Commonwealth Tertiary Education Commission，CTEC），将三类高等教育归口管理。它在 80 年代扮演了重要的行政角色，是联邦与高校之间的协调管理机构。CTEC 负责制定政策法规及分配经费。这一个组织是效仿英国的"大学拨款委员会"而建的，此前三类学校各有自己的上级管理部门。

十年之后，CTEC 于 1987 年撤销，由新成立的超大部——联邦"就业、教育和培训部"(Department of Labor, Education and Training)合并接管,这样一来联邦直接对高校实施控制管理。

1992年11月澳大利亚政府成立了一个非立法机构——高等教育质量保证委员会(the Committee for Quality Assurance in Higher Education),任务就是独立对办学院校的质量保证措施进行审查,并向政府提出建议,根据质量情况决定每年对学校的拨款数额。拨款自1994年开始提供(Kevin Smith, 1984)。

2009年《澳大利亚高等教育评论》建议政府成立一个独立的监管澳大利亚所有高等教育办学机构的全国性管理机构,2011年澳大利亚采纳此建议并成立了"高等教育质量和标准署"(Tertiary Education Quality and Standards Agency, TEQSA),高校开办的本专科学位专业需要获得此机构的认证,其认证标准是《高等教育标准框架》(*the Higher Education Standards Framework*),包括五个领域:办学机构标准、学历标准、教学标准、信息标准和研究标准。TEQSA负责对全澳所有高等教育机构进行质量监管。①

(五)互联互通的学历资格框架体系 AQF

澳大利亚 1995 年形成了统一的学历资格框架(Australia Qualification Framework, AQF),这一全国性的学历互通框架堪称典范。AQF 涵盖 13 种由中学、职业教育与培训学校(VET)、高等教育机构(以大学为主)三类教育机构核发的全国性学历资格。在这个综合性的学历框架体系中,职业教育系列的资格体系被单列出来,与大学和高等教育系列并列,形成了一套层次分明、包括初等、中等、高等和研究型的职业教育资格体系。该体系不但向下可与中学教育系统对接,还可以平行地与相应层次的大学和高等教育体系对接。所以,AQF 是一个可以贯通中等教育和高等教育、职业教育和普通大学教育的综合性学历资格框架体系(表10-4)。

由于澳大利亚的远程教育是一体化模式,其质量标准与校内教育完全相同,因而对远程教育(校外学习)的学位文凭方面是不作区分或单独注明。

---

① http://www.teqsa.gov.au/about。

表 10-4 澳大利亚大学学历类型和所需学习时长

	学历类型	一般时长
本科	文凭	1~2 年
	高级文凭	2 年
	副学士	2 年
	学士	最少 3 年
	荣誉学士	学士后加读一年
研究生	研究生证书	6 个月
	研究生文凭	12 个月
	硕士学位	12~24 个月
	博士学位	硕士学位后需 3~4 年

(六)高等教育有关法律

澳大利亚主要有三项高等教育立法(NIAD-UE，2009)。

1.《国家高等教育批准程序协议》(2000 年通过，2007 年修改)

该协议是联邦政府与地方省/区政府之间的协议，对认可 SAI(大学与学院)、NSAI(CTFE 和私立院校)以及海外大学来澳办学设定一个共同的标准和申请程序。

2.《高等教育支持法》(2003)

就政府如何对高校进行拨款资助及其他事务所作的立法。

3. 州/区各自的大学创建法和高等教育法

每个州都有资格建立自己的大学并规范其名称。

第二节 远程教育发展历史

澳大利亚资深的远程教育专家 Terry Evans 和 Daryl Nation(2003)非常注重吸取历史经验，"远程教育在理论和实践方面有着深厚的历史积淀，远程教育历史是我们试图对新时期远程教育有全面理解的重要参考基础，惟其如此才能把远程教育过去的优势和价值融入新形势下远程'多媒体'教育中"。

从技术的革新角度看，最早的远程教学技术手段是函授，后来是广播、录音带，再后来就是院校之间的声画远程网络（audiographic network）。互联网和交互卫星电视的发展又产生了桌面视频会议系统。

进入 21 世纪，各州的远程教育院校又纷纷采用了网络教学方式，学生则使用笔记本来完成教学的过程。

一、早期的函授教育

1901 年澳大利亚独立为一个联邦国家，此前 200 年处于英国的殖民统治之下，当时只有大城市有学校以及在偏远的人口较为集中的农村地区设有丛林学校。这些学校的许多老师只是受过最基本的培训，并且依赖函授教育来维持专业进修。依赖邮政系统开展函授教育是澳大利亚远程教育的最早形式，起始于 1909 年的维多利亚州的中学教育和 1914 年的小学教育，并很快得到其他州的效仿。到 1910 年教师可以通过学习函授课程以取得教师资格。教师自身对继续教育的需求推动了高等教育院校纷纷设立校外学习部（也被称为远程教育）（Elizabeth，Stacey，2005）。

1931 年，小学学龄儿童（5~12 岁，有些州是到 14 岁）的 1.5% 是通过函授来实现教育的。Cunningham（1931）认为："澳大利亚可以说是世界上第一个系统的、大规模的以函授形式给从未上过小学的儿童提供完整的小学教育的国家。"

1950 年，牧师 John Flynn 医生通过无线电为边远的内陆地区的人们提供"皇家医生空中服务"（Royal Flying Doctor Service），这就是南维多利亚 Otway Ranges 地区的早期函授学校教学，它也是澳大利亚远程教育发展史上的另一个创举。"皇家医生空中服务"为居住在澳大利亚最偏远地区的居民提供紧急医疗救助，飞行医生建立了全面的高频率无线电网络。教师们根据这一宝贵经验酝酿了一个通过无线电网络来帮助偏远地区的孩子们接受教育的计划。第一所空中学校在 1951 年开课，广播授课地点位于澳大利亚北部领地艾丽斯斯普林斯的飞行医生基地。

在广播电视直播时期，由于澳大利亚地理范围横跨五个时区，所以广播电视的远程教育应用在其历史上并不突出，直到出现了录音机和录像带以后，多种媒体组合的远程教育才开始有了较大的发展（Reiach，et al，2012）

70 年代，经济下滑和高失业率使得入学的大学生减少，一些大学为了满足在职教师需要额外一年的学习才能获得教师资格的需要，开始拓展远程教育来满足教师利用业余时间接受培训的需要。特别是 1972—1975 年，当联邦政府决定免收高等教育学费时，教师的这种需求又大大增加了，地理位置偏远或忙于家务的女性对远程教育的需求开始增长。

二、一体化模式的大学校外教育(20 世纪 70—80 年代)迅速扩张时期

"一体化模式"是澳大利亚独特的模式，即高校的同一名教师既教远程教育学生又教校内学生(Kevin Smith，1984)。昆士兰大学、皇家墨尔本理工学院以及西澳大利亚大学是澳大利亚高等教育界开展远程教育的先行者。

昆士兰大学是最早(1911)开展大学层次远程教育的大学。昆士兰的人口分布稀疏，该大学不得不开展远程教育，也由此形成了一定的学习支持服务系统。昆士兰州也是澳大利亚六个州中最早一个为中小学生提供函授教育的州。1949 年，校外学习部转为完全的教学系，有自己的上课老师，课程内容依然保持与校内教学一样(Kevin Smith，1984)。

1955 年，新南威尔士的新英格兰大学成立，是第一个没把校园建在城市的大学，主要是为新南威尔士乡村中学教师提供入读大学的机会。同年该大学也开展了校外教育。1983 年新英格兰大学有 67.8% 的学生是校外教育(5762 人)，校内只有 2734 人(Kevin Smith，1984)。

1977 年，澳大利亚还只有两所大学开展远程教育(即昆士兰大学和新英格兰大学)，CAE 还没有介入远程教育(Kevin Smith，1984)。

进入 70 年代后，英国开放大学的经验鼓舞着昆士兰州在高等教育院校开展远程教育。1982 年昆士兰 James Cook 大学和新南威尔士州的卧龙岗大学合并了当地的 CAE，开始了校外教育，每所大学有 400 名校外学生(Kevin Smith，1984)。1983 年昆士兰州有 7 所专科学院开展远程教育，1974—1982 年间学生人数从 84 人升到 5082 人(Kevin Smith，1984)。

在 70 年代和 80 年代，澳大利亚高等教育没有太大增长，但校外学习人数却迅速扩张(Kevin Smith，1984)。

在大学层次上，每一个州都保证了每个大学在创建的时候负责提供远程教育，这包括在维多利亚州的迪肯大学和昆士兰大学，新南威尔士州的新英格兰大学和麦格里大学，西澳大利亚州的莫道克大学。在职业和继续教育领域，每个州都有开展校外学习的专科学院。尽管在维多利亚州 CTFE 校外协调局制作学习材料，但教学过程都是通过这些专科学院来开展的。1976 年，这些 CTFE 院校的学生总数接近 6 万人。

到 1975 年，高等教育的校外学生达 1.7 万余名，占全国在册学生的 6%，到 1982 年远程教育成为高等教育领域增长最快的部分，总人数达到 33.4 万人。有 43 所高等教育机构提供校外教学，大部分是师范教育和商学教育。

在 70 年代末澳大利亚的大学、高等教育专科学院和职业与继续教育专科学院这三类院校的远程教育(校外学习)学生所占的比例均约为 10%；大学的校外学习者有 1.5575 万人，CAE 的有 2.3469 万，CTFE(均为政府资助，公立)的有 5.7182 万。

三、远程教育的快速发展期(20 世纪 80—90 年代)：受政治影响较大

从 1955 年新英格兰大学成立一直到 70 年代，不断有院校提供校外远程教学，但一般都得不到政府资助。由于地理位置的限制以及联邦政府体制的特点，远程教育一般都是在各州/省内部开展的。

从更深的层面看，澳大利亚远程教育受政治因素的影响更明显。

当时《高等教育法案》针对远程教育方面的建议是：(1)加强远程教育，开展远程教育的主要院校是 5 所大学和 8 所 CAE；(2)27 所 CAE——专门类别的职业教育，考察其是否可以开展远程教育；(3)远程教育课程激增，加强质量检查(Kevin Smith，1984)。

(一)80 年代政府推动远程教育在职业教育与培训类院校的应用

这一时期职业教育领域也开始利用远程教育来大规模地培训人才。20 世纪 80 年代末联邦政府急需较高素质的技工，促使职业教育要适应产业的需求，提高课程的应用性和实践相关性。这给长期垄断职业教育与培训的 CTFE 带来了挑

战。这时对技工的评价引入一种名为"基于能力"的评价，也就是说只要技工在工作场所里表现出既定的技能，其先前的学习就会得到认可，由此其本该接受的培训也会减少。在这种情况下，大多数企业都采用远程、灵活的培训方式来对员工开展技能素质的培训。

(二)政策机构的咨询协调

澳大利亚远程教育需求的增长促使了课程和资源的大量制作和复制，自1973年开始澳大利亚联邦政府在全国性的远程高等教育的协调方面表现出浓厚的兴趣，组建了一个"大学委员会"(Universities Commission)来为远程高等教育(后来扩大到研究生层次的远程高等教育)提供咨询服务。1974年，该委员会的报告使人们注意到劳动力对终身教育的需求以及对高等教育入学机会均等的需求，经过研究，政府否定了成立一个类似于英国开放大学的单一模式大学，因而双重模式大学(既有校内学生也有校外学生)成为澳大利亚的标准办学形式。当时还建议成立一个全国性的远程教育咨询和协调组织，不过没有实现。1982年随着校外学习机构的增加以及学习材料的复制，对是否需要一个协调委员会又进行了调研，结论同样是建议制定全国的远程教育政策、管理学分的转移、课程和学习中心的共享以及对校外学习提供咨询意见等。

(三)八个"远程教育中心"(DEC)和私立的澳大利亚开放学习联合体(OLA)

1987年的全国大选选举了新的教育部长——约翰·道金斯(John Dawkins)，他提议在高等教育领域开展多项改革，并对1986年哈德森(Hudson)的报告做出了回应。该报告建议通过建立一定数量的远程教育机构(最先是六个，后来增加到八个"远程教育中心")来使课程的开发和复制更加合理化。1989年在澳大利亚政府的统筹和资助下，昆士兰大学、迪肯大学、新英格兰大学、南澳大利亚大学等八所大学分别成立了专门的"远程教育中心"(DEC)，主要负责为全国双重模式院校提供优质课程资源(Kevin Smith，1984)。

与DEC一起发展起来的还有1993年成立的澳大利亚开放学习联合体

（OLA）。它是私人的教育中介机构，也是澳大利亚联邦政府的一项创新举措，只要学生付费，不管起点水平如何都可以学习课程，通过积累学分获得某一学位。没有 DEC 的话，OLA 是无法运转的。所以说 DEC 系统的创新之处还包括建立了一个私立的教育代理商——澳大利亚开放学习联合体。① OLA 由联邦政府投资，多所院校联合创办，并由设在莫纳西大学的一个公司进行市场运作。但 DEC 一撤销，OLA 也就失去了生存的能力。OLA 没有课程开发能力、学位授予权、学生支持服务、学生教学辅导或资源传送的设施以及相关的校外教育经验（Bruce King，1999），它开展远程教育的能力非常有限，只是一个远程教育的学习支持服务机构。

（四）政党更迭，90 年代高等教育市场化背景下远程教育迅速发展

受政权更替的影响，1996 年 3 月由自由党和国家党（1944 年后两党联合起来竞选和执政）组成的保守联合派政府强调"市场的作用"，即强化市场对高等教育的影响；这不同于前一届工党政府强调政府应"集中权力"发展教育的主张。

1997 年，远程教育（官方一般称为"校外教育"）学生人数占所有大学学生总数的 13%。多年来，澳大利亚的远程开放教育招生人数一直稳步增长，2016—2017 年增长 4%，在读人数达到 26.1 万名，远程开放教育学生占高等教育学生总数的 18.7%。（阿德南·卡尤姆，2019）

第三节 远程教育实践现状

一、发展规模

2002 年，为了支持高校网络教育的发展，澳政府成立了"澳大利亚开放、远程和网络教育理事会"（the Australasian Council on Open, Distance and e-Learning）（Reiach, et al, 2012）。

---

① 澳大利亚远程教育的发展走的是政府、学校和企业三结合的道路：政府提供经费支持，高等院校按优势和特长联合进行教学资源开发，然后由代理商负责市场运作，避免课程开发的低质量和重复性，提高远程教育的办学效率，保证教学质量。

2012 年澳大利亚在读本专科大学生 91.2 万人（业余制折算后的数字）中有 9.4 万远程教育学习者（包括在线学习者），比例为 10%（TEQSA，2014）。

到 2016 年，大学生人数已达到 104.6 万（表 10-5）。

表 10-5　2016 年澳大利亚各类在读本专科大学生规模（业余制折算成全日制①后的数字）

	大学	%	非大学私立院校②	%	其他高等院校③	%	总计	%
校外	11.2 万	11%	7768	15%	8439	32%	12.8 万	12%
校内	83.9 万	87%	4.39 万	81%	1.74 万	64%	90.0 万	86%
灵活	1.48 万	2%	2293	4%	1115	4%	1.8 万	2%
总计	96.5 万	100%	5.40 万	100%	2.70 万	100%	104.6 万	100%

　　注：校外是指学习者通过远程方式学习（电子媒体、在线课程或函授形式）；校内是指面对面的教学；灵活是指混合有校内和校外两种方式的学习方式（TEQSA，2018）

2012 年澳大利亚的网络教育市场规模达到 46.8 亿美元，主要的远程教育办学机构有 Kaplan、Seek Learning、OLA。还有其他一些规模较小的学校。④

报告显示，澳洲在线教育市场 2018 年的收益约为 40 亿澳元，预计到 2024 年复合增长率将超过 8%，收益突破 70 亿澳元。这得益于技术的进步、学习者的热情和智能设备的日益普及。

二、发展变化

在 20 世纪七八十年代，澳大利亚的远程教育主要面向教师开展专升本的学历教育，或者给错过或无法入读大学的人提供"第二次机会"。当时学习者群体多为女性。但这几十年接受研究生教育的人多了起来。1988 年研究生课程注册

---

　　①　指一个学生一年完成的正常的大学学习任务量，为 1.0。

　　②　指在这种学校里自费上大学的学生有资格得到澳大利亚政府贷款。澳大利亚多数本科学费是免费的，多数研究生专业自费（研究型的硕博专业除外）。

　　③　指既不是大学也不具备资格帮助学生申请政府贷款的高等院校。

　　④　http://monitor.icef.com/2012/06/8-countries-leading-the-way-in-online-education/。

人数只有 5 万多，到 2009 年则有 25 万之多(Sharon Watson，2013)。

80 年代建立的 8 个高校远程教育中心本以专业化的优势、服务付费的形式为参与院校提供资源开发服务，但后来受政策影响而结束。90 年代初，澳大利亚出现了一个专门提供招生服务的中介性质的远程教育公司"澳大利亚开放大学联盟"(Open Universities Australia Pty Ltd，OUA),① 它的入学条件和专业结构显得更加灵活，但教学质量标准仍保持一致。最近几年，这种商业模式获得了很大的成功。它与大学的财政收入不在同一水平，但从其每年的年度报告中可以看出它已经形成了一个营利性的远程教育商业模式。

与其邻国印尼、印度、马来西亚等国家不同，澳大利亚和美国一样，都没有一个全国性的单一模式远程大学，只有一个 20 多所大学组成的"澳大利亚开放大学联盟"，成员高校均在开展远程教育。

随着 2009 年澳政府高等教育招生名额不受限制的政策出台，远程教育的招生明显受到了影响。2013 年 OUA 的在学学生数比起 2012 年(5.88 万人)大幅下降，为 4.9 万人。②

截至 2017 年，澳大利亚开放大学的毕业生和在读生总共达到了 30 万人之多。澳大利亚开放大学目前能够提供 150 种学位、1300 多门课程。合作伙伴由最初的 7 个股东大学扩展到了 13 所大学，与 40 多个具有影响力的工商业企业有深度的合作，合作伙伴关系覆盖了澳大利亚各个州和领地。

三、对单一模式的呼吁

一直以来，双重模式大学的远程教育者经常抱怨其所在大学的管理体制过于集中，但是校外教学和校内教学均采用同样的师资同样的教学标准保证了严格的教学质量。

90 年代末网络技术的广泛应用，澳大利亚越来越多的教育界人士意识到网络教育带来的可能性。2008 年 3 月 13 日，澳大利亚副首相茱莉亚·杰拉德和教

---

①　OUA 就是上节提到的 OLA，1991 年成立，是 OLA 前身，最开始是受到澳大利亚政府资助的试点项目，是一家由 7 所大学共同拥有的公司，有 20 多所成员大学在开展远程教育。

②　http://docs.education.gov.au/system/files/doc/other/2013appendix1.xls。

育部副部长发起了一项高等教育调查，由 Denise Bradley 教授担任主任来对澳大利亚的高等教育情况开展调研并作出报告(Bradley, et al, 2008)。同年 12 月提交的报告建议：有必要合并已有的几所大学来建立一所单一模式的远程/网络大学，立足地区，是一所既面向所在省份和地区的不利人群和在职学生，又要加强教学科研建设，可适时向海外拓展的全国性大学。此建议在 2008 年全球金融危机的背景下得到了副首相的认可，也获得了许多教育界人士的积极回应。澳大利亚查尔斯特大学(中等规模的大学，远程教育学生规模最大的两所大学之一)副校长 Ian Goulter 和南十字星座大学 (South Cross University) 校长均表现出热烈的赞同(Bruce King, 2010)。目前，不论是政府智库还是民间大学负责人都开始为建立一所单一模式的远程大学而努力。

第四节　远程教育学术发展史

澳大利亚远程教育的制度化较早，发展至今非常成熟，无论是学术会议和专业协会、办学实践还是学术期刊著作、专业建设等，都走在世界前列。

澳大利亚开放远程学习协会(ODLAA)是远程教育从业人员主要的交流平台。期刊有《远程教育》《继续教育研究》《澳大利亚成人学习》等。澳大利亚远程教育学术研究代表人物有伊恩·米歇尔(Ian Mitchell)、凯文·史密斯(Kevin Smith)、布鲁斯·金(Bruce King)、乔思琳·卡尔佛特(Jocelyn Calvert)、泰德·努南(Ted Nunan)、萨姆·奈度(Som Naidu)、詹姆斯·泰勒(James Taylor)、特里·埃文斯(Terry Evans)等。

一、早期的学术交流和协会的创办历史

(一)ASPESA 的诞生

1973 年，时任新英格兰大学①校外学习系主任凯文·史密斯(Kevin Smith)召集在新南威尔士地区远程教育从业人员参加"校外学习论坛"。来自澳大利亚、

---

① 澳大利亚的新英格兰大学创建于 1955 年，比英国开放大学早了 15 年。

新西兰、巴布亚新几内亚和斐济的 25 所院校的 68 位教师参加了会议。会议决定成立澳大利亚和南太平洋校外学习协会(Australia and South Pacific External Studies Association,ASPESA),4 个执委分别来自新英格兰大学(Kevin Smith,1973 创建主席,1975—1984 年任 ICDE 主席)、昆士兰大学、梅西大学和皇家墨尔本理工学院。

到了第三届论坛(1975 年,墨尔本)时,会议代表就有 100 多人,主题是"关于开展开放高等教育的报告",这个报告本来是向澳大利亚大学委员会论证要成立开放大学,但会后第二天,联邦政府就大幅削减了预算,导致此报告提议最终没有实行。

(二)1976 年 ASPESA 论坛前的研讨班和研究成果的出版

1976 年,在 ASPESA 论坛之前,彼得·史密斯(Peter Smith)(当时是一所农村地区高等教育学院的负责人)请求 ASPESA 执委会资助主办一个关于远程教育的研讨班。那时 ASPESA 执委会的成员主要还是各机构的高层管理者,彼得打算让教师和研究人员也来参加这个研讨班,之后有 50 多人参加了这个研讨班。由于没有刊物可以发表研讨班的论文,Peter 就联系 Keith Rawson-Jones(当时 ICCE 的刊物 *Epistolodidaktika* 的主编)负责解决此事。Keith 抓住这个机会决定予以集中刊发,1976 年刊物第二期全部用来发表研讨班会议代表的论文。澳大利亚远程教育研究成果的出版从此正式开始了。

(三)1977 年 ASPESA 论坛的决定

1977 年在阿德莱德召开的论坛相当成功,查尔斯·魏德迈(Charles Wedemeyer)受邀作主题演讲。魏德迈是当时国际函授教育理事会(ICCE)的前任主席、美国威斯康星校外大学的教育学荣誉教授。魏德迈花了 7 周时间考察了澳大利亚 30 多个校外学习系,然后才在论坛上作主题演讲。这次论坛另一个重要成果就是首次发现了当时澳大利亚和新西兰竟然有 30 多个系在开展校外教学。魏德迈的个人魅力吸引了许多代表来参会。会议的主题也一语双关:"使端点相遇的艺术"(the art of making ends meet,原意是收支相抵)。

ASPESA 于 1993 年更名为澳大利亚开放远程学习协会(Open and Distance Learning Association of Australia,ODLAA)。

迪肯大学从 1989 年开始举办了两年一次的"远程教育研究会议"(Research in Distance Education Conference，RIDE)，Terry Evans 担任了六届此会议的召集人，每届会议都出版了论文集。

90 年代末，南昆士兰大学与早期的迪肯大学和南澳大学的 DEC 中心一样，在学术、网络教学和校际合作方面取得了很大成功(Bruce King，1999)。

二、远程教育学术期刊：世界第一本

世界上第一本远程教育方面的专业学术期刊《远程教育》杂志是源自 ICCE 的支持及澳大利亚和南太平洋校外学习协会论坛的决议于 1980 年创办的。

(一)1978 年 ICCE 会议上的提议

基更(1999)和伊安(2008)就 ASPESA 的创立撰写了许多文章，并引用时任 ASPESA 的主席凯文·史密斯(1974)在一篇文章中的话："应多传播校外学习研究与实践的有关信息。"他们认为这是该协会创办《远程教育》杂志的根本理由，尽管他们也认为会议纪要、记录和有关文献、资料的缺乏会限制对 ASPESA 的历史研究。

但伊安和基更并不认为当时创办杂志的动因源自 ASPESA 的宗旨。伊安和基更从 1977 年开始共事，当时伊安在阿德莱德负责召开 ASPESA 论坛。他邀请基更加入会议的规划委员会。1978 年 11 月 8—15 日基更和伊安参加了在印度新德里召开的第 11 届国际函授教育理事会国际会议。会上伊安和基更邀请 ASPESA 的高级会员临时召开小会讨论 ASPESA 是否应该向 ICCE 建议创办一本国际性的研究杂志，结果是 ICCE 采纳了 ASPESA 要创办杂志的建议。

(二)1979 年 ASPESA 论坛同意创办杂志

1977 年的 ASPESA 论坛对于是否要出版一本研究性杂志很是犹豫。毕竟 ASPESA 当时总共的资产只有 3500 美元，根本不足以支撑一本处于亏损状态的杂志。然而 1979 年的 ASPESA 论坛同意了先前在 1978 年 ICCE 会议上的提议，伊安和基更为此兴奋不已。基更作为杂志的代表加入了 ASPESA 执委会。

杂志创办时名为《远程教育：一本国际性的杂志》，设有两个执行主编、一个国际编委会(成员多数来自 ASPESA)、一个出版社和一个管理委员会(ASPESA

主席兼任该委员会主席）。基更和伊安是当时的执行主编，后来直到 1987 年杂志的第 7 卷第 1 期基更才离开回到爱尔兰。伊安则继续担任执行主编，一直做到 1997 年第 18 卷第 2 期。1998 年，伊安退休，现任主编 Som Naidu 从当时的副主编接任，Yoni Ryan 和 Alistair Inglis 任副主编。

考察当时刊物创办的情境，伊安总结了有 6 个因素最终促成了杂志的诞生，分别是：（1）ICCE/ICDE 的大力支持；（2）ASPESA 执委会的积极鼓励；（3）读者群的迅速增长；（4）1977—1987 年这 10 年间校外学习机构、教师和学生的快速增加；（5）国际和国内远程教育专业学生的迅速增加；（6）早期 ASPESA 的主要成员院校提供了出版经费（张秀梅，2010）。

三、世界第一个远程教育研究生学位专业

世界上第一个远程教育研究生专业是 1981 年阿德莱德文学和教育学院（后改名为南澳大利亚高等教育学院）开设的，当时为了解决校外教学人员的专业进修需求而开办，在 1983 年颁发了世界上第一个远程教育研究生文凭。

彼得·史密斯主办了 1976 年的 ASPESA 研讨班，他强调，只要有机会，教职工是非常热衷于参加专业进修的。1977 年论坛的成果之一就是专业人员进修问题开始受到关注。在 1979 年论坛召开之前，伊安受所在学校——阿德莱德文学和教育学院的委托去联系 ASPESA，看双方是否能合作开设远程教育的研究生专业。1979 年，在西澳大利亚州州府佩思召开了第四届 ASPESA 会议（该会议每两年举办一次）。与会代表对开展从业人员专业进修进行了广泛的讨论，南澳大利亚高等教育学院首先提议开办"远程教育研究生"专业，得到了与会代表的赞同。1977 年和 1979 年两次论坛最终达成以下意向：（1）探讨建立一个完全以远程形式开展的远程教育硕士专业；（2）创办一本远程教育的研究性杂志，以便学生和教师发表研究成果。于是 1981 年 4 月，第一个远程教育研究生专业在阿德莱德文学和教育学院开设了，并获得了当地认证机构的认证。1983 年 2 月首次招生，后来该学院并入南澳大利亚高等教育学院（South Australia College of Advanced Education，SACAE）。1991 年受约翰·道金斯（John Dawkins，工党代表，就业、教育与培训部部长）改革的影响，① 南澳高等教育学院升格合并为大学，它又有

---

① 改革于 1988 年 7 月开始，重点就是将一些独立的高等教育学院并入大学中。

了另外一个"第一"，即和迪肯大学合作开设了远程教育硕士学位专业。

当时南澳大利亚大学一方的负责人是布鲁斯·金（Bruce King），迪肯大学的负责人是乔斯琳·卡尔弗特（Jocelyn Calvert）和特里·埃文斯（Terry Evans），两所学校的项目团队合作开设课程、开发教材。当时开设的主要两门课程是"远程教与学1"和"远程教育的核心问题"。前者根据早期布鲁斯·金的课程讲义改编而来。"远程教育的核心问题"则包括5本教材，均由特里·埃文斯和布鲁斯·金合作编写，分别是《远程教育核心问题探讨》《远程教育中的独立性自主性和对话》《远程教育中的机会均等》《远程教育技术》《发展中国家的远程教育》。迪肯大学和南澳大利亚大学的早期专业建设拉开了国际远程教育专门人才培养和学科建设的序幕（Bruce King，1989）。

第五节　小　　结

一、稀疏的人口地理分布促成了远程教育的早期发展

澳大利亚广袤的土地和分散的人口地理分布使政府早在一个世纪以前就意识到远程教育的重要性，函授教育在农村地区的成功开展也大大影响了20世纪初期远程教育的发展，学龄儿童的教育很早就刺激了远程教育的发展，并且随着这些人口稀疏地区的教师和专业人员对继续教育的渴求，政府教育机构和中等后教育机构开始借助远程教育来满足他们的需求。

二、远程高等教育办学以"一体化"的双重模式为首要特点

在澳大利亚，许多学校混合使用远程教育与面授教育来充分满足个人的学习需求。昆士兰大学是最早（1911）开展大学层次远程教育的大学。同美国类似，澳大利亚纯远程学习者占高等教育学生比例在10%左右。南昆士兰大学和新英格兰大学是以远程教育为主的、学生规模较大的大学，远程教育学生占全校学生比例在75%～80%。

三、专业建设和学术发展非常成熟

与其他国家相比，澳大利亚远程教育另一个显著特点就是其专业建设和学科

发展非常成熟，这一点可与美国相媲美。在澳大利亚，开设远程教育硕、博士专业的大学不是一两所，而是很多所，且都是比较知名的综合性大学，比如迪肯大学、新英格兰大学、南昆士兰大学。在这方面还有着全世界的几个第一，比如有全世界第一本远程教育杂志（1980），有第一个远程教育研究生专业（1981）等。虽然没有特别显著的理论学派，但前 ICDE 主席（南昆士兰大学校长）詹姆士·泰勒提出的五代远程教育论体现了澳大利亚独特的远程教育实践发展轨迹；许多学者在 20 世纪 80 年代末 90 年代初参与了当时国际上对远程教育哲学和理念（远程教育工业化、福特主义等）问题的激烈探讨。Kevin Smith 和 Terry Evans 对早期远程教育学术发展的贡献、Bruce King 等人后来对远程教育硕士专业建设的贡献等均影响深远。①

本章参考文献

［1］Bradley D，Noonan P，Scales W. Review of Australian higher education，final report［R］. Canberra：Department of Education，Employment and Workplace Relations，

---

① 本章参考的网站还有：

http://education.gov.au。

http://www.ubroad.cn。

http://data.worldbank.org/indicator/SE.TER.ENRR/countries。

http://www.tradingeconomics.com/australia/school-enrollment-tertiary-percent-gross-wb-data.html。

http://www.deakin.edu.au/arts-ed/efi/pubs/wp-in-australian-he.pdf。

http://www.niad.ac.jp/english/overview_og_e.pdf。

http://www.deewr.gov.au/HigherEducation/Publications/HEStatistics/Publications/Pages/Students.aspx。

http://www.deewr.gov.au/HigherEducation/Publications/HEStatistics/Publications/Pages/2008FullYear.aspx。

http://docs.education.gov.au/system/files/doc/other/2013studentsummary.pdf。

http://www.acpet.edu.au/uploads/files/ACER%20Background%20Paper%20for%20ACPET%20-%20Growth%20in%20HE%20FINAL%20131115（1）.pdf。

http://www.aqf.edu.au。

http://www.cultureandrecreation.gov.au/articles/schoolofair/。

http://www.odlaa.org/index.php？option＝com_content&view＝article&id＝46&Itemid＝55。

http://www.teqsa.gov.au/sites/default/files/publication-documents/StatsReportOnTEQSAregHEPs.pdf。

http://pustaka.ut.ac.id/pdfartikel/26-51095409.pdf。

Commonwealth of Australia, 2008.

〔2〕Bruce King. Critical Reflections on Distance Education〔M〕. London：the Falmer Press, 1989.

〔3〕Bruce King. Higher Education through Open and distance learning〔M〕. London Press, 1999.

〔4〕Elizabeth Stacey. The history of distance education in Australia〔J〕. Quarterly review of distance education, 2005, 6(3).

〔5〕Kevin Smith. Diversity down under in distance education〔M〕. Darling Downs Institute Press, 1984.

〔6〕Reiach Stephen, Averbeck Clemens, Cassidy Virginie. The evolution of distance education in Australia：Past, Present, Future〔J〕. The Quarterly Review of Distance Education, 2012, 13(4).

〔7〕Sharon Watson. Tentatively exploring the learning potentialities of postgraduate distance learners' interactions with other people in their life contexts〔J〕. Distance Education, 2013, 34(2).

〔8〕阿德南·卡尤姆, 奥拉夫·扎瓦克奇-里克特. 世界远程开放教育概况〔J〕. 中国远程教育, 2019(4).

〔9〕侯松岩. 澳大利亚开放大学的性质与运行机制探析及启示〔J〕. 天津电大学报, 2019, 23(1).

〔10〕张秀梅. 澳大利亚远程教育研究 30 年里程——基于 *Distance Education* 杂志的视角〔J〕. 现代远距离教育, 2010(2).

〔11〕张秀梅. 远程教育硕士专业课程体系研究〔J〕. 中国电化教育, 2011 (4).

小　结

通过大量的文献阅读和综合分析，十个国家的远程教育梳理到此告一段落了，由此我们可以得到以下几点比较深刻的印象：

（1）亚洲国家远程教育的外源性动力更加明显，更加依赖自上而下的政策引导和规范；而西方国家内源性动力更加突出，民众的需求会自下而上地促进远程教育的供给和政策的制定。

（2）远程教育在多数国家可以开展研究生层次的学历教育，而在中国例外，只能开展本专科层次的学历教育。

（3）在民主制国家，如法国、印度、韩国等，中小学 K12 阶段的制度化远程教育开展得较为成熟，有较好的社会环境和较高的民众接受度，学生通过远程教育方式接受正规的教育是得到国家认可的。

（4）国际远程教育的学术原动力来自欧美的三个区域研究中心，即英国开放大学、加拿大巴萨巴斯卡大学和美国的宾夕法尼亚州立大学。近一个世纪以来，这些研究中心诞生了远程教育的多个重要理论，孕育了十多位远程教育国际名家巨匠。

（5）大部分国家至少有一所国立的开放大学，美国和澳大利亚除外。美国的远程教育多为营利性模式和企业办学，"铁三角"监管机制是重要的外部质量监控力量。澳大利亚的传统特色是一体化模式，所谓的"澳大利亚开放大学"并不是一个单一的办学实体，只是一个合作联盟。

（6）慕课的全球推广使得传统教育与远程教育之间的界限越来越模糊，混合式教学成为主流的教学模式。国别上，在线教育不再是传统教育的一种替代方式，而是某种条件和环境下的必然选择。远程教育和传统教育的教学质量在统计学意义上无显著性差异。

（7）各国远程教育普遍经历了三个阶段：函授教育、广播电视教育和网络教育，而网络教育阶段又经历了多个亚时期。

（8）远程教育是各国的终身教育体系的重要组成部分。中国、印度、美国和澳大利亚等国家的远程教育本专科生学生占大学生总数 10% 以上，对高等教育的贡献较大。说明在一些人口大国或地广人稀、人口分布不集中的国家，远程教育有着天然的需求。

（9）远程教育是多数国家制度化教育的重要组成部分，与其他类型教育的衔接机制是保证远程教育发展的关键要素。韩国、美国、英国等国家的学分银行和转移机制比较成熟，我国则正在由国家开放大学牵头予以推进此事。

随着时代的变迁，技术的进步，远程教育在教育供给侧改革以及全民终身学习型社会的缔造中继续发挥重要的作用，学习各国经验为我所用，是办好中国特色教育体系的重要支撑。我们会继续在这个领域学习、分享，期待用更多更精彩的研究成果来推进实践的发展。

附录一 各国(地区)学分/学生转移实践一览表

	欧盟	英国	澳大利亚	美国
开始/快速发展时间	1953 年/1987 年	1972 年/1990 年代中后期	1974 年/1985 年	20 世纪 80 年代
惠及区域	欧盟中的 30 多个国家	全国范围,包括威尔士项目的学分与资格框架、北爱学分积累和转移系统、北部大学分积累与转移联盟,南英格兰学分积累与转移联盟	全国范围,包括 6 个省、2 个地区:澳大利亚首都地区(ACT)、新南威尔士州(NSW)、北部地区(NT)、昆士兰州(QLD)、南澳大利亚州(SA)、塔斯马尼亚州(TAS)、维多利亚州(VIC)、西澳大利亚州(WA)	50 个州地理位置邻近的州组成的区域(如南部区域教育委员会)各州内部独立的体系
初衷或由来	欧盟成员国学校之间互通	英国开放大学接收其他学校的学生并对其前知识进行学分量化和认可;后来扩展了学生的来源	1974 年诞生的 CTFE 和大学之间衔接互通	社区学院(19 世纪末 20 世纪出现)和普通大学之间互通

续表

	欧盟	英国	澳大利亚	美国
相关政策	1953年在巴黎召开的"关于进入别国大学学习时文凭等值的欧洲大会"；1999年博洛尼亚宣言	1997年三个重要的政策：扩大学习进行时：肯尼迪报告《学习的机会》；英国高等教育调查委员会的《学习型社会中的高等教育》；英国继续教育与终身学习顾问小组的《21世纪的学习》；1972年，《教育：一个扩展的框架》白皮书；1979年，《汤尼报告》；1986年国家学位委员会出台了学分累计与转移方案	1988年联邦政府在高等教育改革的配套文件中制定出了CTFE学分转移的总指导性纲要，要求所有大学必须接受CTFE的学分，并作为加入统一的联邦高等教育体系的前提条件之一	根据1992年修订的《高等教育法》，联邦政府提供了特别补助，这之后许多州的教育委员会（教育行政部门）制定和细化了社区学院与四年制公立大学之间课程衔接的协定 北卡：1996年签署了州际层面"全面学分衔接协议"（CAA） SREB：2002年6月提交了此政策建议报告《远程学习和学分转移》
配套工作机制	信息包裹；学习协议；成绩档案	高等教育资格框架（HEQF）；2001年11月的学分框架，即《学分与高等教育资格体系——英格兰、威尔士与北爱尔兰地区高等教育资格的学分指南》	1995年：国家资格框架；国家培训框架；培训包。2003年：学分转移年；各大学有学分转移方案例库和学分数据库	北卡：州际层面"全面学分衔接协议"（CAA）；转学信息系统（TIS）；转学录取保障政策（TAAP）；转学生申诉程序（GP）；转学咨询委员会（TAC） SREB：综合的、全州范围内的关于学分转移的政策的制定；全州范围内二年制高校和四年制高校共同使用的核心课程和公共课程编码系统；为转学生提供学分转移咨询员并为那些准备转移的学生提供在线指南

续表

教育体制	欧盟	英国	澳大利亚	美国
	/	分权，分属各省	分权，分属各省或地区	分权，分属各省或地区
显著特色	1. 欧盟成员国之间大范围通行 2. 有完善的制度保障	1. 全国范围内循序渐进，并注重与欧盟的ETCS对接 2. 制度正在逐步完善中	1. 高等教育体制畅通，运作协调 2. 转移制度非常成熟	1. 分片实施，大区域(如南部地区)内的州联合起来学分互认 2. 开始探索与远程教育如何对接 3. 政策建议能有效采纳和落实 4. 转移制度有法律保障，国家法律保护学生权益

附录二　美国主要十所私立网络教育大学一览表

校名	凤凰城大学	卡普兰大学	伊克塞尔希尔学院	德瑞大学	瓦尔登大学	卡佩拉大学	西部州长大学	琼斯国际大学	阿什福德大学	斯瑞尔大学
学校性质	私立营利，阿波罗集团旗下	私立营利，华盛顿邮报集团旗下（卡普兰教育集团）	私立非营利	私立营利，Devry公司旗下	私立营利，桂冠教育有限责任公司旗下	私立营利，Capella教育集团旗下	私立非营利	私立营利	私立营利，Bridgepoint教育公司控股	私立营利，斯瑞尔教育公司
在线	大部分on-line	online90%；校园10%	online	大部分on-line	online	online	online	Online（最早）	大部分on-line	Online占60%
本部所在地	亚利桑那州凤凰城坦佩	艾奥瓦州达文波特	纽约州奥尔伯尼市	伊利诺伊州丹尼森市	明尼苏达州明尼阿波利斯	明尼苏达州明尼阿波利斯	犹他州盐湖城	科罗拉多州森特尼市	艾奥瓦州克林顿市	弗吉尼亚州赫恩登市

续表

校名	凤凰城大学	卡普兰大学	伊克塞尔希尔学院	德瑞大学	瓦尔登大学	卡佩拉大学	西部州长大学	琼斯国际大学	阿什福德大学	斯瑞尔大学
建校时间	1976	1937	1971	1931	1970	1993	1997	1987	1918	1892
网络学士学历教育开办时间	1993—1994（美国最早）	2001	2002—2003	1997—1998	1995	—	1999—2000	1995	—	1996
教学点/分校	100多个	15个	—	90多个	—	—	—	—	—	100多个
认证机构	中北	中北	中部	中北	中北	中北	西北	中北	中北,西部	中部
主要层次	20%研究生	—	4%研究生	25%研究生	83%研究生	72%研究生	27%研究生	—	—	—
排名	79	—	89	61	—	—	151	—	—	—
网络本科生	—	41157	25209	30838	50000	—	25856	1730	—	30389
本科学费（2012—2013）	$495/学分	$13665	$390/学分	$609/学分	$13830（2013—2014）	$11952（$305~360/学分）	$5780（$241/学分）	$12720	—	—

跋

　　喜欢旅行。去到一个有趣的地方，体验那里的风土人情、美食文化。日落时，找一个安静的所在，沏一壶好茶，回味一天的所见所闻，带着一份美好的期待去拥抱第二天的未知。世间客，在五彩斑斓的世界里，体验着人文的血脉和万物的关联。热爱学术，和不放弃热爱鲜活的生活一样，一头扎进去，满心的热乎劲儿。这本书就像一块玉，虽然雕琢得还不那么通透光亮，但至少浸透了我的汗水。

　　对国际远程教育的研究始于 2006 年我给研究生开设的一门课程"远程教育国际比较"，在多年的教学研究中，对各国的远程教育有了一定的了解，后又陆续申请到多项有关的省部级课题。2013 年借国家公派访学的机会在美国乔治亚大学收集到了丰富的欧美国家远程教育的相关书籍，落笔于文字则是在回国后的2014 年，广州，炎热的夏季……满屏跳动的各种数据，各大网站和学术文献，世间事自然都让位于这个美丽小世界。徜徉于学术探索中，和一个人户外旅行的感受是一样的，钩沉一些珍贵的资料，挖掘不同材料的关联，组合不同的拼图色块，直到还原出每个国家的远程教育样貌，那种心情就像在日落黄昏时回眸看到晚霞映照的南迦巴瓦峰一样，为她终于揭开神秘的面纱露出美丽的容颜，内心充满欢喜、虔敬和感动。十个国家，就像十个不同地域的风景，用心地勾勒描绘，试图将其灵魂本色凸显出来。这是一次全景式的扫描，高原湖泊、雪山草地、冰川霞光，把各国的远程教育生态完整地显现出来是要花点细碎的功夫的。大处着眼，小处着手，每一个数据都要确保真实准确。就这样，一道道风景呈现在我的面前，里面必然带着我的视角，我的再造。现在是时候把这块石头拿出来抛一下了，让同行一起来帮我打磨。

　　最后，要特别感谢两个人，一个是我的硕士导师，西北师范大学的杨改学教授，是他对民族地区远程教育研究和实践的热爱影响了我，另一位是我的博士导师，华南师范大学丁新教授，让我有幸在读博期间接触到国际远程教育学术前沿和名家巨匠。谢谢你们，给我开了一扇窗，看到了更广阔的的研究领域！

时间和精力所限，书中难免会有错漏，敬请读者不吝指正。

张秀梅

2022 年 10 月 12 日